統計學
關鍵字典

大數據時代，如何為你的履歷加分？
113個統計學的基本公式、定理與法則

石井俊全
Toshiaki Ishii

楓葉社

序言

日常生活中隨處可見統計學

19世紀末的統計學家卡爾・皮爾森（Karl Pearson）曾經說過：「統計是科學的文法。」到了21世紀初的今天，統計學的應用範圍已經不僅僅局限於科學研究上。

下面讓我們來看看統計男（32歲，上班族）一天的生活日記吧。

「我詢問[1]iPhone，確認今天的天氣如何，得知澀谷區上午的降雨機率[2]為20%。因為沒帶傘出門，害我在從車站到公司這段路上被大雨淋成落湯雞，真是倒霉。抵達公司後，我打開電腦，瀏覽入口網站yahoo!的新聞，注意到旁邊BEAMS的羽絨衣橫幅廣告[3]，於是點進去瀏覽，不過最後沒有買。我從上午開始就一直頭痛不止，所以到Seven Eleven[4]買了力保美達來喝，卻依然沒有緩解。午休時間一過，我決定到日赤醫院檢查，雖然做了電腦斷層掃描[5]，但沒有發現異常。我哭著哀求醫生幫我解決頭痛的毛病，後來醫院開了LOXONIN[6]給我，可是仍絲毫不見起色。我從早上開始就禍不單行，儘管有點誇張，但我開始思考什麼是命運[7]。」

1：iPhone在進行語音辨識（自然語言處理）時，就是使用貝氏統計。

2：天氣預報是針對過去的資料進行統計處理，預測降雨機率。

3：橫幅廣告是利用AB測試，隨機顯示A模式、B模式的廣告，再根據統計學（檢定）來判斷哪種廣告更具有吸引力。

4：便利商店使用POS系統（銷售時點情報管理），無時無刻記錄消費者的動向，結合其他資訊，利用統計學計算出預期銷售額。

5：電腦斷層掃描的圖像處理使用貝氏統計。

6：新藥開發也使用了統計學中估計和檢定的觀念。

7：命運是什麼？命運是受到決定，還是可以改變？這也是統計學給出的答案。(我認為）命運就是貝氏更新的馬可夫過程。

由此可見，**統計學已經深入語言學、管理學、心理學、醫學、經濟學等所有領域，支撐人們日常生活的基礎**。如果沒有統計學，我們一天也活不下去。

適合想有效掌握統計學全貌的人

感謝你從眾多統計學書籍中挑選出這本書。本書是專為以下讀者群所撰寫：

●想瞭解統計學所有內容的人

●想查詢統計學用語的人

●參加統計檢定考試的人

如果你符合上述任何一項條件，請一定要把這本書放在身邊，好好珍惜。

本書號稱「字典」，因此囊括範圍相當廣泛。從小學、中學、高中學習的「資料整理」與「機率和統計」，還有估計、檢定、迴歸分析、多變量分析，乃至在大數據時代不可或缺的貝氏統計，**幾乎涵蓋了目前統計學的所有領域**。因此，對於想要有效掌握統計學全貌的人來說，本書應該能成為最有力的好夥伴。

據說特斯拉的CEO伊隆・馬斯克（Elon Musk)，他在9歲時就讀完了大英百科全書。你和本書的邂逅也是有著某種緣分，希望你能將這本統計學的百科事典看完，雖然不能保證在創業時，公司的業績能像火箭一樣一飛沖天，但一定能讓你成為具有統計觀的商務人士。

也許有人會認為，如果只是查詢用語的話，只要在網路上搜尋就可以了。但是，實際在網路上搜尋用語的時候，經常不容易找到適當的說明，要不然就是得花費許多時間才能理解。這是因為，光是透過網路搜尋的結果，我們並無法瞭解用語出現的領域，以及該用語的周邊知識。

只要運用本書，閱讀出現該用語大章的Introduction，以及刊載小節的前後內容，就能掌握該領域用語的周邊知識，充分地理解用語。

想要報考統計檢定的人，首先要確認自己報考級數的出題範圍，接著試著閱讀本書包含出題範圍表中出現的用語頁面。本書會盡可能地使用例題和具體範例來說明學習項目，理解這些內容，就能提升檢定考試的解題能力。閱讀本書涵蓋的出題範圍之後，再做過去三年的考古題，我想這樣就足以通過檢定考試了。本書的優點在於，各個項目幾乎都是以橫跨兩頁的方式收錄，閱讀起來十分便利。我在學習時也閱讀過以對頁形式解說的書籍，因此很清楚如何掌握學習的節奏，學習起來也會比較輕鬆。如果想通過檢定考試，希望大家能好好利用本書。

希望本書能讓各位的命運朝更好的方向進行貝氏更新。

2020年5月　石井俊全

目錄

Chapter 3 機率 055

Chapter 11 貝氏統計 261

Appendix

本書的特點和使用方法

本書預設的讀者群

大致翻過本書的讀者應該會注意到，有些地方沒有使用太多公式，看起來似乎不難；有些地方卻又羅列大量的公式，看起來艱澀難懂。或許本書給人的第一印象會讓人摸不著頭緒，搞不清楚究竟是針對何種程度的讀者撰寫。不過，如果考慮到本書的使用方法，我想就能理解為何每一頁的難易度乍看之下會有不平衡的情況。

這是因為本書的架構前提為關鍵字典，所以**查詢不懂的用語和想瞭解的內容**，才是本書的首要之務。查詢「標準差」這個名詞的人，和查詢「高斯－馬可夫定理」這個名詞的人，兩者的統計學程度和對數學公式的理解能力，當然有所差異。統計學的初學者不會查詢什麼是「高斯－馬可夫定理」，只要是稍微學過統計學的人，都對「標準差」這個名詞再熟悉不過。

本書的各個條目，都是根據想要查詢該名詞的人所具備的統計學程度和數學能力來撰寫，因此乍看之下，本書所訴求的讀者群似乎並不明確。

然而，這種做法也可以說是將本書的利用價值拓展至最大限度。如果你是統計學的初學者，那麼直到通過統計檢定之前，這本書都能夠派上用場。如果你是統計學的中級者，只要將本書從頭到尾徹底閱讀過一遍，就能綜觀現代的統計學。如果你是統計學的高級者，當有初級者提問的時候，只要參考本書的初學者使用說明來解說，想必對方一定會非常感謝你。

本書對於任何程度的人來說，都是一本既方便又有幫助的書。

初學者先從Introduction開始閱讀

估計、檢定、迴歸分析、多變量分析、貝氏統計……，當想要透過這些總結來瞭解各個章節的概要時，我想就能發揮出本書的優勢。為了方便讀者使用這種方式閱讀，我在內容的結構上花了一番功夫。作為各章標題的術語（估計、檢定、迴歸分析、多變量分析、貝氏統計……），**也會針對第一次聽到這些名詞的**

人，在Introduction中說明概要，並且在各章開頭的第一節進行導入解說。這是本書與單純的用語集不同的特徵。

在各章的Introduction中，有時會附上關於該章用語的解說，或者該章的閱讀方式，所以請先從這裡開始閱讀。有些章節是以有效率的閱讀順序來掌握主題，有些章節是以列舉的方式來解說，可以從任何部分開始閱讀（例如，根據估計的種類來敘述其方法的情況）。

本書內容包括無母數檢定、迴歸分析、多重比較法、多變量分析、貝氏統計這類足以單獨寫成一本書的主題。但是，**只要閱讀過本書，就能瞭解統計學的全貌和學習方法**。

統計學是根據實用需求而誕生

本書為「關鍵字典」系列之一，這系列都會以Business為標題，來介紹該理論適用在何種情況下使用，而本書自然也沿襲了這種做法。不過，**統計學的理論都是在實用的需求下而誕生**，這點與先有理論、之後才加以應用的數學大不相同。即使不使用Business這個標籤，各位也要有大部分的項目都具有實用性的認知，如此一來才符合現狀。

本書的使用方法

本書的使用方法如下所示。請參考星星的數量和概要，第一步先從大致掌握概要開始，而不是深入細節。雖然也可以像字典一樣只查詢想知道的項目，但最好的辦法是從頭到尾整個讀過一遍，掌握統計學的全貌。

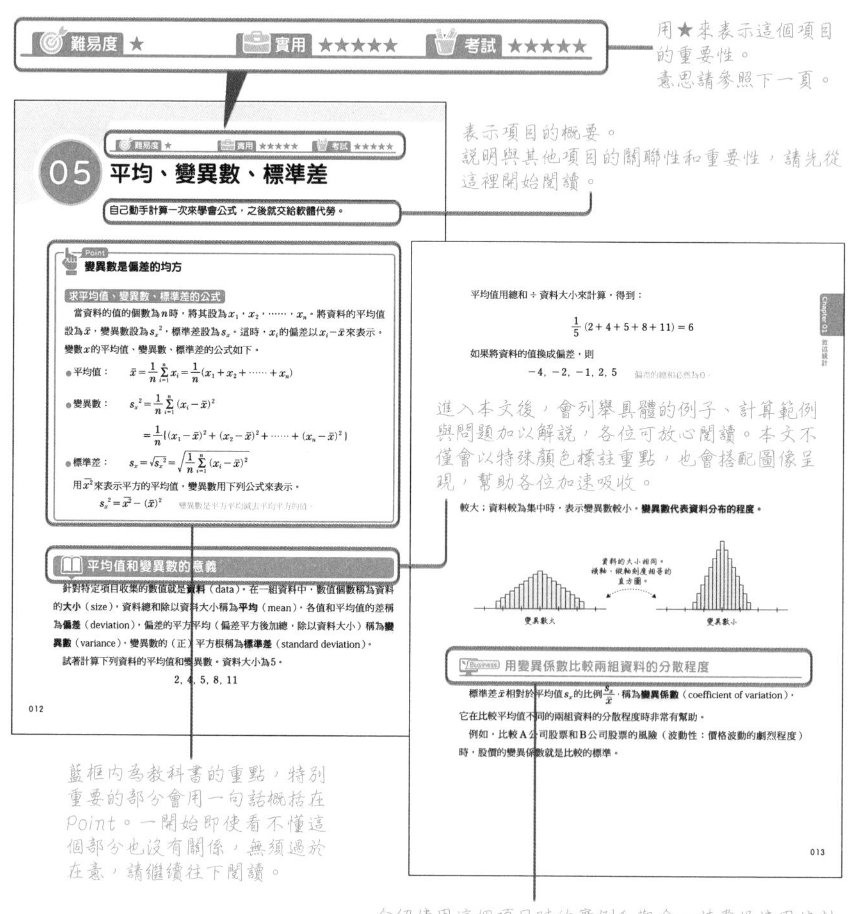

本書各節說明的項目，都設有「難易度」、「實用」、「考試」等指標，以我個人的主觀看法評估等級。

「難易度」的設想目標

- **關於標題用語的難易度，★4以上預設是高中畢業程度的數學能力。**

★1　簡單到只要看過就能馬上理解。

★2　比較容易理解的觀念。

★3　仔細閱讀就能理解，需要中學程度的數學能力。

★4　有點難度，但最好瞭解一下，需要高中程度的數學能力。

★5　觀念本身就很艱澀，或者需要大學程度的數學能力。

「實用」的設想目標

- **對於實際需要資料分析的人的重要程度。**

★1　不適合實踐的理論。

★2　使用機會不多，但理論很重要。

★3　在掌握理論的基礎上，希望做到能夠付諸實踐。

★4　有時會在資料分析時使用。

★5　為資料分析中經常使用的方法。

「考試」的設想目標

- **★的數量為統計檢定的出題傾向是否頻繁的大致標準，情況視等級而不同，詳細內容請參考考古題。**

★1　在出題範圍以外。

★2　出題頻率不高，即使不會也對成績影響不大。

★3　會出現在試題中，最好理解。做到這一步就算是合格了。

★4　考試經常出現，經常計算考古題就能學會。

★5　必考題。只要學會解題，就能從這裡拿到分數。

Chapter

01

敘述統計

統計學的歷史

統計學在歷史上始於敘述統計，我先在這裡大略地介紹一下統計學的歷史。

統計學的英語為「statistic」，語源來自表示國家（state）狀態的「status」；由此可知，統計學是基於掌握國家狀態的必要性，為了方便統治而誕生。

中國從兩千數百年前開始，就曾為了徵稅而實施人口調查，古羅馬帝國也從公元前開始進行名為census的戶籍調查（家族調查、財產申報）。census這個單字，現在也被拿來作為包括農業、工業在內的人口普查用語。

中國因為國家大部分的時間都處於統一的狀態，所以也在中世紀進行了人口調查，但歐洲在羅馬帝國滅亡後，曾一度中斷像census這種人口普查的習慣，直到17世紀之後才再度與統計相遇。

清教徒革命後的英國，開始通過人口、土地大小、資產價值、產值等數量，來調查國力和國富，英國統計學家配第（William Petty，1623－1687）將其命名為「政治算術」。另外，英國的雜貨商人葛蘭特（John Graunt，1620－1674），在《對死亡率表的自然與政治觀察》中，確認了男孩的出生率高於女孩，死亡表也開始被用作設計年金的資料。

此外，在三十年戰爭戰敗後，經濟發展遲緩的德國，以康令（Hermann Conring，1606－1681）的《國情論》為首，繼而阿亨瓦爾（Gottfried Achenwall，1719－1772）著有《歐洲各國結構概要》一書。德國的「國情論」是以人口、土地為中心，講述為國家的統計應該是什麼樣貌，這比英國的「政治算術」更具觀念性。阿亨瓦爾的觀點，與配第認為的「統計應該通過數量、重量和尺度來表示」，形成鮮明的對比，可以說充分展現出兩國不同的國情。

不管怎麼說，值得注意的是，英國的《政治算術》和德國的《國情論》，都是將「統計」確立為一門與單純國家目的無關的學問。據說這兩種理論，加上在法國興起的「機率論」，共同成為統計學的起源。

資料整理不可或缺的敘述統計

統計學大致分為兩大支脈，一支是**用來掌握並呈現資料特徵的敘述統計**——政治算術、國情論；另一支是**利用機率來判斷現狀或預測未來的推論統計**——機率論，本章將從前者的敘述統計整理出基本的用語和事項。

此外，敘述統計不僅是本章要介紹的事項，在第10章的多變量分析中，會介紹用縮小資料維度的方式來呈現的主成分分析、多元尺度法（Multidimensional Scaling）等方法，這些方法在呈現資料的意義上，也歸納為敘述統計的一種。

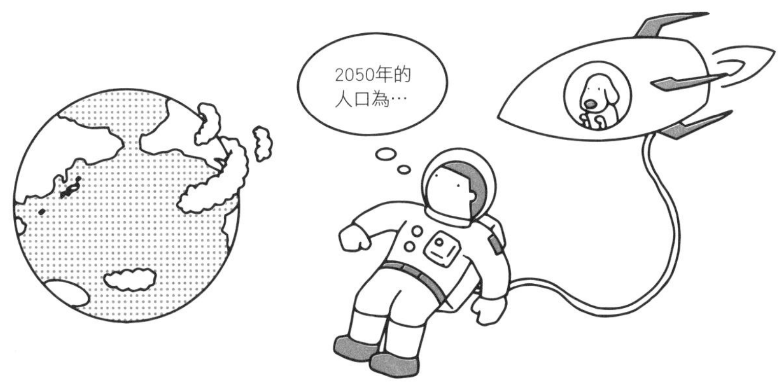

難易度 ★　實用 ★★★★★　考試 ★★★

01 資料尺度

在選擇統計方法的時候，資料的尺度很重要。

Point

首先要確認是量的資料，還是質的資料

度量水平的分類

度量水平（level of measurement）分為**比例尺度**、**等距尺度**、**順序尺度**、**名目尺度**等四種。

度量水平分為四種

與特定項目相關的數值集合稱為資料（data）。之所以先從資料的分類開始介紹，是因為使用的分析方法會根據資料類型而有所不同。美國心理學家史蒂文斯（Stanley Smith Stevens）將資料的尺度分為下表四種類型，按照類型將資料進行分類。

量的資料	比例資料	比例尺度（ratio scale）
	區間資料	等距尺度（interval scale）
質的資料	順序資料	順序尺度（ordinal scale）
	類別資料	名目尺度（nominal scale）

比例資料是將長度、質量、時間、絕對溫度等物理量和金錢多寡，用數值來表示的資料。**比例尺度**是衡量比例資料的標準，比如m（公尺）、g（公克）、s（秒）、K（克耳文）、$（美元），就屬於比例尺度。這些量可以進行四則運算，不僅加法和減法有意義，就像兩個人把一千元分成五百元一樣，乘法和除法也有意義。

區間資料和比例資料一樣，是用數值表示的資料，數值為零不具絕對意義，只有數值的差才有意義。例如時間，從8點到8點10分的10分鐘，和從9點到9點10

分的10分鐘，在物理上屬於相同的量，可是用表示8點、9點的8、9，來計算9÷8，這樣一點意義也沒有。**等距尺度**是用來衡量區間資料的標準，比如溫度（℃、℉）或時間這類物理量，以及年齡或智商，就屬於等距尺度。

順序資料舉例來說，用五個等級（非常滿意5、滿意4、沒意見3、不滿意2、非常不滿意1）來表示商品滿意度的問卷調查結果，在這種情況下，數字只有大小關係具有意義。**順序尺度**是順序資料的測量尺度，乍看之下與等距尺度相似，但順序尺度不若等距尺度那麼客觀。舉例來說，100g的水，溫度（℃，等距尺度）從10℃上升到20℃，和從20℃上升到30℃，需要相同的熱量。另一方面，滿意度（順序尺度）則無法測量非常滿意與滿意，和滿意與沒意見之間的差異是否相同。順序尺度包括滿意度、喜好度等，順序資料主要用於心理學、經濟學等社會科學方面的調查與研究。

可以說，除了之前列舉的資料以外，其他的資料都屬於**類別資料**，類別資料不用數值表示也沒關係。**名目尺度**是一種用來呈現類別資料的分類標準，舉凡性別、血型這類屬性，姓名、住址、電話號碼等個人資訊，都屬於名目尺度。用1來表示男性，用2來表示女性，這時的1和2沒有數值的意義，只是作為單純的符號來使用，所以是名目尺度。像這樣，將數字、名字分配給區分的事物，以便作為分類符號運用，就是名目尺度。

Business 史蒂文斯冪次定律

史蒂文斯的乘冪法則也廣為人知。**史蒂文斯冪次定律**主張，人類感知的強度(S)和物理刺激的強度(I)之間，存在著

$$S = kI^a$$

（k：刺激的種類和單位的比例常數　a：刺激種類的常數）

這樣的關係。等式左邊的S是順序尺度，右邊的I是比例尺度。雖然也有人對這個公式提出批判，但和沒有客觀尺度的感覺相比，它仍是一種頗有意思的方法。

難易度 ★　實用 ★★★★★　考試 ★★★★★

次數分配表和直方圖

將用語（組、組值、次數等）牢牢記住吧。

Point

製作次數分配表是資料整理的第一個步驟

次數分配表

設定多個區間，統計落入區間的資料數值個數的表格。

資料整理的步驟

①製作次數分配表　②繪製直方圖

首先將資料整理成次數分配表

整理資料時，應先將資料整理成次數分配表（frequency distribution table）。

舉例來說，假設將40人的垂直起跳記錄整理成如右圖所示的表格。左欄中「50cm以上60cm以下」等用於整理資料的區間，稱為**組**（class）。在這張表格中，右欄的單位為人數，一般稱為**次數**（frequency），表示包含在組內的數值個數。這種以區間進行分類的表格，稱為**次數分配表**。

組（cm）	次數（人數）
20以上30以下	3
30以上40以下	10
40以上50以下	13
50以上60以下	8
60以上70以下	6
總計	40

組的區間寬度60－50＝10（cm），稱為**組距**（class width），組距的中間值（以「50cm以上60cm以下」為例，即（50＋60）÷2＝55（cm）），稱為**組值**（class value）。

對給定的資料製作次數分配表時，下面的**史塔基法則**（Sturges' rule）可以作為判斷組的個數多少較佳的標準。

$$（組的個數）\fallingdotseq 1+\log_2（資料的大小）$$

根據次數分配表製作直方圖

以次數分配表為基礎，製作**直方圖**（histogram）。所謂直方圖，是指將橫軸設為資料值，縱軸設為次數，以各組的長方形構成的柱狀圖。

直方圖是由有「近代統計學之父」之稱的比利時天文學家、統計學家阿道夫・凱特勒（Adolphe Quetelet，1796－1874）所發明，後由卡爾・皮爾森（Karl Pearson，1857－1936）命名。直方圖的語源是「histos gramma」，意思為「直立描繪」。

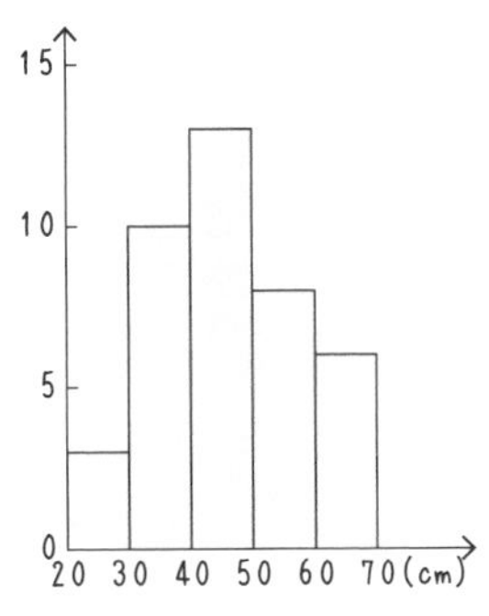

我們可以通過直方圖，直觀地掌握資料的分布情況。如果取較小的組距，就會讓長方形的橫寬變短，直方圖會像下圖一樣呈現山型。

Business 用直方圖找出虛報資料

凱特勒在法國進行徵兵檢查時，將接近10萬人的身高資料製作成直方圖。在正常情況下，身高的直方圖應該只有一個山峰（**單峰性**：unimodality），直方圖卻出現了兩個山峰（**多峰性**：multimodality），因而查出有許多人為了逃避徵兵，故意將身高虛報為157公分以下。

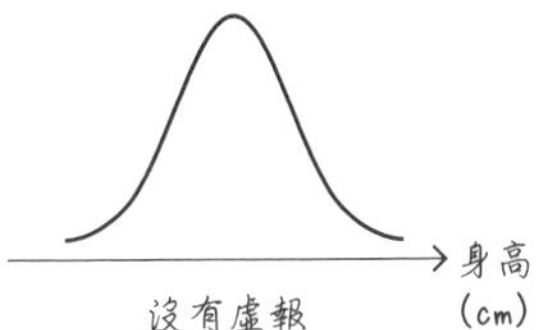

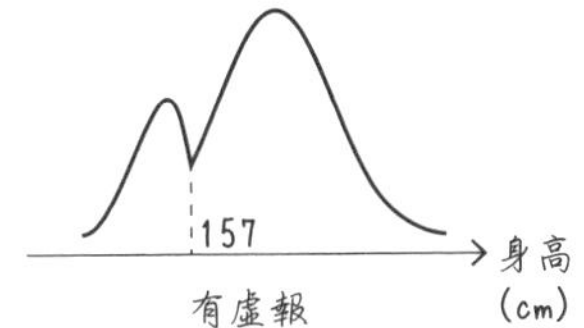

03 柏拉圖

自己試著動手做，想必就能充分瞭解其結構。考試時會以閱讀題的方式出題。

Point

按降序重新排列 → 相對次數、累積相對次數 → 柏拉圖

相對次數（relative frequency）

用比例表示次數的值，為（次數）÷（總計）計算出來的值。

累積相對次數（cumulative relative frequency）

從表格上方將相對次數依次相加的值。

柏拉圖（Pareto chart）

項目按次數降序重新排列，製作直方圖，
再疊加累積相對次數的折線圖。

根據相對次數、累積相對次數分配表製作柏拉圖

下面的例子是根據100人的問卷調查，整理出喜歡商品A的理由。以這張表格為基礎，試著製作柏拉圖。

理由	人數
顏色好看	10
方便使用	50
香味不錯	15
方便攜帶	5
可愛	20
總計	100

理由	人數	相對次數	累積相對次數
方便使用	50	0.50	0.50
可愛	20	0.20	0.70
香味不錯	15	0.15	0.85
顏色好看	10	0.10	0.95
方便攜帶	5	0.05	1.00
總計	100	1.00	–

降序是指數值遞減的順序。**首先按照次數多的順序重新排列項目，接著把次數改為相對次數**。以這題為例，由於總計為100，因此50可以計算成50÷100＝0.5。

累積相對次數是從表格上方將相對次數依次相加起來，以從上面數來第三欄為例，

計算為0.5＋0.2＋0.15＝0.85。

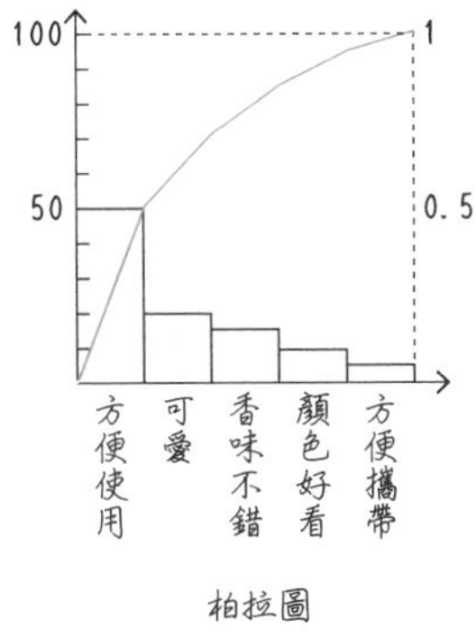

柏拉圖

Business 用柏拉圖分析生產不合格產品的原因

不生產不合格的產品，可說是工廠面臨的挑戰之一，為了達到這個目標，**調查生產出不合格產品的原因就顯得非常重要。這時，我們可以用柏拉圖來整理其結果，以便按照重要性排序，正確地認識原因**。品質管制稱為QC（quality control），柏拉圖是QC七種工具（柏拉圖、特性要因圖、查檢表、直方圖、散佈圖、層別法、管制圖）之一。此外，QC的柏拉圖即使相對次數較大，最後也會加上「其他」一項（左下圖）。

另外，ABC分析（商品銷售結構分析）也是使用柏拉圖。右下圖是茶飲自動販賣機的銷售結構。

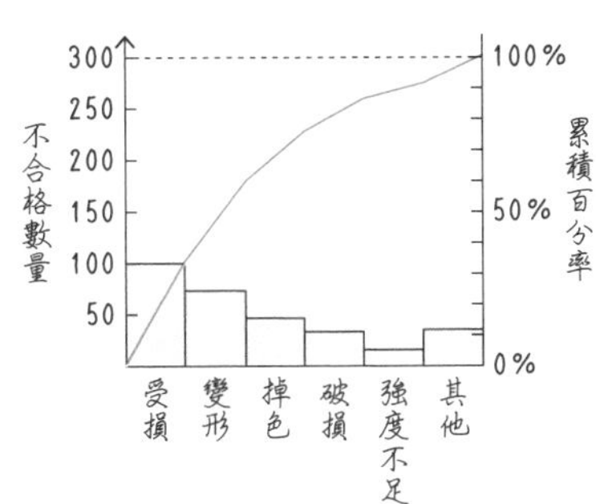

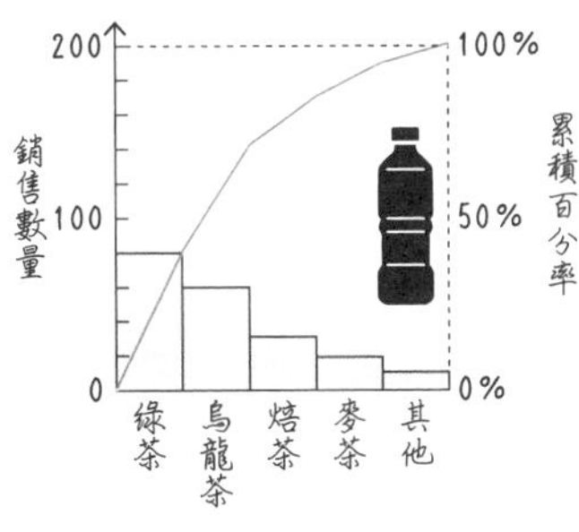

難易度 ★　實用 ★★　考試 ★★★

04 上下標和sigma符號

統計學的公式中出現的必要符號。統計學有時也會出現兩個下標的符號，在高中學過的人最好也看一下。

$\sum x_i$ 代表總和

附下標的文字

x_1，x_2，x_3，……

x_{11}，x_{12}，x_{13}，……
x_{21}，x_{22}，x_{23}，……
⋮　⋮　⋮

sigma符號（Σ）

表示總和。（$\sum$ 讀作「sigma」）

可以製作大量文字

我們在中學數學學過用文字來表示數字的做法，例如x、y、z、……。英文字母只有26個，這對統計學來說完全不敷使用，於是人們便以x_1、x_2……的方式，在文字下方加上數字，來充當新的文字，這樣一來就能創造出許多文字。文字下方的字稱為**下標**，除非有特別說明，否則x_1和x_2之間沒有關係，只是用來表示不同的文字，也沒有x_2大於x_1這種意思。

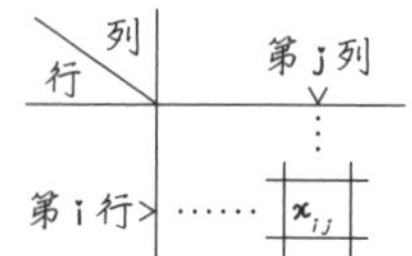

在統計學中，資料值經過排列之後，會用x_i來表示第i號資料。例如，如果有一組編號為1～5的五人睡眠時間資料，可以用「若睡眠時間為x（時間），則$x_1=7$，$x_2=5$，$x_3=6$，$x_4=5.5$，$x_5=7$」來表示，這時的x稱為變數，x_i代表變數x的第i號資料。另外，統計學中有時也會出現像x_{ij}這種有兩個下標的呈現方式，我們可以把它想成是右上的表格從上面數來第i號、從左邊數來第j號的數字。

使用Σ符號，就能簡短地表示總和

將x_1～x_4的文字的值設為$x_1=2$，$x_2=4$，$x_3=1$，$x_4=3$。下面舉例說明sigma符號$\sum$的使用方法。

$$\sum_{i=1}^{4} x_i = x_1 + x_2 + x_3 + x_4 = 2+4+1+3=10$$

這個sigma符號代表x_i的i依序從1到4變化，為x_1、x_2、x_3、x_4，取其總和的意思。在sigma符號的下面標記i的第一個數字1，上面標記最後一個數字4。有了x_i的值，就能計算出結果為10，**如果沒有賦予值，就只能計算出波浪線**。有很多種指定上下標範圍的呈現方式，以這個例子來看，也可以在sigma符號的下面標記$1 \leqq i \leqq 4$。

sigma符號後面不只可以放x_i這類文字，甚至也能附上式子。舉例來說，假設式子為$(x_i+1)^2$，則

$$\sum_{1 \leq i \leq 3} (x_i+1)^2 = (x_1+1)^2 + (x_2+1)^2 + (x_3+1)^2 = 9+25+4=38$$

這個sigma符號代表式子$(x_i+1)^2$的下標i從1到3變化，取其總和。

下面再看看**有兩個下標的sigma符號**。

假設x_{ij}為2×3的交叉資料表的表內數字。

$$\sum_{\substack{1 \leq i \leq 2 \\ 1 \leq j \leq 3}} x_{ij} = x_{11} + x_{12} + x_{13} + x_{21} + x_{22} + x_{23}$$

x_{11}	x_{12}	x_{13}
x_{21}	x_{22}	x_{23}

這個sigma符號代表x_{ij}的i從1～2、j從1～3變化，取其總和，這時表示的是表內數字的總和。另外，由於在sigma符號的下方標記兩個下標會顯得很擁擠，本書在已知i、j的變化範圍的情況下，是以$\sum_{i,j} x_{ij}$來表示。

$$\sum_{i<j} x_{ij} = x_{12} + x_{13} + x_{23}$$

上面這個sigma符號代表x_{ij}中，下標滿足$i<j$（上表用藍色虛線包圍的部分）的總和。

總而言之，**sigma符號$\sum_{○}$是指讓下標滿足○的條件下變化的式子總和。**

難易度 ★　實用 ★★★★★　考試 ★★★★★

05 平均、變異數、標準差

自己動手計算一次來學會公式，之後就交給軟體代勞。

Point

變異數是偏差的均方

求平均值、變異數、標準差的公式

當資料的值的個數為n時，將其設為x_1，x_2，……，x_n。將資料的平均值設為$\bar{x}$，變異數設為$s_x{}^2$，標準差設為s_x。這時，x_i的偏差以$x_i-\bar{x}$來表示。變數x的平均值、變異數、標準差的公式如下。

● 平均值：
$$\bar{x}=\frac{1}{n}\sum_{i=1}^{n}x_i=\frac{1}{n}(x_1+x_2+\cdots\cdots+x_n)$$

● 變異數：
$$s_x{}^2=\frac{1}{n}\sum_{i=1}^{n}(x_i-\bar{x})^2$$
$$=\frac{1}{n}\{(x_1-\bar{x})^2+(x_2-\bar{x})^2+\cdots\cdots+(x_n-\bar{x})^2\}$$

● 標準差：
$$s_x=\sqrt{s_x{}^2}=\sqrt{\frac{1}{n}\sum_{i=1}^{n}(x_i-\bar{x})^2}$$

用$\overline{x^2}$來表示平方的平均值，變異數用下列公式來表示。

$$s_x{}^2=\overline{x^2}-(\bar{x})^2$$
變異數是平方平均減去平均平方的值。

平均值和變異數的意義

針對特定項目收集的數值就是**資料**（data）。在一組資料中，數值個數稱為資料的**大小**（size），資料總和除以資料大小稱為**平均**（mean），各值和平均值的差稱為**偏差**（deviation），偏差的平方平均（偏差平方後加總，除以資料大小）稱為**變異數**（variance），變異數的（正）平方根稱為**標準差**（standard deviation）。

試著計算下列資料的平均值和變異數。資料大小為5。

2, 4, 5, 8, 11

平均值用總和 ÷ 資料大小來計算，得到：

$$\frac{1}{5}(2+4+5+8+11)=6$$

如果將資料的值換成偏差，則

$$-4,\ -2,\ -1,\ 2,\ 5$$ 偏差的總和必然為0。

變異數用偏差平方和 ÷ 資料大小來計算，得到：

$$\frac{1}{5}\{(-4)^2+(-2)^2+(-1)^2+2^2+5^2\}=10$$

標準差取變異數的平方根，得到$\sqrt{10}$。資料的單位與標準差的單位相同。

想要通過直方圖來觀察變異數的大小，可以參考下面的圖。比較兩個資料大小相同、橫軸和縱軸刻度相同的直方圖。直方圖的資料往左右兩邊展開時，表示變異數較大；資料較為集中時，表示變異數較小。**變異數代表資料分布的程度。**

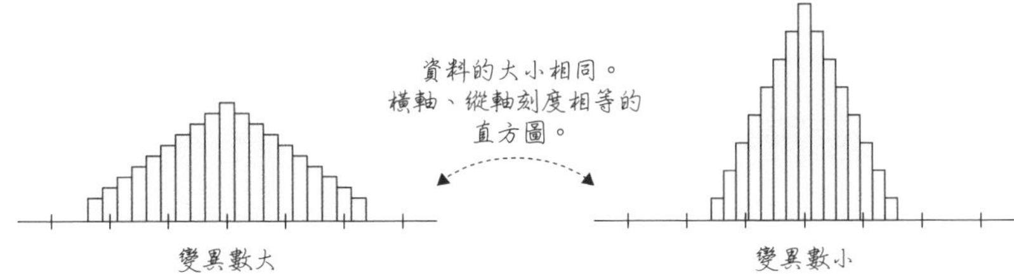

Business 用變異係數比較兩組資料的分散程度

標準差$\bar{x}$相對於平均值s_x的比例$\frac{s_x}{\bar{x}}$，稱為**變異係數**（coefficient of variation），它在比較平均值不同的兩組資料的分散程度時非常有幫助。

例如，比較A公司股票和B公司股票的風險（波動性：價格波動的劇烈程度）時，股價的變異係數就是比較的標準。

難易度 ★　實用 ★★★　考試 ★★★★

06 次數分配表與平均值、變異數

即使沒有整理成次數分配表，如今也可以用軟體直接計算出平均值和變異數，實用價值已經不高了。讓我們作為理論來瞭解一下。

Point

以組值的個體有次數個來思考

根據次數分配表計算平均值和變異數的公式

當已知變數x的次數分配表和相對次數分配表如右所示時，資料的平均值$\bar{x}$和變異數$s_x{}^2$的值，可以用下列公式計算。

次數分配表

組值	次數
x_1	f_1
x_2	f_2
⋮	⋮
x_n	f_n
總計	N

相對次數分配表

組值	相對次數
x_1	p_1
x_2	p_2
⋮	⋮
x_n	p_n
總計	1

● 平均值：$\bar{x}=\dfrac{1}{N}(x_1f_1+x_2f_2+\cdots\cdots+x_nf_n)$

$=x_1p_1+x_2p_2+\cdots\cdots+x_np_n$

● 變異數：$s_x{}^2=\dfrac{1}{N}\{(x_1-\bar{x})^2f_1+(x_2-\bar{x})^2f_2+\cdots\cdots+(x_n-\bar{x})^2f_n\}$

$=(x_1-\bar{x})^2p_1+(x_2-\bar{x})^2p_2+\cdots\cdots+(x_n-\bar{x})^2p_n$

利用組值計算平均值和變異數

在次數分配表中，資料的真實值消失了，只剩下資料屬於哪一組的資訊。不過，我們可以計算出資料的平均值和變異數大致的值，其中關鍵就在於**使用組值**。

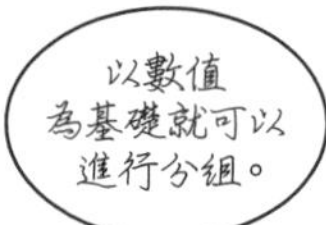

右邊的次數分配表與第02節所使用的資料相同，是關於40人垂直起跳的資料，下面試著用這組資料來計算平均值和變異數。例如，「20以上30未滿」這一組的次數為3，假設有3個成績為25㎝

組(cm)	次數(人)	相對次數
20以上30未滿	3	0.075
30以上40未滿	10	0.250
40以上50未滿	13	0.325
50以上60未滿	8	0.200
60以上70未滿	6	0.150
總計	40	1.000

的人，經過計算，得到平均值為：

$$(25\times3+35\times10+45\times13+55\times8+65\times6)\div40=46(\text{cm})$$

變異數是偏差平方的平均值，因此只要把上面公式中的25換成偏差平方$(25-46)^2$，就可以進行計算。

$$\{(25-46)^2\times3+(35-46)^2\times10+(45-46)^2\times13+(55-46)^2\times8+(65-46)^2\times6\}\div40=134$$

另外，如果使用相對次數計算平均值和變異數，則

$$25\times0.075+35\times0.250+45\times0.325+55\times0.200+65\times0.150=46$$

$$(25-46)^2\times0.075+(35-46)^2\times0.250+(45-46)^2\times0.325+(55-46)^2\times0.200+(65-46)^2\times0.150=134$$

兩種計算方式得到的值皆相同。

真實值和利用次數分配表計算的值有誤差

假設以實際資料計算的平均值和標準差為$\bar{x}$、s_x，以次數分配表計算的平均值和標準差為$\hat{x}$、$\hat{s}_x$，組距為d，則

$$|\bar{x}-\hat{x}|\leqq\frac{d}{2}\qquad|s_x-\hat{s}_x|\leqq\frac{d}{2}$$

上述公式成立。

從這個公式可以看出，組距愈小，用Point的公式計算出來的平均值和變異數，就愈接近資料的真實平均值和變異數。

資料中存在離群值，且最邊緣的組（○○以上的組）的次數較小時，與用個別值計算的平均值和變異數相比，**使用組值計算的平均值和變異數更能反映出實際情況**。所得分布就是一個例子。

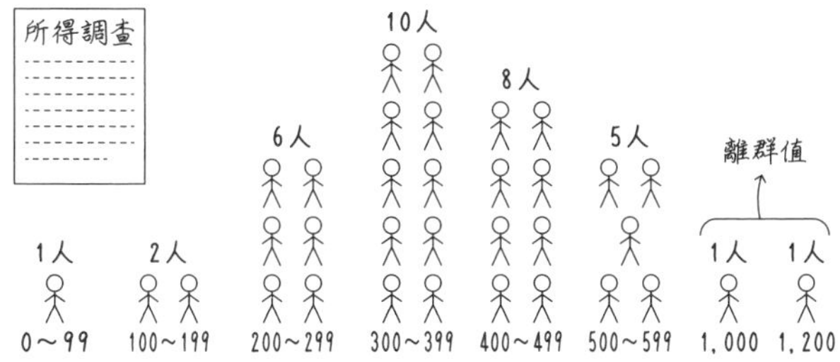

★

代表值

用簡單的數字來表示資料的值。使用哪個代表值比較好，取決於資料的特性。

Point

根據資料的特性選擇代表值

平均值（mean）

x_1，x_2，…，x_n的平均值為$\bar{x}=\dfrac{x_1+x_2+\cdots+x_n}{n}$

中位數（median）

按照大小依序排列資料時的中間值。

眾數（mode）

次數最大的值。

平均實際上有各種類型

統計學中所使用的「資料平均」，一般如Point所示，是用資料的總和，除以資料的大小來計算。

平均還有其他類型，例如股價三年漲到1.331倍的時候，$1.1^3=1.331$成立，可以說平均一年是1.1倍，此稱為**幾何平均數**。**觀察資料的倍率時，就使用幾何平均數。**

相對於幾何平均數，Point的平均值稱為**算術平均數**。

中位數有兩種模式

資料按照大小排列。當資料的大小為奇數時，正中央的數值只有一個，這個值就是**中位數**（median）。當資料大小為偶數時，正中央的數值有兩個，這時就取這兩個數字的平均值。

當資料中包含**離群值**（與其他大部分的數值相比，極大或極小的值）時，平均值會受到它的影響，但中位數不會受到影響。在這種情況下，中位數更適合作為資料的代表值。像這種不容易受到離群值資料影響的性質，稱為**健壯性**（**穩健性**）。

直方圖讓眾數一目瞭然

在各組的次數分配表中，次數最大的組，其組值稱為**眾數**（mode）。直方圖最高的地方，其橫軸刻度即為眾數。**直方圖具有多峰性時，眾數有時會有兩個以上**。

Business 對於所得平均值沒有實際感受的理由

你認為日本人的所得平均值為幾萬日圓呢？根據厚生勞動省的統計，國民平均所得約為560萬日圓。我想應該有不少人會覺得這個數字比起實際感受還高。從所得分布的直方圖中可以看出，高所得的人會將尾巴拉長，使得平均值因此拉高。平均值對離群值很敏感。此外，從表中可看出中位數為442萬、眾數為350萬日圓。哪個值最接近你的實際感受呢？

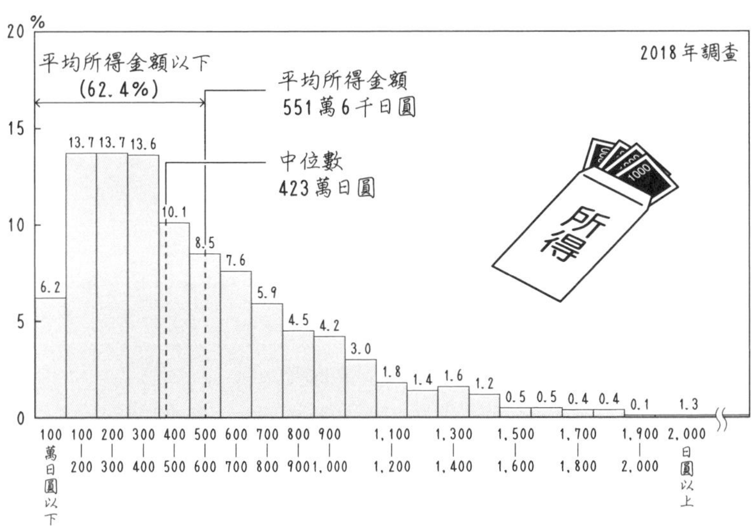

出處：厚生勞動省「平成30年　國民生活基礎調查概況」
（https://www.mhlw.go.jp/toukei/saikin/hw/k-tyosa/k-tyosa18/dl/03.pdf）

難易度 ★　實用 ★★★★★　考試 ★★★★★

08 變數的標準化

多變量分析通常會使用標準化的變數。

Point

整理成平均值0、變異數1

標準化、中心化的公式

假設變數x的平均值為$\bar{x}$，變異數為${s_x}^2$。此時，將變數y和z設為：

$$y=\frac{x-\bar{x}}{s_x}\quad\left(\frac{\text{偏差}}{\text{標準差}}\right)\qquad\qquad z=x-\bar{x}$$

y稱為「將x標準化的變數」，z稱為「將x中心化的變數」。

- 標準化的變數y：平均0、變異數1
- 中心化的變數z：平均0

製作標準化的變數（standardized variable）

在05節的例子中，曾介紹過下面這筆資料：

$$2,\ 4,\ 5,\ 8,\ 11$$

其平均值為6，標準差為$\sqrt{10}$。**想要將資料標準化，得用偏差除以標準差**。經過計算，得到：

$$-\frac{4}{\sqrt{10}},\ -\frac{2}{\sqrt{10}},\ -\frac{1}{\sqrt{10}},\ \frac{2}{\sqrt{10}},\ \frac{5}{\sqrt{10}}$$

請大家確認一下資料的平均值是否為0，變異數是否為1。

另外，即使用一次式變換變數，標準化後的值也不變。

針對變數x，用一次式$w=ax+b$決定新的變數w。

假設x的平均值為$\bar{x}$，變異數為${s_x}^2$；w的平均值為$\bar{w}$，變異數為${w_y}^2$，則具有

$$\bar{w}=a\bar{x}+b\quad\text{平均值為相同的公式}\qquad {s_w}^2=a^2{s_x}^2\quad\text{變異數為}a^2\text{倍}\quad\cdots\cdots①$$

等關係。使用這些公式進行w的標準化，當$a>0$時，

$$\frac{w-\bar{w}}{s_w}=\frac{(ax+b)-(a\bar{x}+b)}{as_x}=\frac{x-\bar{x}}{s_x}$$

與變數x的標準化一致。

Business 偏差值使用標準化

A同學在第一學期的考試中得到70分，第二學期的考試得到60分，他很開心自己的成績有所進步。這到底是怎麼回事？

證照考試通常達到70分以上即可通過，但如果是競爭考試，重點在於觀察自己的成績落在整體哪個位置。在這種情況下，只要比較分數標準化後的數值，就能知道自己的分數落在整體哪個位置。

舉例來說，A同學第一學期的考試平均分數為60分，標準差為10分；第二學期的平均分數為45分，標準差為12分。將A同學的分數標準化後，得到的值如下：

第一學期 $\dfrac{70-60}{10}=1$ 第二學期 $\dfrac{60-45}{12}=1.25$

因此可以認為，A同學在第二學期的成績，從全體考生來看，位置上升了（大概排名也提升了）。然而，偏差值的定義為：

$$\text{偏差值}=\text{標準化的值}\times 10+50 \quad \left(=\frac{\text{分數}-\text{平均分數}}{\text{標準差}}\times 10+50\right)$$

關於A同學的成績，偏差值如下。

第一學期 $1\times 10+50=60$ 第二學期 $1.25\times 10+50=62.5$

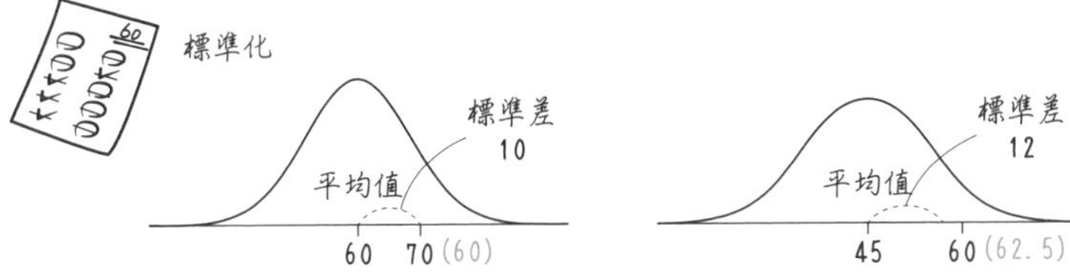

標準化後的平均值為0，變異數為1，將某個考試的所有考生分數置換為偏差值的資料（「偏差值資料」），使用上一頁①的計算公式，將$a=10$，$b=50$代入：

「偏差值資料」的平均值$=10\times 0+50=50$

「偏差值資料」的變異數$=10^2\times 1^2=100$。

也就是說，**偏差值是用一次式轉換，使考試資料成為平均值50分、標準差10分的值**。

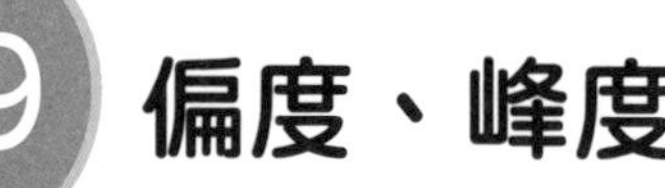

09 偏度、峰度

這是認識直方圖形狀的客觀標準。

Point

直方圖的「不對稱性」和「尖度、尾巴長度」，表示偏離常態分布的指標。

計算資料偏度和峰度的公式

有一組大小為n的單變數資料x_1，x_2，……，x_n。

若資料的平均值為$\bar{x}$，變異數為s^2（標準差為s），則資料的偏度和峰度可以用下列公式來計算。

- 偏度：$\frac{1}{n}\sum_{i=1}^{n}\left(\frac{x_i-\bar{x}}{s}\right)^3=\frac{3\text{階主動差}}{\text{標準差的}3\text{次方}}$
- 峰度：$\frac{1}{n}\sum_{i=1}^{n}\left(\frac{x_i-\bar{x}}{s}\right)^4-3=\frac{4\text{階主動差}}{\text{標準差的}4\text{次方}}-3$

使用右側資料，也可以定義隨機變數。

偏度（skewness）是表示直方圖偏態的指標

偏度是表示資料偏離對稱性程度的指標。對於標準化的變數$\frac{x_i-\bar{x}}{s}$，

公式　$\frac{1}{n}\sum_{i=1}^{n}\left(\frac{x_i-\bar{x}}{s}\right)^2=\left\{\frac{1}{n}\sum_{i=1}^{n}(x_i-\bar{x})^2\right\}\div s^2=1$　成立。

把這個公式的平方變成3次方就是偏度，4次方再減去3就是峰度。直方圖的偏度為正時右尾較長，偏度為負時左尾較長。

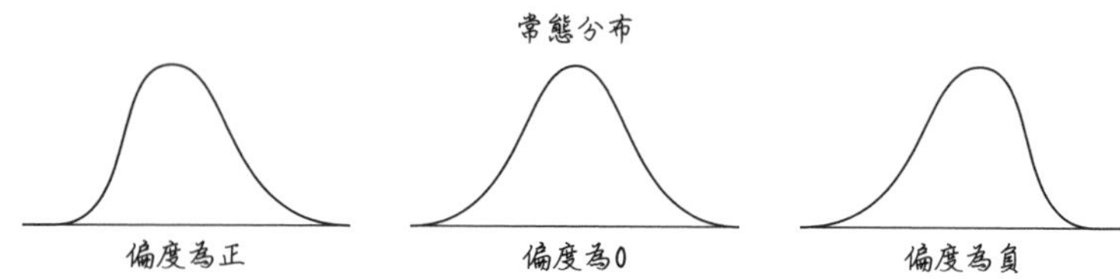

峰度（kurtosis）是表示直方圖高度的指標

峰度為正時，直方圖與常態分布相比，形狀較為陡峭（像富士山）；峰度為負時，直方圖與常態分布相比，形狀較為平緩（像荒船山）。峰度是表示中心高聳程度和兩翼長度的指標。

另外，在計算峰度的公式中，之所以要減掉3，是為了讓資料在服從常態分布時變為0的緣故。也有不加上−3來定義峰度的做法。

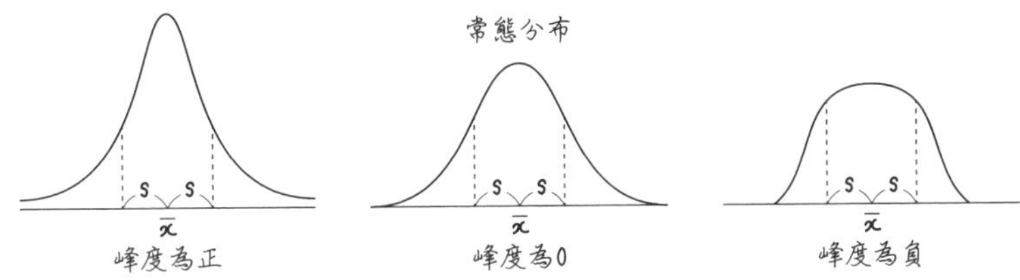

此外，峰度有時會稱為**超量係數**（coefficient of excess）。從Point的公式中可以得知，偏度和峰度都是基於標準化的值來定義，因此偏度和峰度經過變數的線性變換仍不變。針對變數x，用$y = ax + b$來決定變數y時，y的偏度和峰度與x的偏度和峰度一致。

Business 似乎比常態分布更能發現異常

數學家龐加萊（Henri Poincaré）對每天購買的麵包重量進行統計，發現圖形不是呈常態分布，於是麵包店便用大一點的麵包來應付斤斤計較的龐加萊。從資料的分布偏離常態分布的情況來看，就能察覺其中發生了異常。

在品質管理（QC）的現場，會使用常態分布對規格品進行檢查。工業產品的特性值資料是否為常態分布，這是重要的前提，而峰度和偏度就是用來判斷資料是否近似常態分布的指標。

難易度 ★ 實用 ★★ 考試 ★★★★★

10 四分位數、盒鬚圖

日本教科書根據2021年度的學習指導要領，在中學2年級時學習盒鬚圖。

Point

也是衡量分布程度的重要指標

全距（range）

一組資料中，「最大值 − 最小值」稱為**全距**。

減法

中位數（median）

由小到大依序排列資料，位於正中央的值稱為**中位數**。

- 資料大小n為奇數時，從小數來第 $\dfrac{n+1}{2}$ 的值
- 資料大小n為偶數時，從小數來第 $\dfrac{n}{2}$ 的值和第 $\dfrac{n}{2}+1$ 的值的平均

當大小n為奇數時

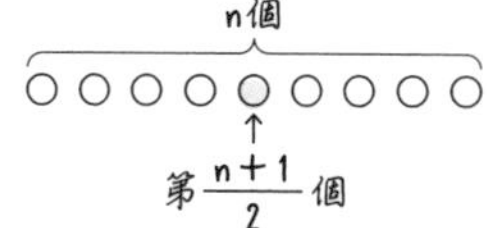

當大小n為偶數時

n個

第$\frac{n}{2}$個和第$\frac{n}{2}$＋1個的平均

四分位數（quartile）

資料由小到大依序排列，從正中央分成兩部分。前半段的中位數稱為**第1四分位數**；後半段的中位數稱為**第3四分位數**。全體資料的中位數稱為**第2四分位數**，「第3四分位數 − 第1四分位數」稱為**四分位距**。

減法

當大小n為奇數時

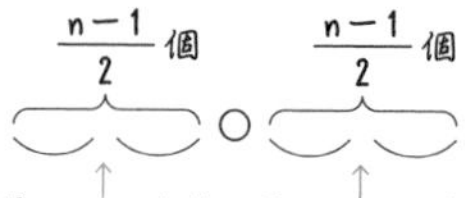

當大小n為偶數時

四分位數有數種定義。

試著計算四分位數

（例1）n為奇數　3, 5, 6, 8, ⑧, 10, 11, 13, 14
前半段　後半段

第1四分位數　$(5+6)\div 2=5.5$　第2四分位數　8

第3四分位數　$(11+13)\div 2=12$

（例2）n為偶數　2, 3, 5, 7, 8, | 9, 11, 13, 14, 16
前半段　後半段

第1四分位數　5　第2四分位數　$(8+9)\div 2=8.5$

第3四分位數　13

根據直方圖可以畫出盒鬚圖（box-and-whisker plot）

資料的分散度（分布程度，dispersion），觀察直方圖最能一目瞭然。若想用一個數字來表示分布程度，我們可以使用變異數和標準差。可是，如果想要知道更具體的分布資訊，那麼資料的最小值、最大值、第1四分位數、第2四分位數、第3四分位數就能作為參考。用這五個數字來表示資料的分布，稱為**五數綜合**。

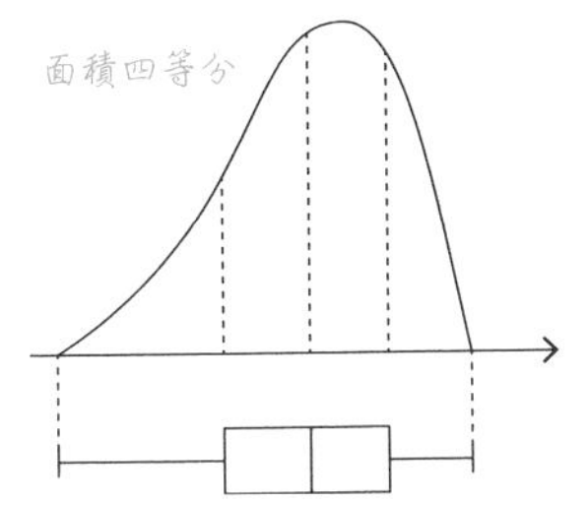

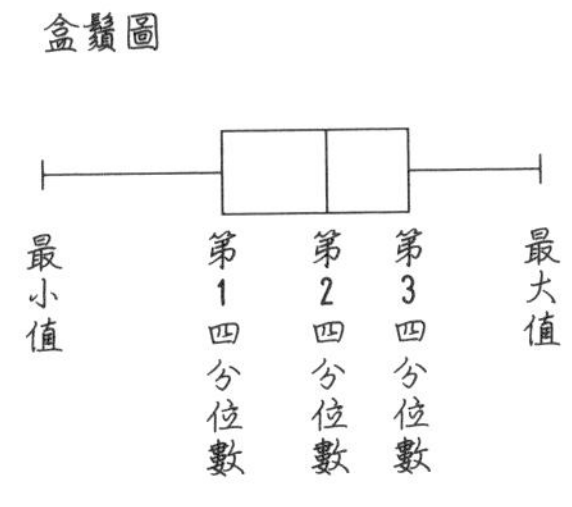

使用這五個數字繪製的右圖，稱為**盒鬚圖**。只要觀察直方圖，就能畫出大致的盒鬚圖。用第1四分位數、第2四分位數、第3四分位數來劃分，直方圖的面積幾乎被分成四等分。盒鬚圖是統計學家圖基（John Tukey）所發明。

11 交叉表

在問卷調查的統計等方面帶來幫助。請記住各部位的名稱。

想要調查兩個質的變數之間的關係時使用

交叉表

針對二維質的變數的次數進行整理的表格。

熟悉行列、表側、表頭、周邊次數、總次數等用語

一維的量的資料可以整理成次數分配表，而二維質的變數的資料只要整理成**交叉表**（又稱交叉資料表），分析起來比較容易。

下表是50名男女的性別和喜歡顏色（三選一）的問卷調查結果。男性、女性和紅、藍、黃皆為一維資料，總計為二維的質的資料。

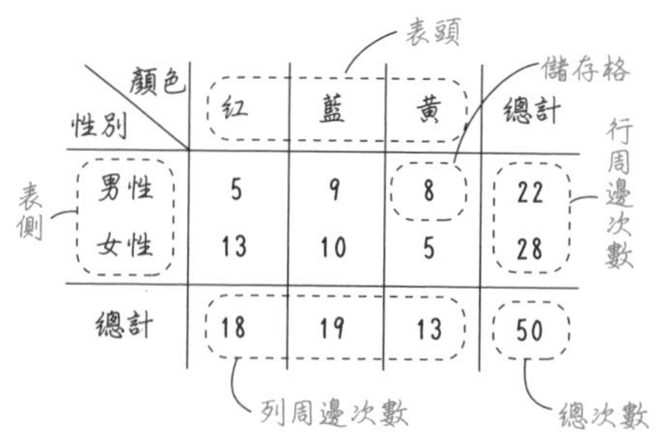

儲存格：表示次數的方格
表側：表格左邊的類別欄
表頭：表格上面的類別欄
　表格的橫向稱為行，縱向稱為列。
行周邊次數：橫向的總計次數
列周邊次數：縱向的總計次數
總次數：資料次數

Business 用三重交叉表營造良好的職場氛圍

負責人事的A先生看到「關於工作和生活方式變化的全國調查（2007年）」的交叉表後，認為「從事正職工作的男性比較多（表1），正職員工的工作滿意度較高（表2），大概是因為男性對工作比較滿意的緣故吧」。

表1　性別和勞動身分的雙重交叉表

數值：%，( ) 內為實數

	正職	非正職	總計
男性	83.1(1011)	16.9(206)	100.0(1217)
女性	58.9 (610)	41.1(425)	100.0(1035)
總計	72.0(1621)	28.0(631)	100.0(2252)

資料來源：「關於工作和生活方式變化的全國調查（2007年）」

表2　勞動身分與工作滿意度的雙重交叉表

數值：%，( ) 內為實數

	滿意	不滿意	總計
正職	45.0(730)	55.0 (891)	100.0(1612)
非正職	36.0(227)	64.0 (404)	100.0 (631)
總計	42.5(957)	57.5(1295)	100.0(2252)

資料來源：「關於工作和生活方式變化的全國調查（2007年）」

然而，從下面表3的**三重交叉表**來看，可以發現男性對非正職工作的不滿意比例更高。

表3　勞動身分、性別、工作滿意度的三重交叉表

數值：%，( ) 內為實數

		工作滿意度		
勞動身分	性別	滿意	不滿意	總計
正職	男性	43.9(444)	56.1(567)	100.0(1011)
	女性	46.9(286)	53.1(324)	100.0 (610)
	總計	45.0(730)	55.0(891)	100.0(1612)
非正職	男性	27.2(56)	72.8(150)	100.0 (206)
	女性	40.2(171)	59.8(254)	100.0 (425)
	總計	36.0(227)	64.0(404)	100.0 (631)

出處：「關於工作和生活方式變化的全國調查（2007年）」

※表格轉載自神林博史、三輪哲《用於社會調查的統計學》（技術評論社）。

難易度 ★ 實用 ★★★★★ 考試 ★★★★★

12 圓餅圖、橫條圖、折線圖

圖表的基礎。希望能使用電子試算表軟體製作。

Point

活用圖表的特性

- 圓餅圖、橫條圖：主要用於表示比例時
- 折線圖：最適合用來表示時間序列的資料

試著解讀圖表

圓餅圖：無償勞動的男女家事時間構成比例。女性做家事的時間有一半是做飯和洗碗，雖然加入園藝一項，但與其說是家事勞動，不如說是興趣。

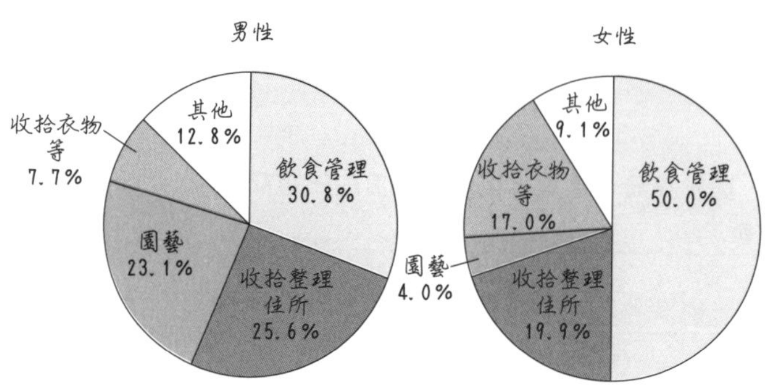

總務省「平成28年社會生活基本調查結果」

橫條圖：兩人以上家庭的月均消費支出額。除了通訊費以外，恩格爾係數（伙食費的比例）也變高了。

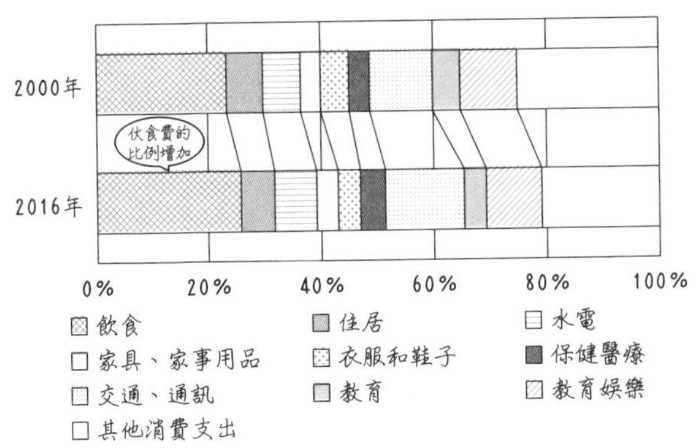

出處：根據總務省統計局「家計調查結果」的資料製作，引用《日本統計學會公式認定　統計檢定3級、4級　公式問題集〈2016～2018年〉》（實務教育出版）內所刊載的圖表。

折線圖：男生「長大後想做什麼」。從1997年開始算起的20年間，棒球選手和足球選手合計約占20～30%，有一種兩邊互相較勁的意味。

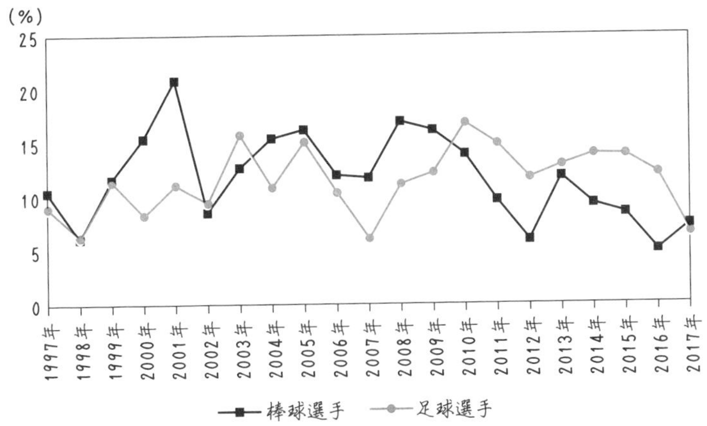

出處：摘錄第一生命「2017年第29回『長大後想做什麼』的問卷調查」的部分內容，引用自《日本統計學會公式認定　統計檢定3級、4級　公式問題集〈2016～2018年〉》（實務教育出版）內所刊載的圖表。

馬賽克圖：橫條圖的二維版，發展型。兩者皆非的大概是藝術科，想從事的職業有限。

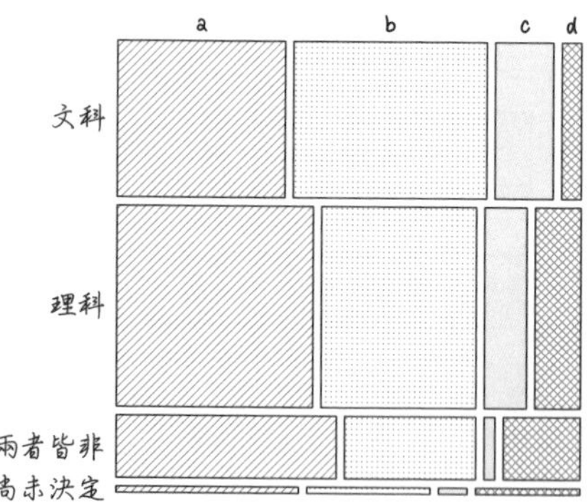

a：具體已經決定想從事的職業
b：雖然還沒決定職業，但對於想從事的行業和領域有規劃
c：想從事的職業、行業和領域都尚未決定
d：原本就沒有工作的規劃

出處：根據mynavi進學「高中生的生活方式和興趣調查」的資料製作，引用自《日本統計學會公式認定　統計檢定3級、4級　公式問題集〈2016～2018年〉》（實務教育出版）內所刊載的圖表。

雷達圖（左下圖）：整理商品特性、能力評價、性格診斷時，經常使用雷達圖。雖然價格較高，但想選擇外觀酷炫的A商品。

雙層環圈圖（右下圖）：在兩階段分類時非常有用。練切出乎意料地很受歡迎。

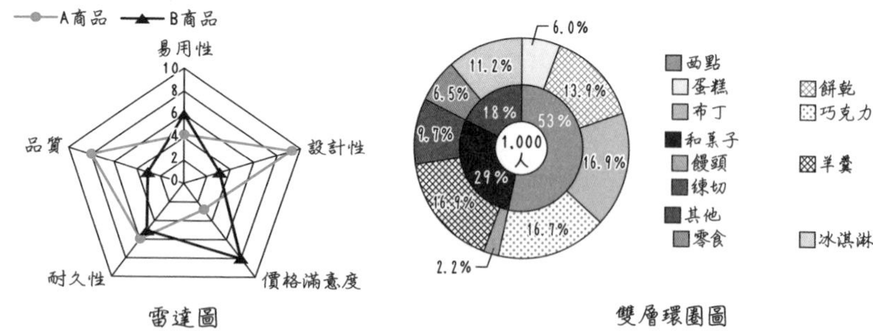

Business 南丁格爾用獨創的圖表控訴糟糕的衛生環境

克里米亞戰爭爆發時，南丁格爾在英軍野戰醫院擔任護士。她發現那裡的英國士兵，死於傳染病的人比死於作戰負傷的人更多，因此認為改善軍醫院的衛生環境是首要之務。

從戰場回到本國的南丁格爾，寫下長達1,000頁的報告書。在這份報告中，最著名的就是下圖這種有**蝙蝠翼**（Bat's Wing）之稱的圖表。右邊圓餅圖的9點鐘位置是1854年4月，每增加30度代表前進一個月。淡藍色部分是傳染病的死亡率，藍色部分是受傷和其他原因的死亡率。這張圖表可以讓人一眼看出傳染病的死亡率很高。圓餅圖雖然是用來顯示比例，但只要達到高手的境界，圖表也不是不能變通。

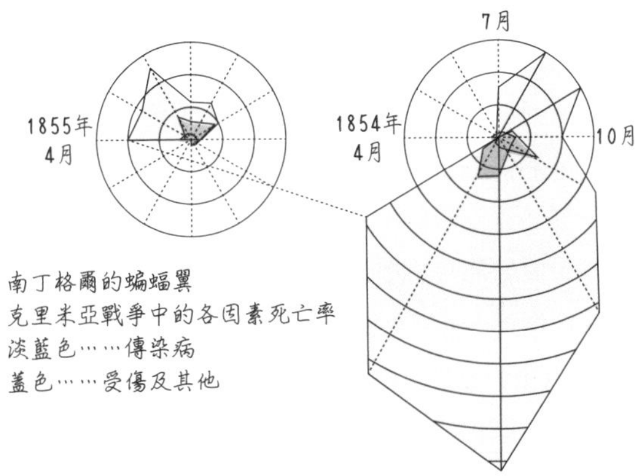

出處：丸山健夫《南丁格爾是統計學家！》（日科技連出版社）

散佈圖

本節教你如何繪製和理解。

二維資料圖

在座標平面上標記二維資料(x_i, y_i)點的圖。

首先試著標記在散佈圖上

有兩個變數的資料(x, y)時，針對各資料的值(x_i, y_i)在座標平面上標記點，製作出來的就是**散佈圖**。

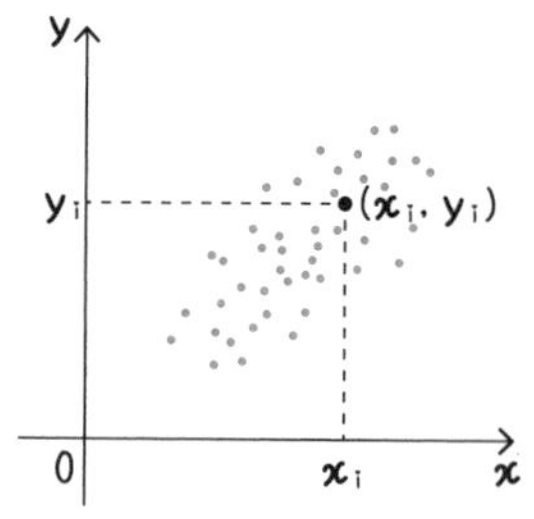

這是用來呈現二維資料時的基本圖。我們可以從散佈圖得到相關關係、是否存在離群值等許多資訊。

從圖1可以看出，x值增加，y值有增加的傾向；從圖2可以看出，x值增加，y值有減少的傾向。在這種情況下，我們可以預測變數x和變數y之間存在著某種關係。尤其當散佈圖接近直線時，代表兩者具有強烈的相關性。另一方面，圖3就沒有這類關係。

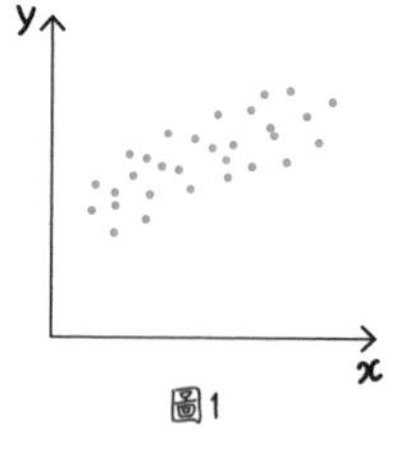

圖1

圖2

圖3

Business 利用散佈圖制定全球戰略

S公司是在日本擁有極高市占率的保全公司。經營公司的I先生正在制定下一步該進軍哪個國家的戰略。「國際犯罪受害者調查」是由聯合國區域犯罪與司法研究院（UNICRI），以及聯合國毒品暨犯罪辦公室（UNODC）合作實施，I先生的手上有份根據這項調查整理而成的散佈圖。從這張散佈圖可以看出，日本的犯罪率雖然不高，人們卻對社會治安嚴重感到不安。I先生分析，S公司之所以在日本取得成功，正是因為有這樣的土壤。I先生認為「下一步應該先從西班牙、葡萄牙開始進軍海外市場」。

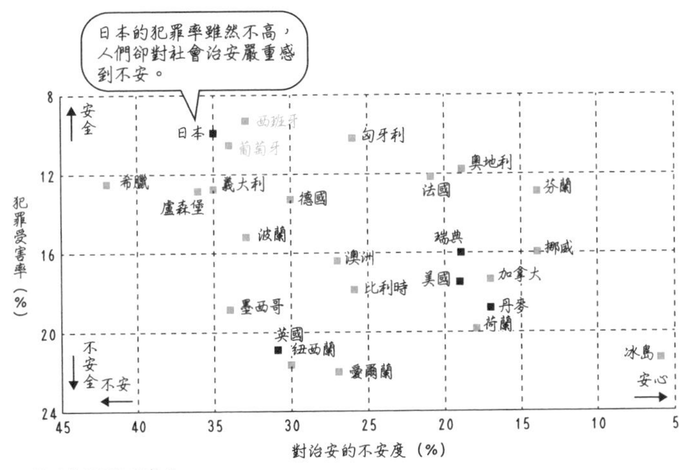

出處：總務省「平成21年版　情報通信白皮書」

Business 用散佈圖矩陣預測女性的升遷

每個公司都會針對女性擔任部長、課長、一般職員的職務所占比例進行調查統計。因為這是三維資料，所以不能直接做成散佈圖。因此，我們將部長與課長、部長與一般職員、課長與一般職員這三個散佈圖，以及部長、課長、一般職員各自的一維資料直方圖進行整理和排列。這樣的圖表稱為**散佈圖矩陣**。

擔任部長的女性比例較高的話，擔任課長的女性比例也會偏高，這雖然可以理解，但擔任部長和課長職務的女性比例，和擔任一般職員的女性比例，兩者之間似乎沒有關係。如果女性員工較多，那麼上司也多半會由女性擔任，是不是應該這麼說比較好？

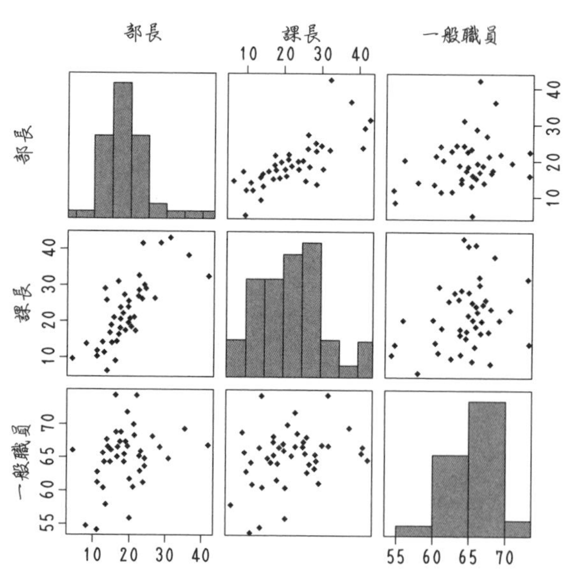

Business 有錢人活得久

暢銷全球的書籍《真確：扭轉十大直覺偏誤，發現事情比你想的美好》（繁體中文版由先覺出版，2018年），打開扉頁（打開封面的第一頁），有一張刊載世界保健圖的圖表，橫軸是國民的平均所得，縱軸是國民的平均壽命，用圓的大小（面積）來表示國家的人口。這樣的圖表稱為**泡泡圖**。

從這張圖上，我們會先注意到，富裕國家的國民壽命比較長。可能是因為富裕國家都會在醫療和福利方面投入預算的緣故吧。

這張圖是以2017年的統計為基礎而繪製，另外還公開了自1800年以來按照時間序列變化的統計圖表影片。從這個影片可以看出，在過去約200年間，世界變得富裕起來，人類的壽命也增加了，之後要追求的就是和諧與和平。

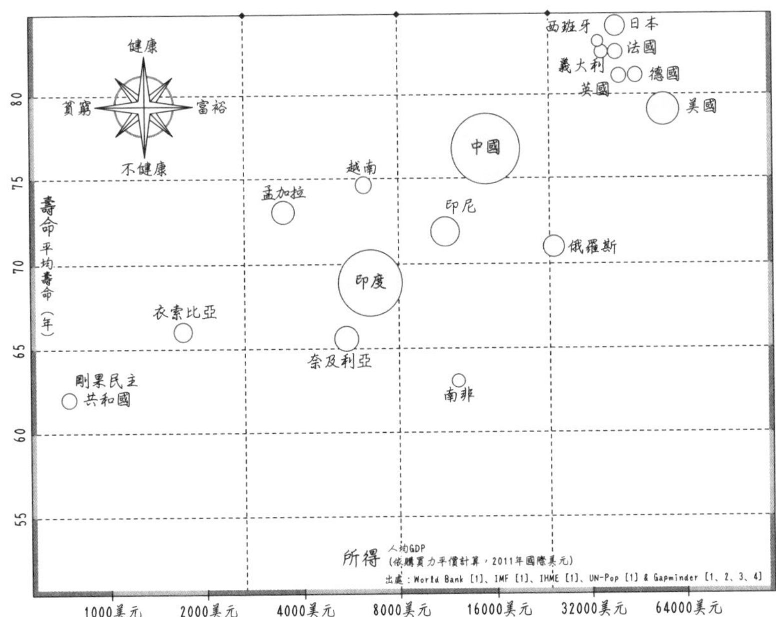

出處：漢斯・羅斯林、歐拉・羅斯林等人，從《真確》中摘錄一部分製作
資料來源：https://www.gapminder.org/tools/#$state$time$value=2019;;&chart-type=bubbles

難易度 ★ 實用 ★★★★★ 考試 ★★★★★

14 羅倫茲曲線

和吉尼係數一起記住吧。

Point

累積相對次數圖

羅倫茲曲線（Lorenz curve）

根據所得資料製作次數分配表，橫軸為累積相對次數，縱軸為所得的累積相對次數，描繪而成的曲線。

吉尼係數

用羅倫茲曲線和完全均等線包圍起來的面積，除以直角三角形的面積得到的值。用來表示貧富差距的程度。

利用零用錢的資料繪製羅倫茲曲線

經濟學家羅倫茲（Max Lorenz）為了調查各國的貧富差距，設計出羅倫茲曲線。

這裡我們以零用錢的次數分配表試著描繪羅倫茲曲線。

首先，在人數（次數）的旁邊填入人數相對全體的比例，也就是相對次數。

全體人數（資料大小）為40，因此次數22的相對次數為22÷40＝0.55。

接下來計算累積相對次數。累積相對次數是計算到該組為止的相對次數加總。以2,000～2,999這組為例，計算方式為0.550＋0.225＋0.150＝0.925。

零用錢總計這個欄位，以1,000～1,999這組為例，假設9人的零用錢為組值1,500元，計算方式為1.5千元×9＝13.5千元。

累積零用錢為填寫到該組為止的總計。以2,000～2,999這組為例，累積零用錢為11＋13.5＋15＝39.5。累積零用錢相對次數為各組累積零用錢相對零用錢總和的比例。

零用錢（元）	次數（人）	相對次數	累積相對次數	零用錢總計（千元）	累積零用錢（千元）	累積零用錢相對次數
0~999	22	0.550	0.550	11.0	11.0	0.22
1,000~1,999	9	0.225	0.775	13.5	24.5	0.49
2,000~2,999	6	0.150	0.925	15.0	39.5	0.79
3,000~4,000	3	0.075	1.000	10.5	50.0	1.00
合計	40	1.000	—	50.0	—	—

將同組的累積相對次數和累積零用錢相對次數繪製成圖，如下所示。這條線就稱為羅倫茲曲線。

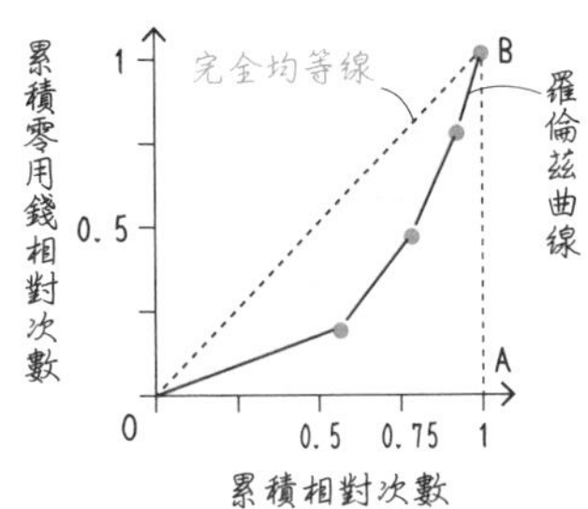

當所有人的零用錢相等時，上圖的羅倫茲曲線就是直線OB，這條OB就稱為完全均等線。**吉尼係數**用（網格部分的面積）÷（△OAB的面積）計算。按照上面的例子來計算，吉尼係數為0.393。

Business 用吉尼係數預測國家的穩定性

當所有人的所得均等時，羅倫茲曲線與完全均等線一致，網格部分的面積為0，吉尼係數也為0。當所得由一人完全獨占時，網格部分為△OAB，吉尼係數為1。吉尼係數愈高，所得分配愈不平均，代表貧富差距的情況愈嚴重。日本的吉尼係數為0.339（2019年），在OECD調查的38個國家中，排名第14名。據說吉尼係數超過0.4的話，國民會累積不滿，從而招致社會混亂；超過0.6的話，即使發生暴動也不足為奇。

15 Q-Q圖

讓我們瞭解常態Q-Q圖的使用方法。

Point

將兩個分布的偏差繪製成圖表

Q-Q圖

對於兩個累積分布函數$F_X(x)$和$F_Y(y)$，在滿足$F_X(x)=F_Y(y)$的條件下，描繪出(x, y)的圖，就稱為**Q-Q圖**（quantile-quantile plot）。

用常態Q-Q圖將偏離常態分布的偏差可視化

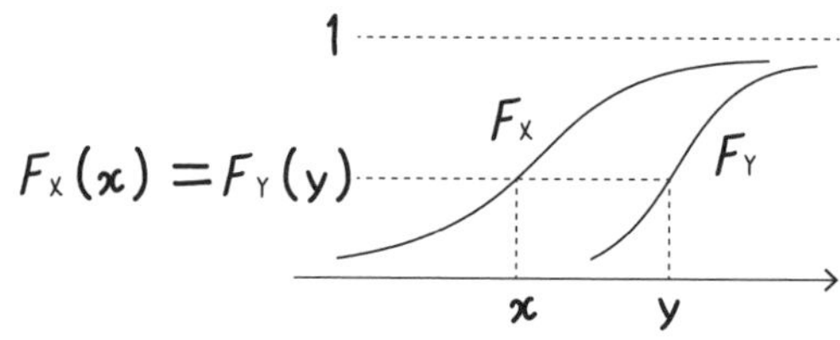

在兩個累積分布函數$F_X(x)$和$F_Y(y)$（03章05節）的值相等的條件下，繪製x和y的圖，就能將兩個累積分布函數的偏差可視化。

如果用累積相對次數分配表來取代累積分布函數，就可以呈現出兩組資料分布形態的偏差。

x組	累積相對次數	y組	累積相對次數
1	0.05	3	0.25
2	0.10	5	0.50
3	0.25	7	0.75
4	0.50	9	0.85
5	0.75	11	0.95
6	1.00	13	1.00

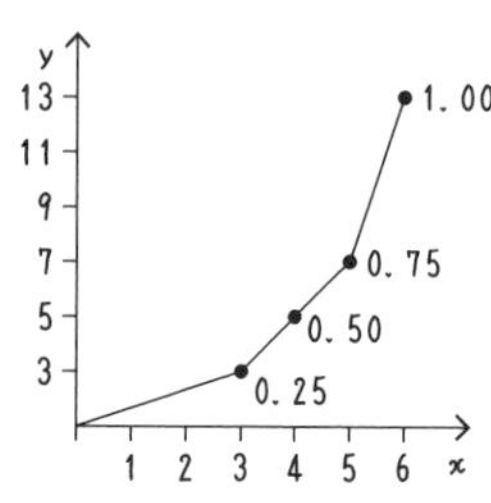

當隨機變數X和Y之間存在$Y=aX+b(a>0)$的線性關係時，

$$P(X \leqq x)=P(aX+b \leqq ax+b)=P(Y \leqq y)$$

這時的Q－Q圖為一條直線。在X、Y均為常態分布的情況下，由於X和Y存在線性關係，因此Q－Q圖呈直線。

Business 利用常態Q-Q圖，確認是否可以視為常態分布

將X作為常態分布的累積分布函數時，稱為**常態Q-Q圖**（normal Q-Q plot），這樣一來就可以直觀地看到Y相對於常態分布的偏差。

舉例來說，在下面的常態Q－Q圖中，如果左邊偏離直線，就代表Y的分布和常態分布相比，為左尾較長的分布。

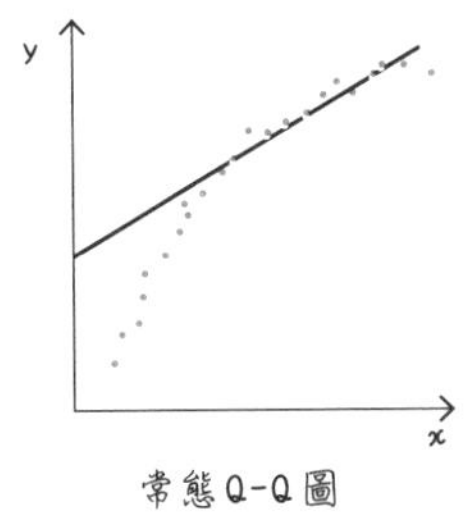

常態Q-Q圖

在品質管理（QC）的現場，會使用常態分布對規格品進行檢查。而常態Q－Q圖可以幫助我們檢查工業產品特性值的資料是否為常態分布。

當點大大地偏離直線時，就應該考慮排除離群值。另外，常態Q－Q圖原本就不是直線的分布，我們應該擱置假設常態分布的估計和檢定。

Column

從莖葉圖解讀資料的代表值

接下來介紹莖葉圖（stem-and-leaf diagram）這個統計檢定中經常用到的一種一維資料圖示法。如何從莖葉圖解讀資料的代表值（平均值、中位數、眾數），是統計檢定中常見的題目。

例如：

21, 23, 23, 25, 33, 33, 35, 36, 36, 38, 39, 44, 44, 45, 48, 48

這類兩位數、資料大小為16的一維資料，莖葉圖如下所示。

莖	葉	次數
20	1 3 3 5	4
30	3 3 5 6 6 8 9	7
40	4 4 5 8 8	5

20～29的資料有21、23、23、25這四個。以21為例，拆分成20和1，將20視為「莖」，1視為「葉」。對於21、23、23、25，在「莖」為20的地方，將1、3、3、5填入「葉」。如果有多個相同的數字（23），只填寫其個位數（2個）。

20～29、30～39、40～49，哪一組的次數最多，從莖葉圖上就能一目瞭然。我們可以從莖葉圖輕鬆讀取原始資料的值，所以得到的資訊量比直方圖來得更多。

莖葉圖和盒鬚圖一樣，都是由統計學家圖基使用而開始廣為人知。

Chapter 02

相關關係

什麼是相關？

請試著想像一下日本全國729個市，人口（x萬人）和市立小學數量（y所）的調查資料(x, y)。想當然，市的人口(x)愈多，小學數量(y)也愈多。此外，如果是玩手機的時間(x小時)和考試成績(y分)的資料(x, y)，可以想見時間(x)愈長，成績(y)愈低。如上所述，對於兩個變數的資料(x, y)，當x的增減和y的增減之間存在某種關係時，這樣的關係就稱為**相關**（correlation）。

二維資料只要用散佈圖來表示，就可以直觀地掌握資料。相關關係也可以通過散佈圖一目瞭然。

我們可以從圖1看出y隨著x而增加的趨勢，從圖2看出y隨著x而減少的趨勢。圖3的點則是平均分散在整張圖上，所以我們無法根據x的增加來預測y的變化。

如圖1、圖2所示，已知x的增減與y的增減大致相關時，就能推測x和y的背後是否潛藏著某種關聯性，是否存在「相關」。由於無法從圖3看出趨勢，我們可以說x和y「無相關」。

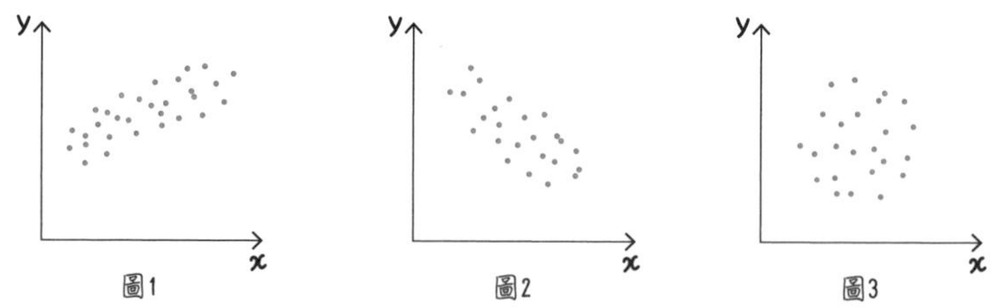

圖1　圖2　圖3

然而，如果根據外在印象來判斷資料是否相關，就會有失客觀性。因此，人們又設計出**相關係數**以作為衡量相關關係的指標。相關係數沒有單位，值介於-1到1或0到1之間。

最標準的相關係數是皮爾森相關係數，不過也有很多不同的相關係數計算方法。我們可以根據資料的種類和特徵來區分使用。此外，**皮爾森相關係數只能用於量的資料，如果資料為順序資料和類別資料時，就使用其他的相關係數。**

相關係數是表示兩個變數間的相關關係指標，可以說是敘述統計的一種，這裡將用一整章的篇幅來詳細說明。

相關關係必須注意的事項

調查相關係數來解釋結果時，我們必須注意，**即使相關關係很強，兩個變數之間也不一定存在因果關係。**最好別把相關關係和因果關係拿來相提並論。

例如，將各年度8月分的冰淇淋銷售額統計設為x，將8月分的冷氣銷售額統計設為y，可以認為x和y之間存在相關關係。不難想像，在炎熱的夏天，冰淇淋和冷氣的銷售業績一路長紅，而在涼爽的夏天，銷量往往沒有起色。因為並非冰淇淋賣得好這個原因，造就冷氣大賣這個結果。

在這種情況下，除了x和y之外，還有8月分的平均氣溫(z)這個變數，z的高低是原因，x、y的多寡是結果，因而形成因果關係。就算x和y有相關關係，也**沒有直接的因果關係**。這樣的相關就稱為**偽相關**（spurious correlation）(圖4)。

另外，**相關係數可以測量的相關性僅限於線性關係**，這也是在使用相關係數時必須注意的一點。如圖5的散佈圖所示，當點呈曲線狀分布時，相關係數較低。但可以說x和y具有相關性。這個時候，只要透過變數變換的迴歸分析，就能從數量上掌握x和y的相關性。

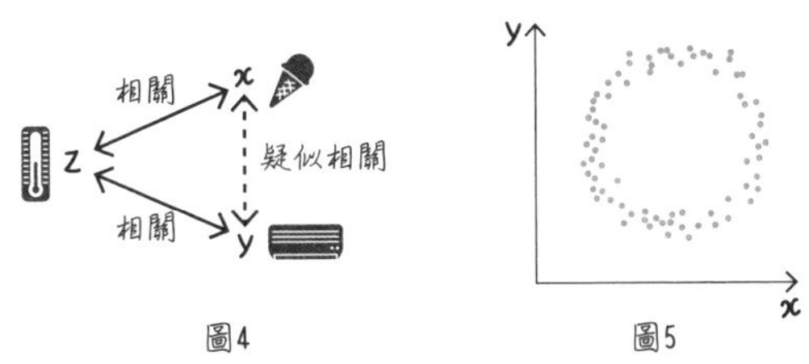

圖4　　圖5

難易度 ★　實用 ★★★★★　考試 ★★★★★

01 皮爾森相關係數

這是國高中學習的統計學相關係數，此外還有其他的相關係數。

Point

共變異數除以兩個標準差的乘積

當兩個變數的量的資料(x, y)的大小為n時，

● 共變異數：$s_{xy}=\dfrac{1}{n}\sum_{i=1}^{n}(x_i-\bar{x})(y_i-\bar{y})$

（皮爾森）**相關係數**：$r_{xy}=\dfrac{s_{xy}}{s_x s_y}$

其中$s_x{}^2$為x的變異數（s_x為x的標準差）、$s_y{}^2$為y的變異數（s_y為y的標準差），s_{xy}為x和y的共變異數。

r_{xy}滿足$-1\leqq r_{xy}\leqq 1$的條件。

用相關係數判斷量的資料的相關性

本章還會介紹其他的相關係數，**但一般提到相關係數，通常就是指皮爾森相關係數（correlation coefficient）**。皮爾森相關係數可以用來計算量的資料。

試著用下面的資料計算相關係數。

						總計	
x	2	1	3	5	4	15	$\bar{x}=15\div5=3$
y	5	1	2	9	3	20	$\bar{y}=20\div5=4$
$x-\bar{x}$	−1	−2	0	2	1	0	
$(x-\bar{x})^2$	1	4	0	4	1	10	$s_x{}^2=10\div5=2$
$y-\bar{y}$	1	−3	−2	5	−1	0	
$(y-\bar{y})^2$	1	9	4	25	1	40	$s_y{}^2=40\div5=8$
$(x-\bar{x})(y-\bar{y})$	−1	6	0	10	−1	14	$s_{xy}=14\div5=2.8$

※又稱為積差相關係數（moment correlation coefficient）。

經過計算，得到$r_{xy}=\frac{s_{xy}}{s_x s_y}=\frac{2.8}{\sqrt{2}\sqrt{8}}=\frac{2.8}{4}=0.7$

相關係數與散佈圖

相關係數為正時，散佈圖呈現往右斜上分布；相關係數為負時，散佈圖則呈現往右斜下分布。

相關係數的絕對值愈接近1，散佈形狀愈近似直線；相關係數愈接近0，散佈愈分散。

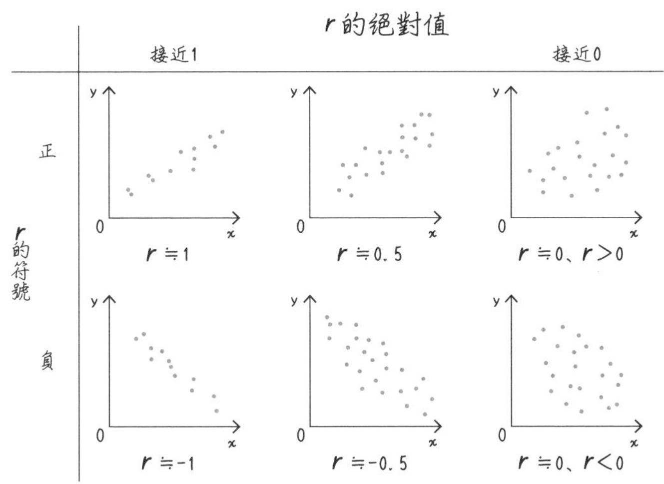

Business 別忘了回到散佈圖

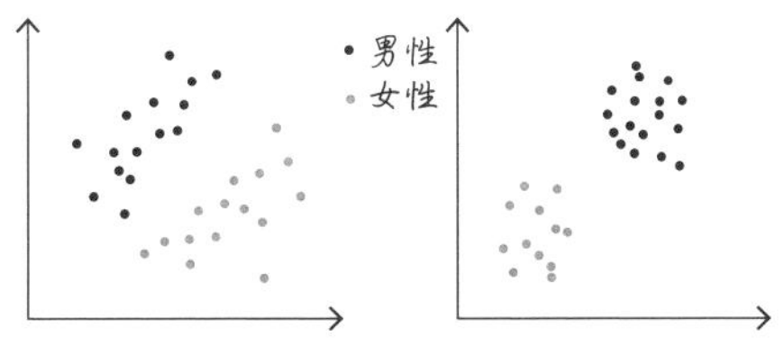

男女資料放在一起觀察時，即使相關係數很小，散佈圖也會像左圖一樣，如果男女分開來看，有時也會存在相關關係。反之，像右圖這種相關係數很大的形狀，有時將男女分開來看，相關係數也很低。不要光靠相關係數來判斷，也要用散佈圖來確認。在這種情況下進行分組就稱為**層別**。

難易度 ★★　實用 ★★★★★　考試 ★★★★★

02 斯皮爾曼等級相關係數

即使沒有相同等級也要知道。

Point

重新排序後計算相關係數

斯皮爾曼等級相關係數的公式

有一組資料大小為n的兩個變數的資料$(x_i,\ y_i)$。

x_i是n個x_1，……，x_n中，由大到小數來第a_i號

y_i是n個y_1，……，y_n中，由大到小數來第b_i號

（假設沒有相同等級。有相同等級請參考下頁的Business）。這時，

$$\rho = 1 - \frac{6\{(a_1 - b_1)^2 + \cdots + (a_n - b_n)^2\}}{n(n^2 - 1)}$$

稱為**斯皮爾曼等級相關係數**（Spearman's rank correlation coefficient）。

ρ值滿足$-1 \leqq \rho \leqq 1$。

斯皮爾曼等級相關係數的解釋

如果出現x增加、y隨之增加的趨勢時，ρ值為正；如果x增加，y隨之減少，ρ值為負。

所有的i均為$a_i = b_i$（x_i和y_i的等級一致）時，$\rho = 1$；所有的i均為$b_i = n + 1 - a_i$（x_i和y_i的等級相反）時，$\rho = -1$。

即使是不假設常態分布的資料或存在離群值的資料，也能得到有效的相關係數。

試求斯皮爾曼等級相關係數

試著用下面的例子計算斯皮爾曼等級相關係數。

把左邊的資料$(x_i,\ y_i)$改成等級，變成右邊的資料$(a_i,\ b_i)$。

使用定義式，計算如下。

x	4	10	13	7	5
y	8	15	7	4	14

a	5	2	1	3	4
b	3	1	4	5	2

$$\rho=1-\frac{6\{(5-3)^2+(2-1)^2+(1-4)^2+(3-5)^2+(4-2)^2\}}{5(5^2-1)}=-\frac{1}{10}=-0.1$$

資料改成等級後，在沒有相同等級的情況下，$(x_i,\ y_i)$的斯皮爾曼等級相關係數，與改成等級後$(a_i,\ b_i)$的皮爾森相關係數一致。

Business 找出工作時間與睡眠時間的關係

下表是針對企劃課的6個人整理出$(x,\ y)=$(工作時間, 睡眠時間)。

存在相同等級的情況下，以相同等級的對象等級平均值作為等級。例如，在下面的資料中，$x=9$有兩個，各指派為2、3名，用$(2+3)\div 2=2.5$(名) 來表示。

x	10	9	9	8	8	8
y	6	7	8	8	7	6.5

a	1	2.5	2.5	5	5	5
b	6	3.5	1.5	1.5	3.5	5

分母的$n(n^2-1)$也需要調整。設為T_x，以

$$T_x=\frac{1}{12}\{n(n^2-1)-\sum_k c_k({c_k}^2-1)\}$$

來計算。這裡的c_k是相同等級的組所包含的資料個數。x在9、9這個等級的$c_1=2$。另外在8、8、8這個等級的$c_2=3$(T_y也一樣)。T_x、T_y、$\sum_{i=1}^{6}(a_i-b_i)^2$經過計算，得到：

$$T_x=\frac{1}{12}\{6(6^2-1)-2(2^2-1)-3(3^2-1)\}=15$$

$$T_y=\frac{1}{12}\{6(6^2-1)-2(2^2-1)-2(2^2-1)\}=16.5$$

$$\sum_{i=1}^{6}(a_i-b_i)^2=(1-6)^2+(2.5-3.5)^2+(2.5-1.5)^2+(5-1.5)^2+(5-3.5)^2+(5-5)^2=41.5$$

把這些值代入，

此為有相同等級時的公式。

$$\rho=\frac{T_x+T_y-\sum_{i=1}^{n}(a_i-b_i)^2}{2\sqrt{T_xT_y}}=\frac{15+16.5-41.5}{2\sqrt{15\times16.5}}=-0.32$$

難易度 ★★　實用 ★★★★★　考試 ★★

03 肯德爾等級相關係數

不僅量的資料，順序尺度的資料也可以使用。

Point

將正相關視為1，負相關視為－1，計算總和

有一組大小為n的兩個變數的資料$(x_i,\ y_i)$。

從n個中選出2個。將其設為$(x_i,\ y_i)$、$(x_j,\ y_j)$。

$(x_i-x_j)(y_i-y_j)>0$時，$a_{ij}=1$

$(x_i-x_j)(y_i-y_j)<0$時，$a_{ij}=-1$

這時，

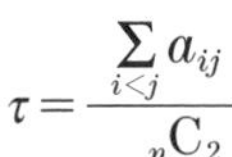

$$\tau=\frac{\sum_{i<j} a_{ij}}{{}_n\mathrm{C}_2}$$

稱為**肯德爾等級相關係數**（Kendall's rank correlation coefficient）。

τ值滿足$-1\leqq\pi\leqq1$。

肯德爾等級相關係數的解釋

如果出現x增加、y隨之增加的趨勢時，τ值為正；如果x增加，y隨之減少，τ值為負。

即使將資料$(x_i,\ y_i)$替換成各變數n個內的等級來計算，x_i-x_j和y_i-y_j的符號也不變，將各變數替換成等級來計算τ值也是一樣。所以才會加上等級相關係數這個名字。

將$(x_i,\ y_i)$替換為等級，x_i的等級和y_i的等級和所有的i一致時，$\tau=1$。當等級顛倒，也就是當所有的i（x_i的等級）+（y_i的等級）$=n+1$成立時，$\tau=-1$。

用前一頁的上方表格計算肯德爾等級相關係數。$a_{ij}=1$的$(i,\ j)$組有4個，$a_{ij}=-1$的$(i,\ j)$組有6個，經過計算，

$$t=\frac{1\times4+(-1)\times6}{{}_5\mathrm{C}_2}=\frac{-2}{10}=-0.2$$

可以看出這個值與斯皮爾曼等級相關係數不同。

有相同等級時調整分母

有相同等級的情況下，也就是$x_i=x_j$或$y_i=y_j$的情況下，將a_{ij}設為0，分母${}_nC_2=\frac{1}{2}n(n-1)$換成

$$\sqrt{\left\{{}_nC_2-\frac{1}{2}\sum_i c_i(c_i-1)\right\}\left\{{}_nC_2-\frac{1}{2}\sum_i d_i(d_i-1)\right\}}$$

這裡的c_i是x的同等級組中包含的資料個數，d_i是y的同等級組中包含的資料個數（參照本章02節）。這個公式代表在相同等級（資料為c_i個）中是$(x_i-x_j)(y_i-y_j)=0$，減去相同等級的組合個數${}_{ci}C_2=\frac{1}{2}c_i(c_i-1)$進行修正。

即使是相同的資料，斯皮爾曼等級相關係數和肯德爾等級相關係數的值也有所不同，沒有特別的區分。

Business 利用肯德爾等級相關係數找出工作時間和睡眠時間的相關性

利用與第02節相同的工作時間和睡眠時間的資料，試著從下表求出肯德爾等級相關係數。

i	1	2	3	4	5	6
x	10	9	9	8	8	8
y	6	7	8	8	7	6.5

針對下標的組(i, j)，試著調查a_{ij}的值。

$(x_2-x_6)(y_2-y_6)$
$=(9-8)(7-6.5)>0$
$\Rightarrow\ a_{26}=1$

$a_{ij}=1$　(2, 6)、(3, 5)、(3, 6)

$a_{ij}=-1$　(1, 2)、(1, 3)、(1, 4)、(1, 5)、(1, 6)、(2, 4)

$a_{ij}=0$　(2, 3)、(2, 5)、(3, 4)、(4, 5)、(4, 6)、(5, 6)

${}_6C_2-\frac{1}{2}2(2-1)-\frac{1}{2}3(3-1)=11$，${}_6C_2-\frac{1}{2}2(2-1)-\frac{1}{2}2(2-1)=13$

$$\tau=\frac{3-6}{\sqrt{11\times13}}=-0.25$$

難易度 ★★　實用 ★★★★★　考試 ★★

04 克雷莫V係數

可以用於類別資料的交叉資料表。有空的人不妨參考07章03節。

Point

將χ^2統計量調整為介於0到1的數字

類別資料可以整理在$k \times l$的交叉資料表中。這時，

	B_1 ⋯ B_l	總計
A_1 ⋮ A_k	x_{11} ⋯ x_{1l} ⋮ ⋱ ⋮ x_{k1} ⋯ x_{kl}	a_1 ⋮ a_k
總計	b_1 ⋯ b_l	n

$$V=\sqrt{\frac{\sum_{i,j}\frac{x_{ij}^{2}}{a_i b_j}-1}{\min(k,l)-1}}=\sqrt{\frac{\chi^2}{n\{\min(k,l)-1\}}}$$

用min（k, l）表示k和l中較小的一方。Σ為i和j的所有組合（kl個）的總和。χ^2為卡方統計量。

稱為「克雷莫V係數」（Cramér's coefficient of association）。

V值滿足$0 \leqq V \leqq 1$。

V值為1時相關性高，為0時相關性低

決定A_i的類別之後，再決定B_j的類別時，相關性最高，如表1所示。此時的V係數為1（這時因為$b_3=0$，不能計算$\frac{x_{i3}^{2}}{a_i b_3}$，所以排除這個部分進行計算）。

不依賴類別B_j，當類別A_i內的個體數比為固定時，相關性最低，如表2所示。此時的V係數為0。從表2來看，可以說「A_i的分類和B_j的分類是獨立的」。

	B_1	B_2	B_3	總計
A_1	10	0	0	10
A_2	0	10	0	10
總計	10	10	0	20

表1　V係數1

	B_1	B_2	B_3	總計
A_1	5	10	15	30
A_2	10	20	30	60
總計	15	30	45	90

表2　V係數0

Business 年輕人和中年人對於音樂的愛好不同嗎？

讓100名年輕人、200名中年人，從演歌、爵士樂、流行歌曲中，選擇一種喜歡的歌曲類型。結果如下所示。

	演歌	爵士樂	流行音樂	總計
年輕人	11	17	72	100
中年人	49	73	78	200
總計	60	90	150	300

年齡層與喜歡的歌曲類型是否存在相關性，首先用第一個定義式求出V係數。用V的公式計算$\sum$的部分，得到：

$$\sum_{i,j}\frac{x_{ij}^2}{a_ib_j}=\frac{11^2}{60\cdot100}+\frac{17^2}{90\cdot100}+\frac{72^2}{150\cdot100}+\frac{49^2}{60\cdot200}+\frac{73^2}{90\cdot200}+\frac{78^2}{150\cdot200}$$
$$=1.09681\cdots\cdots$$

由於$\min(k,l)=\min(2,3)=2$，因此，

$$V=\sqrt{\frac{\sum_{i,j}\frac{x_{ij}^2}{a_ib_j}-1}{\min(k,\ l)-1}}=\sqrt{\frac{1.09681-1}{2-1}}=\sqrt{0.09681}=0.311$$

V值介於0到1之間，所以0.311會讓人誤以為相關性似乎不大，但透過07章03節的檢定，可以得出年齡和喜歡的音樂類型存在相關性的結論。

接下來用第二個公式計算克雷莫V係數。χ^2稱為卡方統計量，在07章03節是作為T來計算。

$$V=\sqrt{\frac{T}{n\{\min(k,l)-1\}}}=\sqrt{\frac{\chi^2}{n\{\min(k,l)-1\}}}=\sqrt{\frac{29.045}{300(2-1)}}=\sqrt{0.09681}$$
$$=0.311$$

得到相同的值。

05 相關係數的估計和檢定

掌握概要之後，後面就可以依賴軟體來計算。還不知道估計和檢定的人，請閱讀第5章和第6章。

Point

估計和檢定相關係數（皮爾森）

從兩個變數的母體中抽出大小為n的樣本資料。將母體的相關係數設為ρ，樣本資料的相關係數設為r。

估計

母體的相關係數**ρ的95%信賴區間**為：

$$\frac{e^{2a}-1}{e^{2a}+1} \leqq \rho \leqq \frac{e^{2b}-1}{e^{2b}+1}$$

不過，

$$a=\frac{1}{2}\log\frac{1+r}{1-r}-\frac{1}{\sqrt{n-3}}\times 1.96，b=\frac{1}{2}\log\frac{1+r}{1-r}+\frac{1}{\sqrt{n-3}}\times 1.96$$

檢定

$\rho=0$時，

$$T=\frac{r\sqrt{n-2}}{\sqrt{1-r^2}}$$

根據服從**自由度$n-2$的t分布**，來決定拒絕域。

估計的公式十分複雜……

區間估計的公式太過繁雜，實在很難記住，但為了計算95%信賴區間，我們使用了1.96（常態分布2.5%的點），所以似乎與常態分布有關。實際上，只要在這裡改變常態分布α%的點，就能製作母體相關係數ρ的$(100-2\alpha)$%信賴區間。這個信賴區間是透過費雪變換，製作出近似常態分布的統計量，然後再利用逆費雪變換，將95%信賴區間恢復成原本的狀態。

透過無相關檢定確認是否存在相關關係

設虛無假設、對立假設為：

$$H_0: \rho=0 \qquad H_1: \rho\neq 0$$

使用檢定統計量T進行檢定，這種方式就稱為無相關檢定。

當T值落入拒絕域時，母體相關係數ρ不為0，代表在母體中存在顯著的相關關係。即使根據樣本計算出相關係數，其值也可能只是機率上的變動。因此必須進行無相關檢定，以確認母體是否存在相關關係。

需要注意的是，**相關關係的強弱和無相關檢定的結果未必會一致**。也就是說，當存在相關係數$r=0.5$的資料和$r=0.3$的資料時，有時$r=0.5$的相關關係在統計上不顯著，反而是$r=0.3$的資料較為顯著。

光從數字來看，前者的相關性較強，但要判斷其顯著性比較高還為時過早。

Business 調查各公司銷售額相關關係的信賴水準

以某行業的六家大公司為例，調查營業所數量與銷售額的相關關係，得到了0.65的值。使用T值來檢定這個相關係數是否可靠〔ρ是否為0（無相關）〕。試著將$n=6$、$r=0.65$，代入Point的公式，得到：

$$T=\frac{r\sqrt{n-2}}{\sqrt{1-r^2}}=\frac{0.65\times\sqrt{6-2}}{\sqrt{1-0.65^2}}=1.71$$

自由度$6-2=4$的t分布，其2.5%的點為2.78，因此不拒絕虛無假設，也就是無相關。雖然0.65的值有可能代表存在相關，但由於樣本太小，本來就不能說有顯著相關。

難易度 ★★★★　實用 ★★★★★　考試 ★★

06 自我相關係數

這是時間序列分析的基礎。讓我們學會檢視相關圖吧。

Point

時間序列資料的不同時間點 $\{y_i\}$ 和 $\{y_{i-k}\}$ 的相關係數

假設 y_1，y_2，……，y_T 為時間序列資料，

$$\bar{y}=\frac{1}{T}(y_1+y_2+\cdots\cdots+y_T)$$

$\{y_i\}$ 和 $\{y_{i-k}\}$ 的相關係數

$$\gamma_k=\mathrm{Cov}[y_i, y_{i-k}]=\frac{1}{T}\sum_{i=k+1}^{T}(y_i-\bar{y})(y_{i-k}-\bar{y})$$

稱為**滯後值 k 的自我共變異數**（autocovariance）（γ_0 是 $\{y_i\}$ 的變異數）。此外，

$$\rho_k=\frac{\gamma_k}{\gamma_0}$$

稱為**滯後值 k 的自我相關係數**（autocorrelation coefficient）。將 ρ_k 視為 k 函數時，$\rho(k)$ 稱為**自我相關函數**（autocorrelation function）、$\rho(k)$ 的曲線圖稱為**相關圖**（correlogram）。

※ $\bar{y}$、γ_k 是將資料除以 T。也有除以總和個數 $T-k$ 的做法。

自我相關係數的計算機制和解釋

時間序列的資料，也可以透過平均值和相關係數來分析。

例如，假設有一組12年來柿子收穫量的各年資料 $\{y_t\}$。此時12年的平均值為 $\bar{y}$。將現在的資料和2年前的資料組合成雙變數資料，使用平均值 $\bar{y}$ 計算出來的共變異數，稱為 $\{y_t\}$ 的滯後值2的自我共變異數。

具體來說，下面的 ☐ 部分就是雙變數的資料。

y_1	y_2	y_3	y_4	y_5	y_6	y_7	y_8	y_9	y_{10}	y_{11}	y_{12}		
		y_1	y_2	y_3	y_4	y_5	y_6	y_7	y_8	y_9	y_{10}	y_{11}	y_{12}

$\Rightarrow (y_3,\ y_1)$，$(y_4,\ y_2)$，$(y_5,\ y_3)$，……，$(y_{12},\ y_{10})$

如果滯後值2的自我相關係數接近1，就表示現在和兩年前的收穫量存在很大的正相關。也就是說，收穫量大的年分，兩年後的收穫量還會增加；收穫量小的年分，兩年後的收穫量還會減少。可以預測收穫量有兩年的週期性。

時間序列模型 $\{Y_t\}$ 的自我共變異數

將時間序列模型設為$\{Y_t\}$，實際資料$\{y_t\}$視為$\{Y_t\}$的實際值。在$\{Y_t\}$中，假設Y_t的期望值為$\mu_t=E[Y_t]$，則Y_t和Y_{t-k}的共變異數為：

$$\mathrm{Cov}[Y_t,\ Y_{t-k}]=E[(Y_t-\mu_t)(Y_{t-k}-\mu_{t-k})],$$

在$\{Y_t\}$為弱穩定的條件下($E[Y_t]$、$\mathrm{Cov}[Y_t,\ Y_{t-k}]$不依賴$t$)，$\{Y_t\}$的滯後值$k$的自我共變異數$\gamma_k$與自我相關係數$\rho_k$分別為：

$$\gamma_k=\mathrm{Cov}[Y_t, Y_{t-k}]=E[(Y_t-\mu)(Y_{t-k}-\mu)] \qquad \rho_k=\frac{\gamma_k}{\gamma_0}$$

根據資料值$\{y_t\}$計算的平均值，滯後值k的自我共變異數和自我相關係數，假設分別為$\hat{\mu}$、$\hat{\gamma}_k$、$\hat{\rho}_k$。若$\{y_t\}$是來自時間序列模型$\{Y_t\}$的樣本，$\hat{\mu}$、$\hat{\gamma}_k$、$\hat{\rho}_k$分別是樣本平均數、樣本自我共變異數和樣本自我相關係數。$\hat{\mu}$、$\hat{\gamma}_k$、$\hat{\rho}_k$是μ、γ_k、ρ_k的估計值。想要以$\hat{\rho}_k$檢定時間序列資料是否存在滯後值k的自我相關，必須假設虛無假設和對立假設：

$$H_0:\rho_k=0 \qquad H_1:\rho_k\neq 0$$

當$\{Y_t\}$獨立且服從相同分布($i.i.d.$)時，$\hat{\rho}_k$漸近地（$T\to\infty$時）使用服從平均值0、變異數$\dfrac{1}{T}$的常態分布$N(0,\ \dfrac{1}{T})$來決定拒絕域。

Business 用相關圖找出銷售額的週期性

在超市採購課工作的K先生，針對泡麵的銷售額（月別）進行時間序列分析，得到如右圖所示的相關圖。預計從現在開始，泡麵的銷售額將以10個月為週期，銷售額的高峰將持續兩個月。

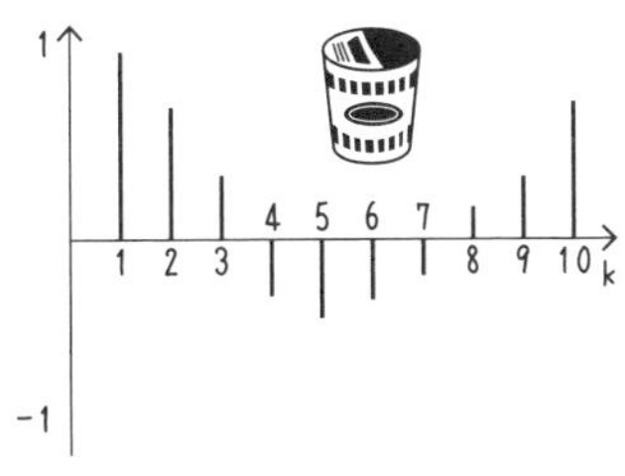

Column

有許多可疑的相關

2006年出版的《海螺小姐與股價的關係——行為金融學入門》(吉野貴晶著，新潮社)一書，計算了從2003年1月到2005年9月播放的卡通《海螺小姐》，期間收視率(26週的移動平均)和股價(TOPIX的26週移動平均)的相關係數，結果發現兩者呈負相關(相關係數−0.86)。換言之，海螺小姐的收視率上升，股價就會下跌；海螺小姐的收視率下跌，股價就會上漲。

書中解釋如下。

海螺小姐的收視率高 ➡ 週日傍晚的在宅率高

➡ 假日在家裡休息而不去消費 ➡ 景氣不好

在本章的Introduction也曾提到，存在相關關係並不等於有因果關係。

在「tylervigen.com」(https://www.tylervigen.com/spurious-correlations)的網頁，就用圖表介紹許多完全聯想不到的兩個事件其實存在相關的例子。每一個例子都是調查10年間的每年資料。

「美國小姐的年齡，和蒸汽、熱煙等發熱的東西引發的殺人件數。」

「人造奶油的人均消費量和緬因州的離婚率。」

「掉進游泳池淹死的人數，和尼可拉斯・凱吉出演電影的次數。」

這些內容實在讓人想不出有什麼關聯。得出這些結果的關鍵，就在於10年間的時間序列分析。10年間的圖表增減模式有$2^9=512$種。如果對513個資料進行統計，就會發現有一組資料具有相同的增減模式。其中也有相關係數很高的資料。不過，在上述所舉的例子中，或許也有可以舉出合理理由的例子……。

Chapter

03

機率

Introduction

源自賭博的機率歷史

說到統計，想必很多人都會聯想到數表、長條圖、圓餅圖吧。只知道敘述統計的人可能會納悶，為什麼統計學必須學習機率呢？**在預測及判斷事件的推論統計中，如果不使用機率的觀念，就什麼也做不了**。下面讓我們大致回顧一下機率的歷史，同時說明機率是如何與統計學聯繫在一起。

卡爾達諾（Girolamo Cardano，1501－1576）於16世紀發表的《論賭博遊戲》（*Book on Games of Chance*）一書，被認為是第一部機率論著作，而真正機率論的開端，一般認為是法國的科學家、哲學家帕斯卡（Blaise Pascal，1623－1662），和費馬（Pierre de Fermat，1607－1665）討論賭博分紅問題的來往書信。在本章的第01節中，會介紹將基本現象視為有相同可能性的機率計算。

後來，物理學家惠更斯（Christiaan Huygens，1629－1695）將兩人的理論發揚光大，發表《論賭博中的計算》（*On the Calculations in Games of Chance*）一書。這裡通過對賭博「價值」的研究，可以看到本章第06節介紹的期望值觀念。到這裡為止，機率是用於賭博方面的理論。

荷蘭政治家德維特（Johan de Witt），將惠更斯的期望值觀念應用於決定終身年金的價格上。德維特根據生命表，求得數年之後的生存機率，計算出期望值，以此得到終身年金的合理價格。敘述統計（生命表）和機率論自此產生連結。

古典機率論的完成

在機率論方面，雅各布・伯努利（Jacob Bernoulli，1654－1705）證明了用數學來表達「如果觀測數愈大，預測愈準確」的大數法則；棣美弗（Abraham de Moivre，1667－1754）提出二項分配近似於常態分配的概念，使得數學上的基礎得以穩固發展。之後，拉普拉斯（Pierre-Simon Laplace，1749－1827）的《機率分析理論》（*Analytic Theory of Probabilities*），正式確立了古典機率論。

統計學和機率論的發展，奠定數理統計學的基礎

卡爾・皮爾森（Karl Pearson，1857－1936）、費雪（Ronald Fisher，1890－1962）、內曼（Jerzy Neyman，1894－1981）、伊根・皮爾森（Egon Pearson，1895－1980）等人，將統計學與機率論緊密結合在一起。

卡爾・皮爾森在相關係數等敘述統計方面的成就廣為人知，他還創造出調查假設的分布是否與資料具有一致性的**卡方適合度檢定**。我們可以在這裡看到，在假設的機率分布下，根據實測值發生的機率，判定分布適合度的檢定觀念。

費雪將統計學和機率論決定性地結合起來，為數理統計學的基礎奠定廣泛的體系。像費雪的F分布、費雪訊息（Fisher Information）等，有不少以費雪的名字來命名的用語，由此可見，費雪堪稱是史上最強的數理統計學家。費雪將研究對象視為**母體**（包括實驗等無限母體），觀測的資料視為從母體中隨機抽出的**樣本，隨機抽樣的過程中，就加入了機率論。**

內曼和伊根・皮爾森制定了估計和檢定的方法。假設母體分布中包含未知參數的機率分布，從中抽出樣本（實測值）時，根據樣本值計算某個公式（**統計量**）的值。根據統計量的機率分布和實測值，對未知參數進行一定範圍的預測，這就是**區間估計**；根據統計量的分布，計算實測值發生的機率，如果機率不大則拒絕假設，這就是**假設檢定**。

要根據母體分布計算統計量的公式，必須具備機率理論（03章）和機率分布（04章）的知識。此外，為了得出結論，還需要具體的機率計算和機率分布的具體值（機率分布表）。

綜上所述，為了從原理上理解推論統計學（估計、檢定等），必須好好學習機率的理論和各個機率分布的性質。即使是只會使用統計軟體的人，也能透過瞭解機率理論，來增加解釋的深度。

難易度 ★　實用 ★★★★★　考試 ★★★★★

01 事件與機率

首先瞭解一下機率的定義（頻率機率）。這部分屬於高中的程度。

機率為發生次數相對於總次數的比例

機率（probability）的定義

像擲骰子一樣，在相同的條件下可以重複多次觀察由偶然決定的結果，此稱為**試驗**（trial），試驗結果發生的現象稱為**事件**（event）。

用U來表示某個試驗T中可能發生的整體事件，以U表示的事件叫作**全事件**（sure event或whole event）；用空集合ϕ來表示的事件，叫作**空事件**（empty event）。這裡假設U具備有限個要素，所有事件為U的子集合。其中，用U當中的一個要素構成的子集合來表示的事件，稱為**基本事件**（elementary event）。當可以期待任何基本事件都以相同的程度發生時，稱為**相同的可能性**（equally possible）。

在假設基本事件有相同可能性的條件下，事件A的機率表示為：

$$P(A)=\frac{n(A)}{n(U)}=\frac{\text{事件}A\text{可能發生的情況數量}}{\text{所有可能發生的情況數量}}$$

其中$n(A)$代表事件A中包含的基本事件個數。

對於任意事件A，$0 \leqq P(A) \leqq 1$

對於空事件ϕ、全事件U，$P(\phi)=0$、$P(U)=1$

※這個機率的定義有時稱為拉普拉斯定義。

機率的基本知識和事件的意義

用$A \cap B$來標記的**積事件**（product event），是指「A和B同時發生」的事件。相反地，當A和B沒有同時發生時（$A \cap B=\phi$），A和B互斥，或稱為**互斥事件**（exclusive events）；用$A \cup B$來標記的**和事件**（sum event），是指「A或B發生」的事件。

從機率的角度來看，

$$P(A \cup B) = P(A) + P(B) - P(A \cap B)$$

尤其當A和B互斥時，下面的公式成立。

$$P(A \cup B) = P(A) + P(B)$$

加法定理

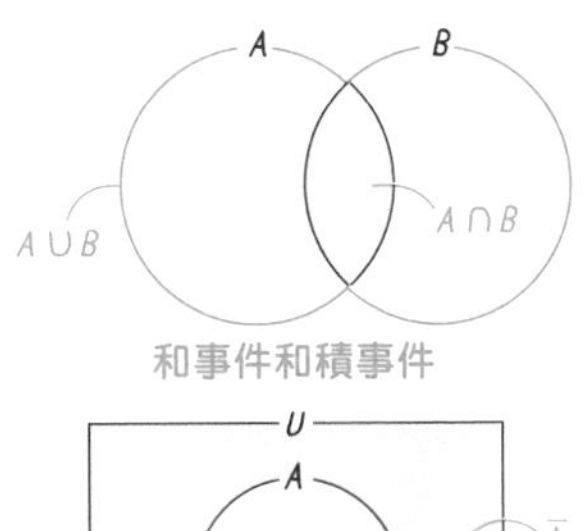

和事件和積事件

在全事件U中，沒有發生A的事件，稱為**餘事件**（complementary event），用$\bar{A}$來標記。

從機率的角度來看，$P(\bar{A}) = 1 - P(A)$成立。

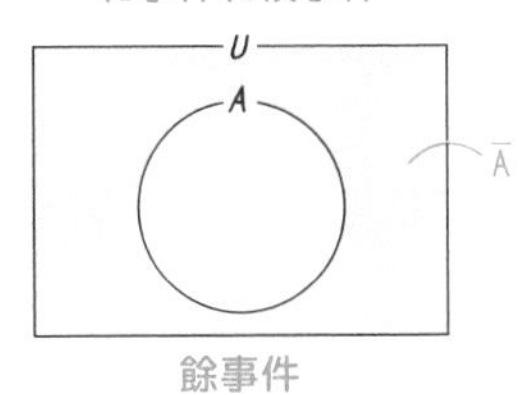

餘事件

以骰子為例，試著思考機率和事件

試著從擲一次骰子的情況來思考。假設出現奇數的事件為A，出現3以下的事件為B，則

$U = \{1, 2, 3, 4, 5, 6\}$，$A = \{1, 3, 5\}$，$B = \{1, 2, 3\}$

積事件　$A \cap B = \{1, 3\}$　　和事件　$A \cup B = \{1, 2, 3, 5\}$

餘事件　$\bar{A} = \{2, 4, 6\}$

A和B並非互斥。

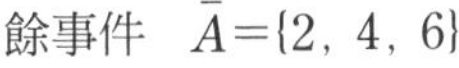

撲克牌型的機率

從52張撲克牌中抽出5張，撲克牌型的機率如下表所示。

牌型	例	機率
散牌	烏龍	50.12%
一對	2 2	42.26%
兩對	3 3 4 4	4.75%
三條	8 8 8	2.11%
順子	2 3 4 5 6	0.39%

牌型	例	機率
同花	2 4 6 7 9	0.20%
葫蘆	6 6 6 8 8	0.14%
四條	5 5 5 5	0.02%
同花順	2 3 4 5 6	0.00139%
同花大順	10 J Q K A	0.00015%

難易度 ★★★★★ 實用 ★★ 考試 ★★★★

02 取捨原理

雖然這個公式有些專業，但屬於統計檢定1級的範圍，故在此列舉出來。

Σ前面+和−交替

取捨原理（排容原理，inclusion-exclusion principle）

對於事件$A_1, A_2, \cdots\cdots, A_n$，下列公式成立。

$$P(A_1 \cup A_2 \cup \cdots\cdots \cup A_n)$$
$$= \sum_{i=1}^{n} P(A_i) - \sum_{i<j} P(A_i \cap A_j)$$
$$+ \sum_{i<j<k} P(A_i \cap A_j \cap A_k) -$$
$$\cdots\cdots + (-1)^{n-1} P(A_1 \cap A_2 \cap \cdots\cdots \cap A_n)$$

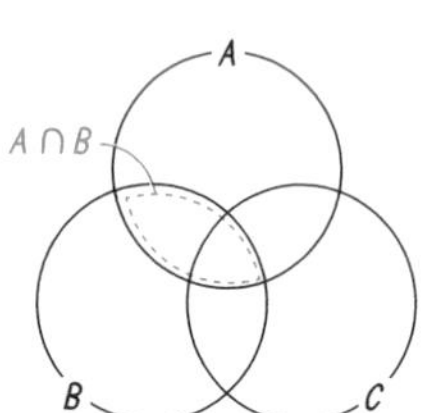

取捨原理的證明

n=2時為和事件的公式。$n=3$、4的情況列出如下。

$$P(A \cup B \cup C) = P(A) + P(B) + P(C)$$
$$- P(A \cap B) - P(A \cap C) - P(B \cap C) + P(A \cap B \cap C)$$

$$P(A \cup B \cup C \cup D) = P(A) + P(B) + P(C) + P(D)$$
$$- P(A \cap B) - P(A \cap C) - P(A \cap D) - P(B \cap C) - P(B \cap D) - P(C \cap D)$$
$$+ P(A \cap B \cap C) + P(A \cap B \cap D) + P(A \cap C \cap D) + P(B \cap C \cap D)$$
$$- P(A \cap B \cap C \cap D)$$

Point的公式右邊，從左邊數來的第m個Σ，是從n個A_1、……、A_n中取出m個，作成積事件，取其機率的總和。第m個Σ是將${}_nC_m$個的機率P相加。

〔證明〕 右邊的公式中，$A_i(i=1, \cdots\cdots, k)$發生、$A_i(i=k+1, \cdots\cdots, n)$不會發生的事件$B = A_1 \cap \cdots\cdots \cap A_k \cap \bar{A}_{k+1} \cap \cdots\cdots \cap \bar{A}_n$的機率$P(B)$，可以在用Σ相加的時候計算共有幾次？第1個Σ為${}_kC_1$次，第2個Σ為${}_kC_2$次，……、第$j$個Σ為${}_kC_j$次

$(1 \leqq j \leqq k)$。因為在第$k+1$個以後的Σ不計其數，考慮到Σ前面的+、−，B共有

$${}_k\mathrm{C}_1 - {}_k\mathrm{C}_2 + {}_k\mathrm{C}_3 - \cdots\cdots + (-1)^{j-1}{}_k\mathrm{C}_j + \cdots\cdots + (-1)^{k-1}{}_k\mathrm{C}_k$$

$= 1 - \{{}_k\mathrm{C}_0 - {}_k\mathrm{C}_1 + \cdots\cdots + (-1)^j{}_k\mathrm{C}_j + \cdots\cdots + (-1)^k{}_k\mathrm{C}_k\} = 1 - (1-1)^k = 1$(次)。其他的$A_1, \cdots\cdots, A_n$中發生幾個，除此之外沒有發生，關於這樣的事件也同樣可以**表示成只計數1次**。左邊是這些機率的總和，這些都顯示在等式當中。

Business 計算順利交換禮物時的機率

假設有n人透過抽籤方式交換禮物，試求沒有半個人拿到自己禮物的機率。

將n人設為①、②、……、ⓝ。假設ⓘ收到自己禮物的事件是A_i。從A_1、A_2、……、A_n中取k個的積事件（i_1、i_2、……、i_k為拿到自己的禮物）的機率為：

$$P(A_{i1} \cap A_{i2} \cap \cdots\cdots \cap A_{ik}) = \frac{(n-k)!}{n!}$$

$$\Sigma P(A_{i1} \cap A_{i2} \cap \cdots\cdots \cap A_{ik}) = {}_n\mathrm{C}_k \cdot \frac{(n-k)!}{n!} = \frac{n!}{k!(n-k)!} \cdot \frac{(n-k)!}{n!} = \frac{1}{k!}$$

（Σ是從n個事件中選擇k個的所有組合的總和）

至少有一人收到自己禮物的機率是拿到①或拿到②或……拿到ⓝ的機率，使用取捨原理，則

$$P(A_1 \cup A_2 \cup \cdots\cdots \cup A_n) = \sum_{i=1}^{n} P(A_i) - \sum_{i<j} P(A_i \cap A_j)$$

$$+ \sum_{i<j<k} P(A_i \cap A_j \cap A_k) - \cdots\cdots + (-1)^{n-1} P(A_1 \cap A_2 \cap \cdots\cdots \cap A_n)$$

$$= 1 - \frac{1}{2!} + \frac{1}{3!} - \cdots\cdots + (-1)^{k-1}\frac{1}{k!} + \cdots\cdots + (-1)^{n-1}\frac{1}{n!} = \sum_{k=1}^{n} (-1)^{k-1}\frac{1}{k!}$$

沒有人收到自己禮物的事件為這些事件的餘事件，機率是：

$$\frac{1}{2!} - \frac{1}{3!} + \frac{1}{4!} - \cdots\cdots + (-1)^n \frac{1}{n!} \qquad n \to \infty \text{時，} \frac{1}{e} = 0.3678\cdots\cdots$$

這個問題稱為**錯位排列**或**錯排問題**（derangement）。根據藍字可以得知，當人數多的時候，交換禮物的成功率大約是三分之一。

★

★★★★

★★★★★

離散型隨機變數

考試經常出現，最好學會計算期望值和變異數。

用變數掌握隨機狀況

在隨機狀況下決定X，決定一個X的值之後，在決定其對應的機率時，我們將X稱為**離散型隨機變數**（discrete random variable）。

X	x_1	x_2	……	x_n
P	p_1	p_2	……	p_n

這張表格顯示的是$X=x_i$時的機率值p_i。

我們以$P(X=x_i)=p_i$來表示。p_i稱為機率質量，$P(X=\square)$稱為**機率質量函數**（probability mass function）。有時會將上表稱為**機率分布**。

在上表中，$p_1+p_2+\cdots\cdots+p_n=\sum_{k=1}^{n} p_k=1$成立。

離散型隨機變數的例子：擲硬幣出現正面的次數

隨機變數是針對隨機發生的事件來決定。離散型隨機變數可以想成是機率值相對於X值返回的結構，離散具有「跳躍」的含義。（參照04章Introduction）

舉例來說，擲大中小三枚硬幣時，如果將出現正面的次數設為X，那麼X就是離散型隨機變數。

大中小三枚硬幣出現正反面的模式，總共有以下8種。當各硬幣出現正反面的機率相等時，出現任一模式的機率也相等。

大	○	○	○	×	○	×	×	×
中	○	○	×	○	×	○	×	×
小	○	×	○	○	×	×	○	×

○……正面
×……反面

$X=1$（出現一次正面）的機率（▒）為$\frac{3}{8}$，用機率質量函數來表示，則為：

$P(X=1)=\frac{3}{8}$。隨機變數X的可能值為0、1、2、3，將各個機率整理成表格和圖表，如下所示。從理論上來看，描繪成長條圖比較適當，但也有人會描繪成直方圖。

X	0	1	2	3
P	$\frac{1}{8}$	$\frac{3}{8}$	$\frac{3}{8}$	$\frac{1}{8}$

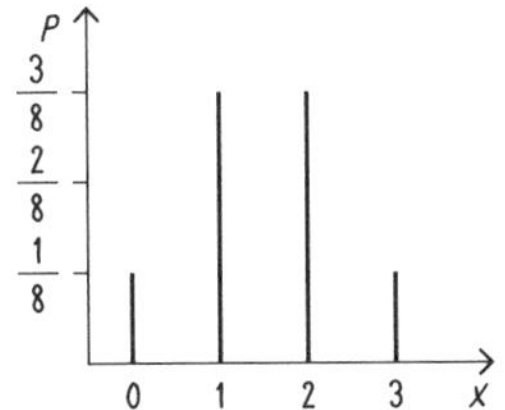

Business 試著把彩券製成機率分布的表格

買一張彩券，假設彩券的獎金為X（萬日圓），X為離散型的隨機變數。以第2462期東京都彩券（一張100日圓）為例，試著把X的機率分布製成表格。這種彩券印有兩位數的組號和100000～199999的六位數號碼，組號從01到16，代表總共賣出160萬張（支）。

	1等獎	1等前後	2等獎	1等組違※	3等獎	4等獎	5等獎	6等獎
獎數	1	2	16	15	160	1600	16000	160000
獎金	1000	250	30	10	5	0.5	0.1	0.01

※組別不同，和1等獎的號碼相同

根據上面的中獎金額和中獎數量，製作機率分布表，如下所示。

X	1000	250	30	10	5	0.5	0.1	0.01	0
P	0.0000625%	0.000125%	0.001%	0.0009375%	0.01%	0.1%	1%	10%	89%

難易度 ★★　實用 ★★★★★　考試 ★★★★★

04 連續型隨機變數

想要理解連續型隨機變數，必須具備微積分的知識，如果是有名的函數，用表格就能解決。

Point

連續型用曲線圖來想像

在隨機的情況下，決定隨機變數X。X為連續值，當決定範圍以確定對應的機率時，X就稱為**連續型隨機變數**（continuous random variable）。

連續函數※ $f(x)$對應連續型隨機變數X，若以$P(a \leqq X \leqq b)$表示X在a以上b以下的機率，則

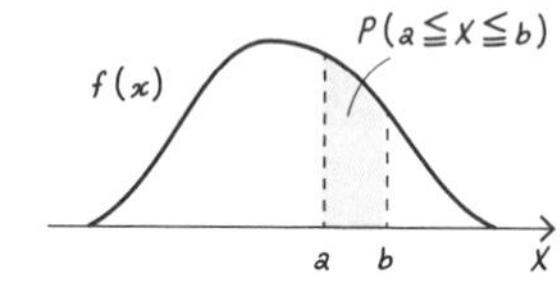

$$P(a \leqq X \leqq b) = \int_a^b f(x)\,dx$$

這個$f(x)$就稱為**機率密度函數**（probability density function）。

$f(x)$滿足

$$\int_{-\infty}^{\infty} f(x)\,dx = 1$$

曲線$y = f(x)$和被x軸包圍的面積為1。

連續型隨機變數的例子：時鐘指針停止的位置

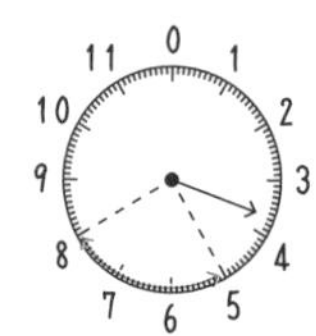

右圖為時鐘盤面上附有一根指針的兒童玩具，指針可以自由移動改變所指刻度，只要以手指用力撥動，指針轉動一段時間後就會停在某個位置。

鐘盤邊緣用數字0到11作為刻度，假設指針所指的數字為隨機變數X，X值為0以上小於12的實數。

除此之外，不論指針是從哪裡開始轉動，停在任何一個位置的機率都一樣，不會因為起始位置不同而有差異。

※如果是分開連續也無所謂。

這時的X，是具有下列機率密度函數$f(x)$的連續型隨機變數。

$$f(x)=\begin{cases}0 & (x<0)\\ \dfrac{1}{12} & (0\leqq x<12)\\ 0 & (12\leqq x)\end{cases}$$

$(8-5)\times\frac{1}{12}=\frac{1}{4}$

轉動這個玩具的指針，停在5以上、8以下，也就是$P(5\leqq X\leqq 8)$的值，計算如下：

$$P(5\leqq X\leqq 8)=\int_5^8 f(x)\,dx=\int_5^8 \frac{1}{12}dx=\left[\frac{1}{12}x\right]_5^8=\frac{8}{12}-\frac{5}{12}=\frac{1}{4}$$

停在5到8之間，相當於圓周的四分之一，所以當指針停止的位置均等時，機率就是四分之一，這樣說應該可以理解。

由此看來，機率密度函數在一定區間內為常數，除此之外為0的機率分布，就叫作**均勻分布**。

Business 量子力學的領域存在著肉眼可見的機率密度函數

從電子槍一一發射電子，在有細縫的牆壁後面擺放感光紙接住電子，在電子接觸感光紙的位置上出現記號。雖然我們無法預測每個電子會射中哪個位置，但如果發射大量電子，感光紙上就會出現濃淡的花紋。機率高的地方濃（點的密度大），機率低的地方淡（點的密度小）。結果出乎意料，兩條細縫中間的正面最濃，上下出現一定寬度的條紋。電子所描繪的圖案可說是肉眼可見的機率密度函數。實際上在量子力學中，計算量子的存在機率時，就是用波函數的絕對值平方進行定積分。

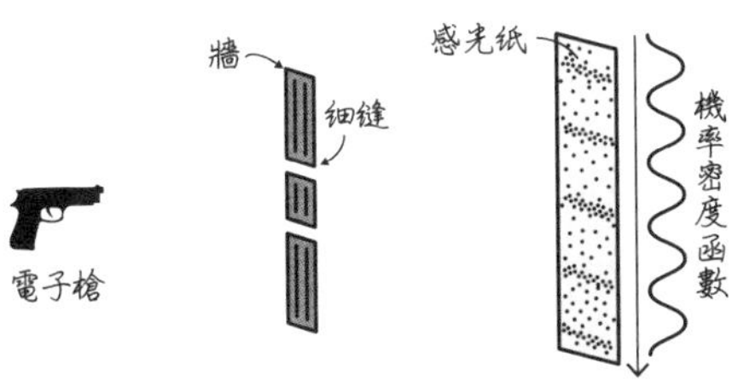

難易度 ★★　實用 ★★★★★　考試 ★★★

05 累積分布函數

使用推論統計的人要掌握%（百分比）點的意思。

Point

機率由小到大逐一相加

對於隨機變數X，

$$F(x)=P(X\leqq x)$$

稱為**累積分布函數**（cumulative distribution function）。

計算累積分布函數的方法

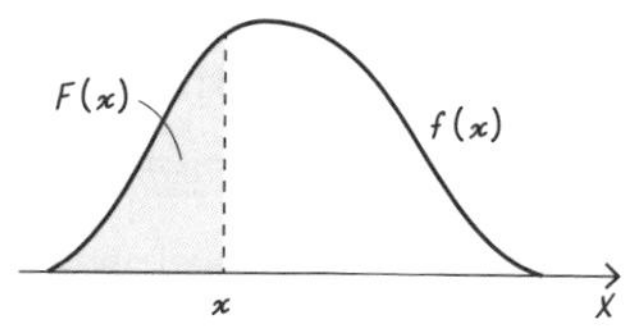

雖然也有單純的分布函數，但也有人誤以為它是機率質量函數或機率密度函數這類「表示機率分布的函數」，所以就用累積分布函數來稱之。

隨機變數的累積分布函數，相當於資料的累積相對次數。

離散型和連續型都可以用上面的式子來定義。兩者分別以下列公式計算。

$$F(x)=\sum_{x_i\leqq x}P(X=x_i)$$

離散型（機率質量函數為$P(X=\square)$）

$$F(x)=\int_{-\infty}^{x}f(t)\,dt$$

連續型（機率密度函數為$f(x)$）

從這些計算方式可以看出，如果是連續型，$F'(x)=f(x)$成立。連續型的式子代表右上圖的淡藍色部分面積。

這兩種類型的機率分布分別如下。

X	1	2	4
P	$\frac{1}{3}$	$\frac{1}{6}$	$\frac{1}{2}$

離散型

$$f(x)=\begin{cases}-\dfrac{3}{4}(x^2-1) & (\,|x|\leqq 1)\\ 0 & (\,|x|\geqq 1)\end{cases}$$

連續型

以此為基礎，分別繪製累積分布函數的圖表，如下所示。

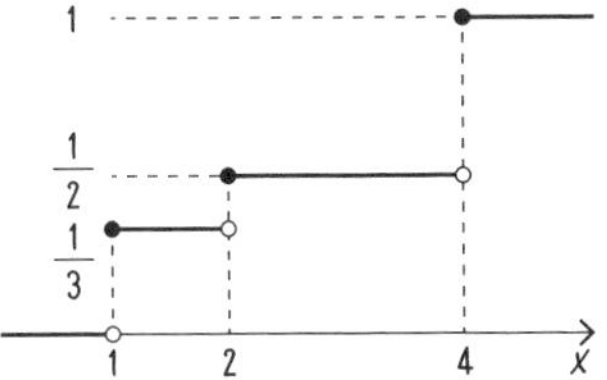

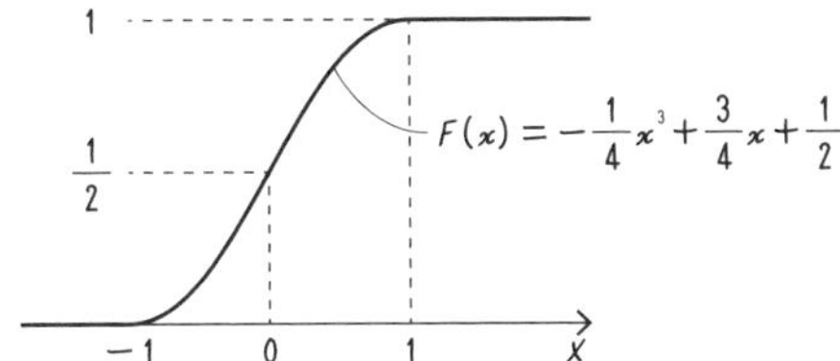

假設累積分布函數為$F(x)$。從上面的例子可以看出，如果X屬於離散型，則$F(x)$在$X=x_i$不連續；如果X屬於連續型，則$F(x)$在全體實數中為連續。

無論是離散型或連續型，我們可以說在任意點a右連續。

$$\lim_{x \to a+0} F(x)=F(a)$$

另外，無論在哪種情況之下，$F(x)$都為單調遞增，

滿足$F(-\infty)=0$、$F(\infty)=1$。

在機率密度函數的圖表中，網狀部分的面積分別為a%時，座標軸的值分別稱為**右尾a%點**、**左尾a%點**。在被商業大量應用的推論統計中，這個值是關鍵。**大部分都會針對常態分布，t分布、χ^2分布，將這個值整理成表格。**

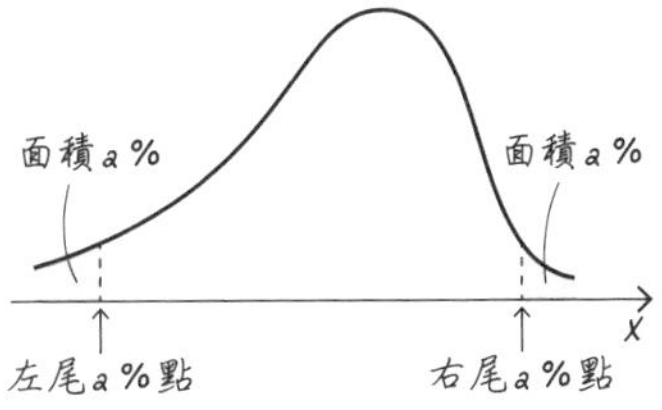

Business 試著用累積分布函數來表示30年內發生地震的機率

發生地震的機率，服從BPT（Brownian Passage Time）分布這個如右圖所示的機率密度函數圖表的機率分布。假設這個機率密度函數的累積分布函數為$F(x)$，現在的時間為T，那麼未來30年以內發生地震的機率為：

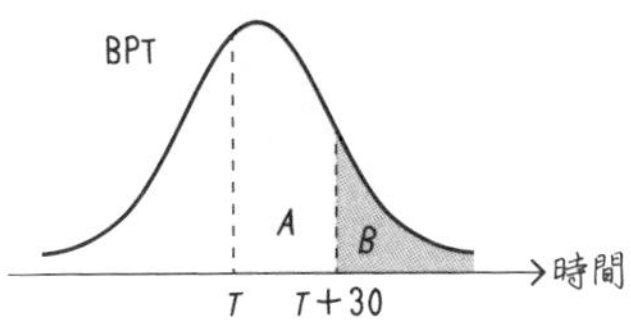

$$\frac{A}{A+B}=\frac{F(T+30)-F(T)}{1-F(T)}$$

南海海溝大地震在30年以內發生的機率（約80%）就是這樣計算出來的。

難易度 ★　實用 ★★★★★　考試 ★★★★

期望值、變異數

掌握離散型之後，接著再認識一下連續型。

Point

將Σ改成$\int$，p改成$f(x)$，就會成為連續型

對於隨機變數X，**期望值（平均值）**$E[X]$、**變異數**$V[X]$、**標準差**$\sigma(X)$的計算方法如下。

離散型隨機變數的期望值和變異數

X	x_1	x_2	……	x_n
P	p_1	p_2	……	p_n

當機率分布如上時，

- 期望值：$E[X]=x_1p_1+x_2p_2+\cdots+x_np_n=\sum_{k=1}^{n}x_kp_k$

$g(X)$的期望值：$E[g(X)]=g(x_1)p_1+g(x_2)p_2+\cdots+g(x_n)p_n=\sum_{k=1}^{n}g(x_k)p_k$

- 變異數：$V[X]=E[(X-E[X])^2]=E[(X-m)^2]$　　假設$E[X]=m$。

$$=(x_1-m)^2p_1+(x_2-m)^2p_2+\cdots+(x_n-m)^2p_n$$
$$=\sum_{k=1}^{n}(x_k-m)^2p_k$$

連續型隨機變數的期望值和變異數

假設機率密度函數為$f(x)$，則

- 期望值：$E[X]=\int_{-\infty}^{\infty}xf(x)dx$
- $g(X)$的期望值：$E[g(X)]=\int_{-\infty}^{\infty}g(x)f(x)dx$
- 變異數：$V[X]=E[(X-E[X])^2]=E[(X-m)^2]$

$$=\int_{-\infty}^{\infty}(x-m)^2f(x)dx$$　　假設$E[X]=m$。

離散型、連續型共通

- 標準差：$\sigma(X)=\sqrt{V[X]}$
- k階動差：$E[X^k]$　　平均周圍的k階動差：$E[(X-m)^k]$
- 變異數的公式：$V[X]=E[X^2]-\{E[X]\}^2$

計算彩券的期望值

以離散型隨機變數為例，試著計算彩券獎金的期望值和變異數。

假設共有1,000張彩券，其中包括1張一等獎50,000日圓，3張二等獎10,000日圓，其餘沒中獎。買一張彩券能得到的獎金金額為隨機變數X（日圓），則X的機率分布情況如下表所示。

X	0	10000	50000
P	$\frac{996}{1000}$	$\frac{3}{1000}$	$\frac{1}{1000}$

利用這些資料計算X的期望值如下。

$$E[X]=0\times\frac{996}{1000}+10000\times\frac{3}{1000}+50000\times\frac{1}{1000}=30+50=80(\text{日圓})$$

事實上，這個期望值是將彩券作為資料來觀察時的平均值。換言之，將這個彩券的0的次數視為996、10000的次數視為3、50000的次數視為1，計算資料$\{x_i\}$的平均值，得到平均值$\bar{x}$為

$$\bar{x}=(0\times996+10000\times3+50000\times1)\div1000=80(\text{日圓})$$

兩個值一模一樣。**從資料中隨機抽出一個，將這個值視為隨機變數X的話，那麼資料的平均值和隨機變數X的期望值就會一致。**隨機變數X的期望值對應資料的平均值，因此，隨機變數的期望值有時也稱為平均值。

變異數也和上述觀點一樣，資料$\{x_i\}$的變異數${s_x}^2$，和隨機變數X的變異數$V[X]$的值一致。

變異數使用公式$V[X]=E[X^2]-\{E[X]\}^2$計算，如下所示。

$$E[X^2]=0^2\times\frac{996}{1000}+10000^2\times\frac{3}{1000}+50000^2\times\frac{1}{1000}$$
$$=300000+2500000=2800000$$
$$V[X]=E[X^2]-\{E[X]\}^2=2800000-80^2=2793600$$

計算飛鏢得分的期望值

將離散型公式中的機率質量p_i換成機率密度函數$f(x)$，Σ符號則換成積分符號$\int dx$，就能計算連續型的公式。

以飛鏢遊戲為例，試著計算連續型隨機變數的期望值和變異數，假設飛鏢靶的半徑為1。射飛鏢時，將飛鏢射中的位置與飛鏢靶圓周之間的距離設為隨機變數X，假設已知X的分數。X的機率密度函數在$0 \leqq X \leqq 1$的範圍內，當已知$f(x)=2x$時，分數X的期望值和變異數如下。

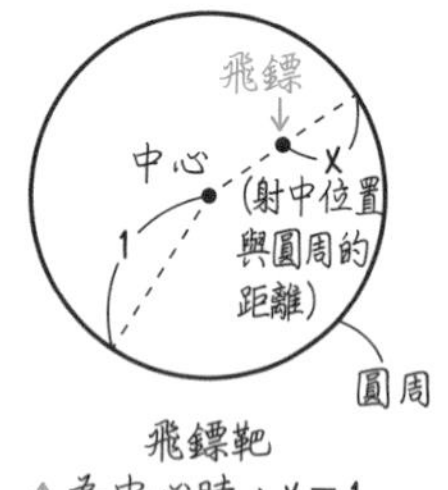

$$E[X]=\int_0^1 x\cdot 2x dx=\left[\frac{2}{3}x^3\right]_0^1=\frac{2}{3}，E[X^2]=\int_0^1 x^2\cdot 2x dx=\left[\frac{2}{4}x^4\right]_0^1=\frac{1}{2}$$

$$V[X]=E[X^2]-\{E[X]\}^2=\frac{1}{2}-\left(\frac{2}{3}\right)^2=\frac{1}{18}$$

Business 想靠賭博發財，就要認識賠率

用100元購買期望值80元的彩券時，對價格的期望值比例80%就是**賠率**（**回報率**），剩下的100－80＝20%則是**扣除率**。也就是說，彩券銷售額的80%用於獎金，20%用於莊家的利潤和營運費用。

賭博	賠率	扣除率
彩券（日本）	47%	53%
公營競技（日本）	75%	25%
彩券（杜拜）	66.7%	33.3%
輪盤（美國）	95%	5%
樂透	45%	55%
足球彩券	50%	50%

世上沒有賠率超過100%的賭博，因此如果持續賭博下去，根據大數法則（本章第12節），最後一定會輸。不過，能在打破隨機性的賭博中計算出條件機率（11章01節）的人，有時可以將賠率拉高到100%以上，這樣的人就是公認的賭博專家。

Business 金融商品的價格是根據期望值決定

保險費是根據期望值來決定，以損害保險為例，首先要計算事故率和保險費乘積的總和。這相當於將保險費視為隨機變數X時的期望值$E[X]$，$E[X]$稱為純保險費。純保險費再加上被稱為附加保險費的保險公司利潤，就是投保人所支付的保險費。如果是人壽保險，就把事故率改成死亡率，保險費改成保險費的現值來計算。

選擇權理論價值是透過**布萊克－休斯模型（Black-Scholes Model）**來表示。這個公式也是利用常態分布來計算期末利潤的期望值。綜上所述，金融商品的理論價格都是用期望值計算出來的。

保險的成本率（純保險費 ÷ 支付保險費），以賭博來說就相當於賠率。大型壽險公司的保險成本率約為50%。回報率比起競輪或賽馬還差。順帶一提，我沒有買人壽保險。

Business 利用平均值和變異數模型成為億萬富翁

在選擇賭博或金融商品的時候，除了期望值以外，最好也要考慮到變異數。因為即使收益率的期望值（報酬）為年利率7%，如果標準差（風險）為10%，損失的機率也很大。很多人會選擇收益率期望值為年利率4%、標準差1%的金融產品，如果有收益率期望值相同的金融商品，就應該選擇變異數比較小的。

假設我們現在要思考組合n個金融商品S_i（收益率平均值為μ_i、變異數為${\sigma_i}^2$）的投資組合，為了使投資組合的收益率期望值μ（利用期望值公式計算）固定，我們把改變各種投資組合後的最小變異數（利用共變異數矩陣計算）設為σ^2。

接著移動μ，將(σ, μ)描繪成右圖的曲線，任意投資組合的標準差和期望值都落在曲線的右側（藍色部分）。

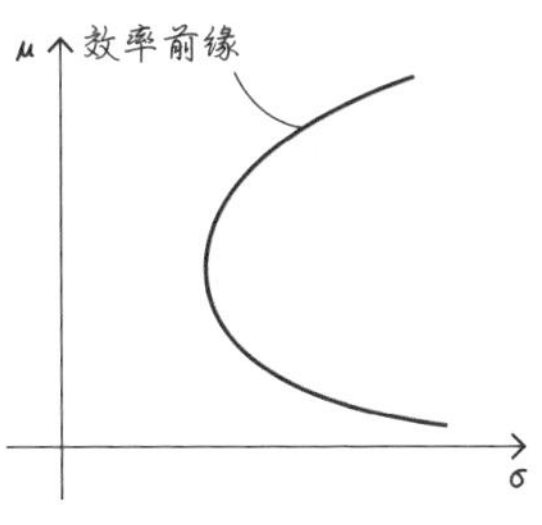

這條曲線稱為**效率前緣**（Efficient Frontier）。假設金融產品的收益率服從n維常態分布，那麼**馬可維茲（Harry Markowitz）的平均值和變異數模型**，可以幫助我們找出最合適的投資組合。這就是馬可維茲在1990年以「提高資產運用安全性」的理論，獲得諾貝爾經濟學獎的內容。

07 獨立事件和獨立隨機變數

難易度 ★★　實用 ★★★★　考試 ★★★★

最好記住如何區分獨立事件和獨立隨機變數。

Point

獨立時可以用乘積表示

事件A、B的獨立

$$P(A \cap B) = P(A)P(B)$$

成立時，**A和B獨立**（independent）。

隨機變數X、Y的獨立

●離散型

對於任意的x_i、y_j，當

$$P(X=x_i, Y=y_j) = P(X=x_i)P(Y=y_j)$$

成立時，**隨機變數X、Y獨立**。其中，$P(X=□，Y=△)$為(X, Y)的**聯合機率**，$P(X=□)$、$P(Y=△)$為其**邊際機率**。

●連續型

對於任意數x、y，當

$$f(x, y) = f_X(x)f_Y(y)$$

成立時，隨機變數X、Y獨立。其中，$f(x, y)$是(X, Y)的聯合機率密度函數，$f_X(x)$、$f_Y(y)$是其邊際機率密度函數。

區分獨立事件和非獨立事件

兩個隨機的狀況互不相關，也就是互不影響時，就稱為**獨立**。以擲一次骰子的試驗為例，假設點數為偶數[2, 4, 6]的事件為A，點數為3的倍數[3, 6]的事件為B，點數為3以下[1, 2, 3]的事件為C。經過計算，得到：

$P(A) = \frac{3}{6} = \frac{1}{2}$、$P(B) = \frac{2}{6} = \frac{1}{3}$、$P(C) = \frac{3}{6} = \frac{1}{2}$、$P(A \cap B) = \frac{1}{6}$、

$P(A\cap C)=\frac{1}{6}$、$P(A)P(B)=\frac{1}{2}\times\frac{1}{3}=\frac{1}{6}$、$P(A)P(C)=\frac{1}{2}\times\frac{1}{2}=\frac{1}{4}$

$P(A\cap B)=P(A)P(B)$成立，所以A和B獨立。

$P(A\cap C)\neq P(A)P(C)$成立，所以A和B非獨立。

1～6（6個）中有3個偶數，所以機率是二分之一，3的倍數（2個）中只有1個偶數，所以機率是二分之一。這表示，即使將範圍縮小到3的倍數，也不會對比例產生影響，偶數（A）和3的倍數（B）均為獨立事件。但是，3以下的數字中只有1個偶數，所以機率是三分之一；將範圍縮小到3以下，比例就不一樣了，因為偶數（A）和3以下（C）並非獨立的緣故。

隨機挑選卡片時，十位數和個位數是獨立的嗎？

從寫有11、12、13、21、22、23的6張卡片中隨機挑選一張，假設卡片上的十位數是X、個位數是Y。對於$k=1$、2，$l=1$、2、3，$P(X=k,\ Y=l)=P(X=k)P(Y=l)$成立，所以$X$和$Y$獨立。

另外，把22換成24，從寫有11、12、13、21、23、24的6張卡片中隨機挑選一張，$(X,\ Y)=(1,\ 2)$時的機率為：

$$P(X=1,\ Y=2)=\frac{1}{6}\qquad P(X=1)P(Y=2)=\frac{3}{6}\times\frac{1}{6}=\frac{1}{12}$$

由於$P(X=1,\ Y=2)\neq P(X=1)P(Y=2)$，因此$X$和$Y$並非獨立。話說回來，獨立的條件是「對於任意的$x$、$y$，

$$P(X\leqq x, Y\leqq y)=P(X\leqq x)P(Y\leqq y)$$

成立」這個**與累積分布函數相關條件相同的值**。我們也可以將離散型和連續型整理成$F(x,\ y)=F(x)F(y)$的方式來表示。

Business 預測樂透號碼購買，只是在浪費錢

連續擲10次骰子，每次都出現6點，這時如果認為下次出現6點的機率很小，可以說是大錯特錯。此稱為**賭徒謬誤**，因為擲骰子出現6點的事件，每次都是獨立的事件。因此，對骰子、輪盤這類獨立試驗進行預測，一點意義也沒有。同樣的道理，樂透也無法根據過去的中獎結果來預測下次的中獎號碼。

08 隨機變數的和與積

只要能從隨機變數中掌握生成隨機變數的感覺即可。

Point

表格中出現相同的值就整理一下

當X，Y是離散型隨機變數時，我們可以用表格分別製作和與積的隨機變數$X+Y$及XY。

Business 組合隨機變數，計算獎金的期望值

隨機變數可以通過組合隨機變數來生成新的隨機變數。這裡使用離散型隨機變數，針對最簡單的和與積的情況，試著生成隨機變數。

A先生所任職的公司，每成交一筆訂單，就能拿到獎金。每筆訂單的獎金為2萬元或3萬元，由獨攬大權的社長看心情於月初決定（機率均為二分之一）。和2萬元相比，3萬元當然讓人更有幹勁，A先生的成交件數機率分布如下所示。假設隨機變數X（萬元）為每筆訂單的獎金，當月A先生的成交件數有Y（筆），試求這時A先生一個月能拿到的獎金期望值。

機率分布

X \ Y	1	2	3
2	$\frac{2}{12}$	$\frac{2}{12}$	$\frac{2}{12}$
3	$\frac{1}{12}$	$\frac{2}{12}$	$\frac{3}{12}$

隨機變數XY

X \ Y	1	2	3
2	2	4	6
3	3	6	9

A先生一個月能拿到的獎金（萬元），可以用隨機變數XY來表示。

根據上表，隨機變數XY的機率分布，請見下頁的表格。在右上的表格中，由於有兩個$XY=6$，因此要注意$P(XY=6)=\frac{2}{12}+\frac{2}{12}=\frac{4}{12}$。

XY	2	3	4	6	9	總計
P	$\frac{2}{12}$	$\frac{1}{12}$	$\frac{2}{12}$	$\frac{4}{12}$	$\frac{3}{12}$	1

今後A先生的獎金期望值，計算如下。

$$E[XY]=2\cdot\frac{2}{12}+3\cdot\frac{1}{12}+4\cdot\frac{2}{12}+6\cdot\frac{4}{12}+9\cdot\frac{3}{12}=\frac{66}{12}=5.5\text{（萬元）}$$

然而，人事部卻誤用$X+Y$來計算，結果計算成：

X \ Y	1	2	3
2	3	4	5
3	4	5	6

$X+Y$	3	4	5	6	總計
P	$\frac{2}{12}$	$\frac{3}{12}$	$\frac{4}{12}$	$\frac{3}{12}$	1

$$E[X+Y]=3\cdot\frac{2}{12}+4\cdot\frac{3}{12}+5\cdot\frac{4}{12}+6\cdot\frac{3}{12}=\frac{56}{12}=\frac{14}{3}\fallingdotseq 4.7\text{（萬元）}$$

導致獎金受到若干低估。

順帶一提，根據X、Y的邊際機率，計算X、Y的期望值，如右表所示。

X	2	3
P	$\frac{6}{12}$	$\frac{6}{12}$

Y	1	2	3
P	$\frac{3}{12}$	$\frac{4}{12}$	$\frac{5}{12}$

$$E[X]=2\cdot\frac{6}{12}+3\cdot\frac{6}{12}=\frac{5}{2}\qquad E[Y]=1\cdot\frac{3}{12}+2\cdot\frac{4}{12}+3\cdot\frac{5}{12}=\frac{26}{12}=\frac{13}{6}$$

我們根據上面的結果確定$E[XY]\neq E[X]E[Y]$，$E[X+Y]=E[X]+E[Y]$。當X、Y獨立時，對於由X、Y組成的隨機變數XY，$E[XY]=E[X]E[Y]$成立，但在上面的例子中並非獨立，所以不成立。

另外，關於$X+Y$，$E[X+Y]=E[X]+E[Y]$總是成立。

常態分布是統計學中最重要的機率分布，在思考從常態分布衍生出來的機率分布時，需組合隨機變數來製作機率分布。因為任何常態分布都是連續型，所以必須具備積分相關的數學知識。不過如果是離散型的和與積，就不需要像這樣使用積分來計算。

難易度 ★★　實用 ★★★★★　考試 ★★★

09 二維隨機變數（離散型）

邊際分布和相關係數是二維特有的，最好特別留意。

Point

認識二維隨機變數，就能瞭解多維隨機變數

對於**二維隨機變數**(X, Y)，當$X=x_i$、$Y=y_j$的機率為p_{ij}時，可以用

$$P(X=x_i, Y=y_j)=p_{ij}$$

來表示。p_{ij}稱為**聯合機率質量**，$P(X=\square, Y=\triangle)$稱為**聯合機率質量函數**（joint probability mass function），用(X, Y)表示的機率分布稱為聯合機率分布。在每個p_{ij}之間，$\sum_{i,j} p_{ij}=1$的關係成立。

$$p_{Xi}=P(X=x_i)=\sum_j p_{ij} \qquad p_{Yj}=P(Y=y_j)=\sum_i p_{ij}$$

前者稱為X的**邊際機率質量函數**（marginal probability mass function），用X表示的機率分布稱為邊際機率分布。

- 期望值：$E[X]=\sum_i x_i p_{Xi}$　　$E[Y]=\sum_j y_j p_{Yj}$

  $E[g(X, Y)]=\sum_{i,j} g(x_i, y_j)p_{ij}$　　$g(x, y)$是x、y的函數。

假設$\mu_X=E[X]$、$\mu_Y=E[Y]$，變異數、共變異數、相關係數為：

- 變異數：$V[X]=E[(X-\mu_X)^2]$　　$V[Y]=E[(Y-\mu_Y)^2]$
- **共變異數**：$\mathrm{Cov}[X, Y]=E[(X-\mu_X)(Y-\mu_Y)]=E[XY]-E[X]E[Y]$ 公式
- **相關係數**：$r[X, Y]=\dfrac{\mathrm{Cov}[X, Y]}{\sqrt{V[X]}\sqrt{V[Y]}}$

當$r[X, Y]=0$（$\mathrm{Cov}[X, Y]=0$）時，X和Y無相關。

即使是無相關也未必獨立

無相關和獨立的關係如下所示。

X和Y無相關　$\Leftarrow$　X和Y獨立

獨立是更強的條件。即使X和Y無相關，也有不獨立的例子，以下一頁的聯合機率分布表為例。

從$P(X=0, Y=-1) \neq P(X=0)P(Y=-1)$來看，$X$和$Y$並非獨立。

但根據$E[XY]=0$　$E[Y]=0$，得到：

$\mathrm{Cov}[X,Y]=E[XY]-E[X]\ E[Y]=0$，代表$X$和$Y$無相關。

X \ Y	−1	0	1	總計
0	$\frac{2}{9}$	$\frac{1}{9}$	$\frac{2}{9}$	$\frac{5}{9}$
1	$\frac{1}{9}$	$\frac{2}{9}$	$\frac{1}{9}$	$\frac{4}{9}$
總計	$\frac{3}{9}$	$\frac{3}{9}$	$\frac{3}{9}$	1

Business A先生是會被金錢誘惑的勢利眼嗎？

將08節A先生的機率分布表，作為X，Y的二維隨機變數分布範例，試著計算相關係數。

這張表**右邊的總計為X的邊際機率質量函數，下面的總計為Y的邊際機率質量函數**。

X \ Y	1	2	3	總計
2	$\frac{2}{12}$	$\frac{2}{12}$	$\frac{2}{12}$	$\frac{6}{12}$
3	$\frac{1}{12}$	$\frac{2}{12}$	$\frac{3}{12}$	$\frac{6}{12}$
總計	$\frac{3}{12}$	$\frac{4}{12}$	$\frac{5}{12}$	1

※左表的藍字代表$P(X=3,\ Y=2)=\frac{2}{12}$

只要以「因為在表格的邊緣，所以是邊際機率」來記憶即可。取邊際機率後，得到一維隨機變數。得到邊際機率質量函數後，就可以像一維一樣計算期望值和變異數了。

$$E[X]=2\cdot\frac{6}{12}+3\cdot\frac{6}{12}=\frac{5}{2} \qquad \mu_X=E[X]=\frac{5}{2}$$

$$V[X]=E[(X-\mu_X)^2]=\left(2-\frac{5}{2}\right)^2\cdot\frac{6}{12}+\left(3-\frac{5}{2}\right)^2\cdot\frac{6}{12}=\frac{1}{4}$$

同樣地，$E[Y]=\frac{13}{6}$,　$V[Y]=\frac{23}{36}$。另外，根據08節的計算，得到$E[XY]=\frac{11}{2}$

$$\mathrm{Cov}[X, Y]=E[XY]-E[X]E[Y]=\frac{11}{2}-\frac{5}{2}\cdot\frac{13}{6}=\frac{1}{12}$$

$$r[X, Y]=\mathrm{Cov}[X, Y]\div\sqrt{V[X]}\ \sqrt{V[Y]}=\frac{1}{12}\div\left(\sqrt{\frac{1}{4}}\sqrt{\frac{23}{36}}\right)=\frac{1}{\sqrt{23}}=0.209$$

相關係數0.2可以說幾乎沒有相關性，因此我們可以認為A先生的工作動機與獎金無關。

二維隨機變數（連續型）

知道離散型的人，不妨自己試著寫出連續型吧。

Point

將離散型式子中的Σ改為∫即可

對於二維隨機變數(X, Y)，當$a \leqq X \leqq b$、$c \leqq Y \leqq d$的機率，以

$$P(a \leqq X \leqq b, c \leqq Y \leqq d) = \int_a^b \int_c^d f(x, y)\,dxdy$$

來表示時，此時$f(x, y)$就稱為**聯合機率密度函數**（joint probability density function）。

對於$f(x, y)$，下列關係式成立。

$$\int_{-\infty}^{\infty} \int_{-\infty}^{\infty} f(x, y)\,dxdy = 1$$

- X的邊際機率密度函數：$f_X(x) = \int_{-\infty}^{\infty} f(x, y)\,dy$
- Y的邊際機率密度函數：$f_Y(y) = \int_{-\infty}^{\infty} f(x, y)\,dx$
- X的期望值：$E[X] = \int_{-\infty}^{\infty} x f_X(x)\,dx = \int_{-\infty}^{\infty} x\left(\int_{-\infty}^{\infty} f(x, y)\,dy\right)dx$
- Y的期望值：$E[Y] = \int_{-\infty}^{\infty} y f_Y(y)\,dy = \int_{-\infty}^{\infty} y\left(\int_{-\infty}^{\infty} f(x, y)\,dx\right)dy$
- $g(X, Y)$的期望值：$E[g(X, Y)] = \int_{-\infty}^{\infty}\int_{-\infty}^{\infty} g(x, y) f(x, y)\,dxdy$
- X的變異數：$V[X] = \int_{-\infty}^{\infty} (x - \mu_X)^2 f_X(x)\,dx$　　假設$\mu_X = E[X]$、$\mu_Y = E[Y]$
- Y的變異數：$V[Y] = \int_{-\infty}^{\infty} (y - \mu_Y)^2 f_Y(y)\,dy$
- **共變異數**：$\mathrm{Cov}[X, Y] = \int_{-\infty}^{\infty}\int_{-\infty}^{\infty} (x - \mu_X)(y - \mu_Y) f(x, y)\,dxdy$
- **相關係數**：$r[X, Y] = \dfrac{\mathrm{Cov}[X, Y]}{\sqrt{V[X]}\sqrt{V[Y]}}$　　對應針對資料的皮爾森相關係數。

解釋邊際機率密度函數

在xyz空間中，$z=f(x,\ y)$表示一曲面。

試求$x=a$時切斷曲面的截面積。曲面與平面$x=a$相交的曲線是以$z=f(a,\ y)$來表示，因此截面積為：

$$\int_{-\infty}^{\infty} f(a,y)\,dy$$

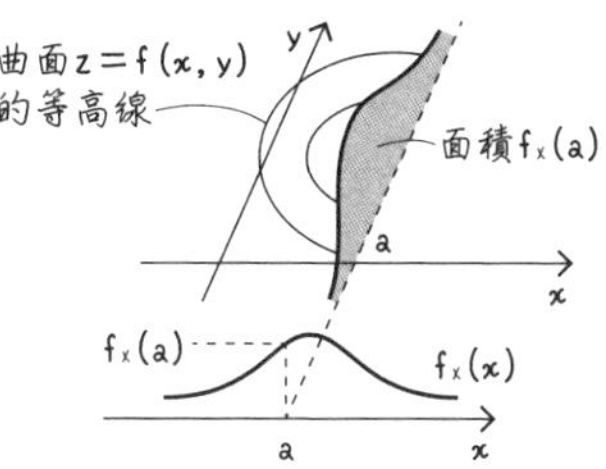

如果$f(x,\ y)$是聯合機率密度函數，由於它的積分等於$f_X(a)$，因此**邊際機率密度函數**（marginal probability density function）在$x=a$處的值，與用平面$x=a$切開曲面$z=f(x,\ y)$和xy平面包夾的區域時的截面積相對應。

Business 計算飛鏢遊戲的獎金期望值

公司的年終活動使用正方形的飛鏢靶玩遊戲。將飛鏢射中的位置設為連續型隨機變數$(X,\ Y)$，飛鏢射中的聯合機率密度函數，假設以

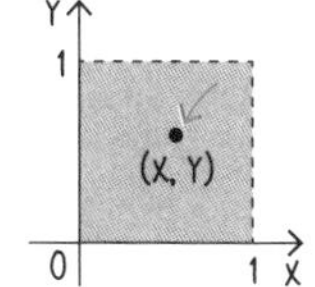

$$f(x,y)=\begin{cases}\dfrac{2}{3}(x+2y) & (0\leqq x\leqq 1、0\leqq y\leqq 1)\\ 0 & (\text{上述以外})\end{cases}$$

來表示。試求獎金為X（萬元）和XY（萬元）時的獎金期望值。

$$f_X(x)=\int_0^1 f(x,y)\,dy=\int_0^1 \frac{2}{3}(x+2y)\,dy=\frac{2}{3}x+\frac{2}{3}$$ X的邊際機率密度函數。

$$E[X]=\int_0^1 xf_X(x)\,dx=\int_0^1 x\left(\frac{2}{3}x+\frac{2}{3}\right)dx=\frac{5}{9}=0.55\cdots\ (\text{萬元})$$

$$E[XY]=\int_0^1\int_0^1 xyf(x,y)\,dxdy=\int_0^1\int_0^1 xy\frac{2}{3}(x+2y)\,dxdy$$
$$=\int_0^1\left(\int_0^1 \frac{2}{3}x^2y+\frac{4}{3}xy^2\,dx\right)dy=\int_0^1\left(\frac{2}{9}y+\frac{2}{3}y^2\right)dy=\frac{1}{3}$$
$$=0.33\cdots\ (\text{萬元})$$

難易度 ★★　實用 ★　考試 ★★★

11 期望值和變異數的公式

兩個都是基礎，要注意（4）和（6）的區別，記憶時要對照（5）和（8）。

Point

離散型和連續型都成立

將X、Y、X_i設為隨機變數，$a \sim f$設為常數，此時下列情況成立。

(1) $E[aX+b]=aE[X]+b$

(2) $V[aX+b]=a^2V[X]$

(3) $V[X]=E[X^2]-\{E[X]\}^2$

(4) $E[X+Y]=E[X]+E[Y]$

(5) $E[X_1+X_2+\cdots\cdots+X_n]=E[X_1]+E[X_2]+\cdots\cdots+E[X_n]$

(6) 當X和Y獨立時，

$$E[XY]=E[X]E[Y]$$

(7) 當X和Y無相關時，

$$V[X+Y]=V[X]+V[Y]$$

(8) 當X_i和$X_j(i \neq j)$無相關時，

$$V[X_1+X_2+\cdots\cdots+X_n]=V[X_1]+V[X_2]+\cdots\cdots+V[X_n]$$

(9) $V[aX+bY+c]=a^2V[X]+2ab\mathrm{Cov}[X,Y]+b^2V[Y]$

(10) $\mathrm{Cov}[aX+bY+e, cX+dY+f]$

$$=acV[X]+(ad+bc)\mathrm{Cov}[X,Y]+bdV[Y]$$

(11) $\{E[XY]\}^2 \leqq E[X^2]E[Y^2]$　（柯西－施瓦茲不等式）

(12) $\{\mathrm{Cov}[X,Y]\}^2 \leqq V[X]V[Y]$

隨機變數之和的期望值，等於各隨機變數期望值之和

注意隨機變數X、Y的和$X+Y$，與乘積XY的期望值公式（4）和（6）的差異。（4）無條件成立，（6）只在X、Y獨立時成立。

另外，關於$X_1+X_2+\cdots\cdots+X_n$的期望值和變異數的公式（5）和（8），（5）是

無條件成立，(8) 只有在X_i和X_j無相關的時候才成立。(5) 代表「和的期望值是期望值的和」這個內容的公式有許多應用。

Business 買幾盒牛奶糖才能完成收集

每盒牛奶糖會附送一個贈品，每次買牛奶糖，都可以從n種贈品中隨機得到一種贈品，若想將n種贈品全部收集到手，平均應該要買幾盒牛奶糖？這個問題稱為**彩券收集問題**（Coupon collector's problem）。

假設得到第$i-1$個收集品，之後得到新的收集品為止所購買的牛奶糖個數為隨機變數X_i。把為了得到n種贈品而購買的牛奶糖個數設為隨機變數Y，則

$$Y = X_1 + X_2 + \cdots\cdots + X_n$$

得到第$i-1$個收集品後，再購買一盒牛奶糖而出現（成功）尚未擁有的收集品的機率是$\dfrac{n-(i-1)}{n}$，沒出現（失敗）的機率是$\dfrac{i-1}{n}$，在第i個收集品出現之前，這個機率不會改變。

因為是出現（成功）X_i為止的次數，依照04章02節的幾何分布Business欄的說明，X_i 的期望值取機率的倒數，得到：

$$E[X_i] = \frac{n}{n-(i-1)}$$

將它代入表示「和的期望值是期望值的和」的公式 (5)，得到：

$$\begin{aligned}
E[Y] &= E[X_1 + X_2 + \cdots + X_i + \cdots + X_n] \\
&= E[X_1] + E[X_2] + \cdots + E[X_i] + \cdots + E[X_n] \\
&= \frac{n}{n} + \frac{n}{n-1} + \cdots + \frac{n}{n-(i-1)} + \cdots + \frac{n}{1} = n\left(1 + \frac{1}{2} + \frac{1}{3} + \cdots + \frac{1}{n}\right)
\end{aligned}$$

順帶一提，$n = 48$時，$E[Y] \fallingdotseq 214$。

難易度 ★★★  實用 ★★  考試 ★★★

大數法則、中央極限定理

這些定理是估計和檢定理論的基礎。

Point

透過 X_i 的平均值認識 $\overline{X}$ 的分布

假設獨立隨機變數 X_1、X_2、……、X_n 服從相同的分布，X_i 的平均值為 μ。X_1、X_2、……、X_n 的平均值為：

$$\overline{X}=\frac{X_1+X_2+\cdots\cdots+X_n}{n}$$

- **大數法則**（law of large numbers）:
  n 愈大，$\overline{X}$ 的值愈接近 μ。
- **中央極限定理**（central limit theorem）:
  n 愈大，$\overline{X}$ 的機率分布愈接近常態分布。

保證機率的大數法則

以擲湯匙為例，記錄出現正面或反面。擲多次湯匙後，計算出現正面的比例。擲湯匙的次數愈多，出現正面的比例會逐漸近似一定的值。**大數法則**可以保證這個值就是湯匙擲出正面的機率。不少人都認為，只要反覆進行實驗，收集大量的資料，就能得到機率值，而大數法則正是支撐人們信心的觀點。

下面讓我們試著結合Point的大數法則進行說明。

假設擲湯匙出現正面的機率為 p，擲第 i 次湯匙，出現正面時 $X_i=1$，出現反面時 $X_i=0$。由於 X_i 是機率 p 為1、機率 $1-p$ 為0的隨機變數，因此服從伯努利分布 $Be(p)$。在 X_1、X_2、……、X_n 中，$p=1$ 的 X_i 個數，也就是擲 n 次湯匙時出現正面的次數，等於 $X_1+X_2+\cdots\cdots+X_n$；$\overline{X}$ 代表出現正面的比例。

根據大數法則，當 n 愈大，$\overline{X}$ 的值也就是 $Be(p)$ 的平均值愈接近 p。**這就是觀測數愈多，愈能計算出機率的原理**。

大樣本在中央極限定理中被視為常態分布

在**中央極限定理**中，$\bar{X}$接近常態分布的平均值m。由於大數法則暗示$\bar{X}$的值會趨近於m，因此可以說中央極限定理是將大數法則加以擴張的精密化定理。

中央極限定理的驚人之處，就在於無論X_i是什麼分布，$\bar{X}$都會近似常態分布。這是自然界中經常觀察到的常態分布根據之一。只不過，雖說近似常態分布，但變異數會隨著n變大而變小，使得$\bar{X}$的分布形狀會變得像尖塔一樣細長。有些人會覺得分布不大就派不上用場，其實不然。在進行檢定和估計時，根據中央極限定理，大樣本的樣本平均數$\bar{X}$和$X_1+X_2+\cdots\cdots+X_n$，會被視為服從常態分布。當n夠大時，可以將$\bar{X}$的分布視為常態分布，大樣本理論受到這項觀點的支持。

Business 損害保險公司不會倒閉的原因要歸功於大數法則

損害保險公司的收入，約有一半來自汽車保險的保險費。如果支付給保險請求者的保險費總額，超過從投保人那裡得到的保險費總額，那麼保險公司就會出現赤字，這樣下去公司便無法繼續生存下去。然而我們卻未曾見過損害保險公司因為支付過多保險費而破產的例子。

假設保險公司將損害保險賣給事故率5%的10名司機，一旦其中兩名司機偶然發生事故，那麼事故率就會變成20%，保險公司將蒙受損失。如果加入保險的人不多，事故率就有很大的偏差。但如果是將損害保險賣給幾萬名司機的話，大數法則就會發揮作用，使得汽車的事故率變成5%。加上支付的保險費也能計算出來，之後只要設定不會造成損失的保險費就沒問題了。

難易度 ★★★ 實用 ★ 考試 ★★★

13 柴比雪夫不等式

雖為重要理論，但不適合實用。

Point

遠離平均值的機率不大

柴比雪夫不等式（Chebyshev's inequality）

當隨機變數X的平均值為μ，變異數為σ^2時，對於任意正數k下式成立。

$$P(|X-\mu| \geqq k\sigma) \leqq \frac{1}{k^2}$$

柴比雪夫不等式的意義

k愈大，等式右邊愈小。**這個不等式的意思是，X值遠離平均值的機率很小**，它主張X值偏離平均值k倍以上的機率小於$\frac{1}{k^2}$（下左圖）。

當$k=2$時，$P(|X-\mu| \geqq 2\sigma) \leqq 0.25$。

當X服從常態分布$N(\mu, \sigma^2)$時，$P(|X-\mu| \geqq 2\sigma)=0.0455$。由此可見，柴比雪夫不等式是標準非常寬鬆的不等式（下右圖）。

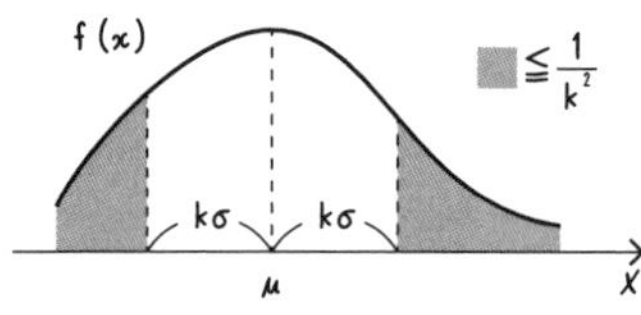

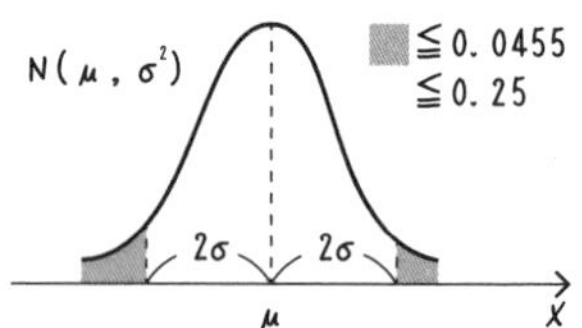

證明如下所示。

$$\sigma^2=\int_{-\infty}^{\infty}(x-\mu)^2 f(x)\,dx$$

$$=\int_{-\infty}^{\mu-k\sigma}(x-\mu)^2 f(x)\,dx+\int_{\mu-k\sigma}^{\mu+k\sigma}(x-\mu)^2 f(x)\,dx+\int_{\mu+k\sigma}^{\infty}(x-\mu)^2 f(x)\,dx$$

這裡將第2項完全省略。另外，在第1項、第3項的積分範圍中，由於滿足

$|x-\mu| \geqq k\sigma$，故$(x-\mu)^2 \geqq k^2\sigma^2$成立。

$$\geqq \int_{-\infty}^{\mu-k\sigma} k^2\sigma^2 f(x)\,dx + \int_{\mu+k\sigma}^{\infty} k^2\sigma^2 f(x)\,dx$$

$$=k^2\sigma^2\left(\int_{-\infty}^{\mu-k\sigma} f(x)\,dx + \int_{\mu+k\sigma}^{\infty} f(x)\,dx\right) = k^2\sigma^2 P(|X-\mu| \geqq k\sigma)$$

因此，

$$P(|X-\mu| \geqq k\sigma) \leqq \frac{1}{k^2}$$

經過將第二項完全省略的處理，所以成為標準寬鬆的不等式。儘管如此，它在理論上仍占有重要的一席之地，我們可以用它來證明大數法則。

大數法則的證明

關於大數法則的詳細內容請參見第12節，這裡會應用柴比雪夫不等式，來證明大數法則（或者說定理）。

假設獨立隨機變數X_1、X_2、……、X_n服從相同分布（平均值μ，變異數σ^2），將平均值設為$\bar{X}=\dfrac{X_1+X_2+\cdots\cdots+X_n}{n}$。這時，大數法則對於任何小的$\varepsilon$，得成立下下列式子。

$$\lim_{n\to\infty} P(|\bar{X}-\mu| > \varepsilon) = 0 \quad \cdots\cdots①$$

根據05章01節，$E[\bar{X}]=\mu$、$V[\bar{X}]=\dfrac{\sigma^2}{n}$。對於$\bar{X}$，使用柴比雪夫不等式，

$$P\left(|\bar{X}-\mu| > k\frac{\sigma}{\sqrt{n}}\right) \leqq \frac{1}{k^2}$$

若替換成$\varepsilon=k\dfrac{\sigma}{\sqrt{n}}$的話，則

$$P(|\bar{X}-\mu| > \varepsilon) \leqq \frac{\sigma^2}{n\varepsilon^2}$$

如果 ε 固定、$n\to\infty$的話，右邊會收斂至0，如此一來就會變成①的式子。

另外，這裡的大數法則，準確地說是**弱大數法則**，除此之外也有**強大數法則**。強大數法則屬於需要更深入探討才會成立的定理，證明起來也比較困難。

Column

計算班級裡有兩人同一天生日的機率

試著計算40名學生的班級（學號從1號到40號）中，有兩人同一天生日的機率。把無人同一天生日的事件設為A，至少有一位學生同一天生日的事件，就是A的餘事件$\overline{A}$。

這時的全事件U，可以想成是每人都有365種生日，因此$n(U)=365^{40}$。

沒有學生在同一天生日時，1號的生日有365種選擇，2號的生日排除1號的生日，有364種選擇，3號的生日排除1號、2號的生日，有363種選擇……40號的生日排除1～39號的生日，有326種選擇。

因此，$n(A)=365\times364\times363\times\cdots\times326$

有學生在同一天生日的機率為：

$$P(\overline{A})=1-P(A)=1-\frac{365\times364\times\cdots\times326}{365^{40}}\fallingdotseq0.89$$

各位看到這麼大的數字是不是很驚訝？

如果一班超過22名學生，有學生在同一天生日的機率就會超過50%。

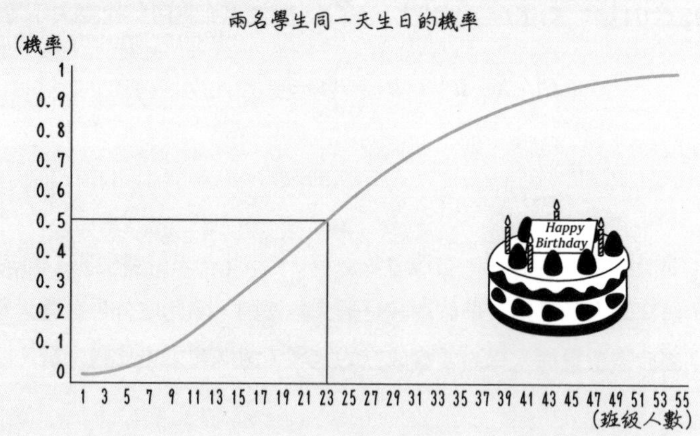

 ※圖表以連續型的方式來呈現。

Chapter 04

機率分布

機率分布有很多種類的原因

用隨機變數來表示的隨機狀況，就稱為**機率分布**。統計學中之所以會用到各種機率分布，是因為要使用機率分布作為資料分布的模型。如果只是單純地用於資料模型上，那麼實際上並不需要這麼多種機率分布。我們需要很多機率分布來涵蓋從資料中計算出來的值（平均值等）所服從的分布，或想要估計的參數所服從的分布。

機率分布大致分為**離散型機率分布**和**連續型機率分布**。離散和連續為數學用語，這裡先簡單說明一下。

離散在數學上是「跳躍」的意思，主要用於「整數在數線上離散存在」等情況。另外，相對於離散的**連續**為「毫無縫隙地緊密相連在一起」的意思，用於「數線上有連續的實數（不知道這個用語的人可以將它視為小數）」等情況。

舉個具體的例子吧。假設有集合A和集合B的內容如下，在數線上的標示如下圖所示。

$$A=\{1,\ 2.5,\ \pi,\ 4\} \qquad B=\{x\,|\,-1\leqq x<2\}$$

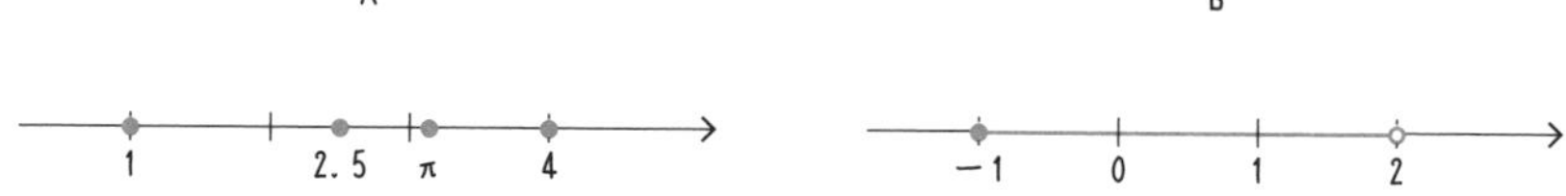

A在數線上以跳躍的方式畫出4個點，1和2.5、2.5和π、π和4之間沒有其他要素，A是離散的集合。

反觀B，從數線上的-1到2之間都相連在一起，-1以上到小於2的數都是這個集合的要素，因此B是連續的集合。

離散型機率分布的二項分布、多項分布，可以利用高中課程中學過的「組合」來呈現。

想要理解連續型機率分布的具體例子，必須具備高中三年和大學第一年的微積分部分知識。即將為了統計學而學習微積分的人，最好先確認一下指數法則和指數函數相關的微積分計算方法。常態分布的公式是以自然底數e為底的指數函數來表示，所以只要瞭解指數函數，就可以對常態分布進行計算，也能跟上統計學的大趨勢。

特別重要的四個機率分布

機率分布有許多種類，如果要列舉出統計學中最重要的一個分布，可以說就是常態分布。沒有常態分布，統計學就不可能發展，它堪稱是統計學的核心。

常態分布經常出現在實際的自然界資料當中，因此受到詳細的研究，其背景與中央極限定理有關。

另外，常態分布在理論上也是重要的分布。在內曼－皮爾森建立的檢定機制中，就是將母體分布假設為常態分布，以構建理論。可以說，沒有常態分布，就沒有貝氏統計學之前的統計學發展。

統計學中僅次於常態分布的重要分布，為估計和檢定所使用的**t分布**、**χ^2（卡方）分布**、**F分布**值得一提的是，這些分布都是以常態分布為基礎而定義的機率分布。

本書的後面附有標準常態分布、t分布、χ^2分布、F分布的表格。因為這些機率分布經常受到使用，還有很多方法可以得到相關的值。如果想取得本書沒有列出的數值，我們可以透過Excel、R等計算軟體和統計軟體，或是卡西歐計算機的「對生活和實務有幫助的計算網站」等工具，輕鬆地得到需要的數值。

讀過本章就會明白，這些機率分布並非獨立存在，而是互有相關性。在Column有各分布的關係圖，還請各位不要錯過。

01 伯努利分布、二項分布

二項分布是離散型機率分布中最重要的分布。

Point

將多個伯努利分布相加的分布就是二項分布

伯努利分布（Bernoulli distribution）

對於試驗，當事件A和事件$\bar{A}$的機率分別為

$$P(A)=p \qquad P(\bar{A})=1-p$$

時，該試驗就稱為機率p的**伯努利試驗**。

假設A發生時$X=1$，A不發生時$X=0$，

則X的機率質量函數為$P(X=k)=p^k(1-p)^{1-k} \qquad (k=0,\ 1)$

經過計算，$P(X=1)=p$、$P(X=0)=1-p$

用隨機變數X來表示的機率分布，稱為機率p的**伯努利分布**$Be(p)$。

$Be(p)$的平均值為p，變異數為$p(1-p)$。

二項分布（binomial distribution）

重複執行機率p的伯努利試驗$(P(A)=p)$ n次時，將A發生的次數設為隨機變數X。X的機率質量函數為：

$$P(X=k)={}_n\mathrm{C}_k\,p^k(1-p)^{n-k} \qquad (k=0, 1, \cdots\cdots, n)$$

這個用隨機變數X來表示的機率分布，稱為**二項分布**$Bin(n,\ p)$。$Be(p)$與$Bin(1,\ p)$一致。

$Bin(n,\ p)$的平均值為np，變異數為$np(1-p)$

n愈大，愈近似常態分布

無論機率p的值如何，次數n愈大，$\mathrm{Bin}(n,\ p)$就愈接近常態分布（見下頁右圖）。也就是說，當X服從$\mathrm{Bin}(n,\ p)$時，n愈大，X的分布愈接近常態分布$\mathrm{N}(np,\ np(1-p))$。n愈大，若按照${}_n\mathrm{C}_k$的定義，計算起來非常麻煩，但只要近似

※$\dfrac{p}{1-p}$稱為勝算（$odds$）。

常態分布，反而能夠輕鬆地計算出來。

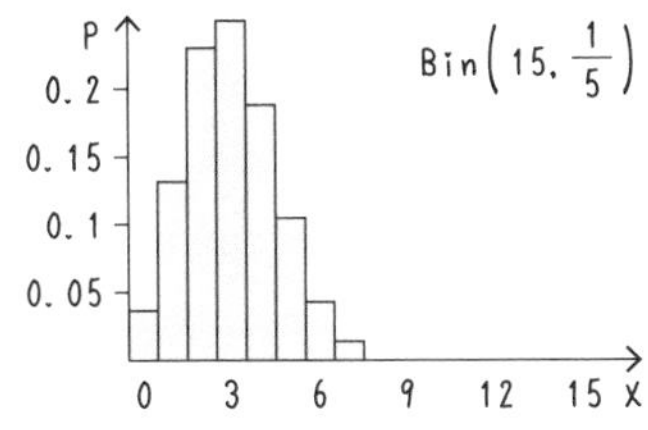

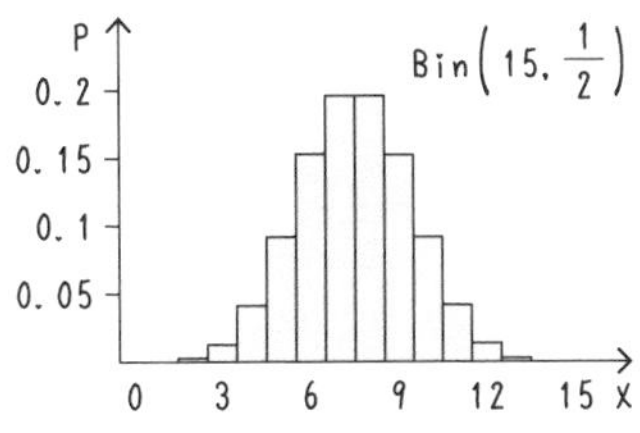

Business 利用二項分布計算五次推銷中成功簽約 X 件的機率

靠四處上門推銷的方式從事業務的K先生，每次推銷的成交率約為三分之一，這裡將K先生五次拜訪的成交件數設為隨機變數X，而且這個變數X服從二項分布$Bin\left(5,\ \frac{1}{3}\right)$。下面說明為何是二項分布。

設$p=\frac{1}{3}$，將推銷1件成功簽約的事件設為A，$P(A)=p$（成交的機率）、$P(\bar{A})=1-p$，這個試驗為伯努利試驗$Be(p)$。

接著試著計算5件中2件成交、3件不成交的機率。5件當中，第1件、第3件成交，第2件、第4件、第5件不成交的機率是$p(1-p)p(1-p)^2=p^2(1-p)^3=p^2(1-p)^{5-2}$。

5件之中，成交地點（件次）的選擇方式，只有從5個中選擇2個的數量，為${}_5C_2$種。

1次　2次　3次　4次　5次

從5次中選出成交的2次

因此，5件中有2件成交、3件不成交的機率是${}_5C_2\,p^2(1-p)^{5-2}$。這與X服從$Bin(5,\ p)$時$X=2$的機率質量函數的值$P(X=2)={}_5C_2\,p^2(1-p)^{5-2}$一致。將5換成$n$、2換成$k$，就是Point的公式。

一般來說，一次試驗中發生事件A的機率為p的試驗重複n次時，如果將n次中發生事件A的次數設為隨機變數X，則X服從$Bin(n,\ p)$。

當獨立的隨機變數X_1、X_2、……、X_n分別服從$Be(p)$時，$Y=X_1+X_2+\cdots\cdots+X_n$服從二項分布$Bin(n,\ p)$。

難易度 ★★　實用 ★★★★　考試 ★★★★

02 幾何分布、負二項分布

幾何分布是基礎中的基礎，以考取檢定為目標的人，必須要能計算平均值和變異數。

Point

幾何分布的機率是等比數列

幾何分布（geometric distribution）

一次試驗的成功機率為p，重複多次試驗，直到成功為止，將第一次成功之前的失敗次數設為隨機變數X，則

$$P(X=k)=p(1-p)^k \qquad (k=0,\ 1,\ 2,\ \cdots\cdots)$$

這個用隨機變數X表示的機率分布，稱為**幾何分布**$Ge(p)$。

$Ge(p)$的平均值為$\dfrac{1-p}{p}$，變異數為$\dfrac{1-p}{p^2}$

負二項分布（negative binomial distribution）、帕斯卡分布

一次試驗的成功機率為p，重複這個試驗n次，直到成功為止，將第n次成功之前的失敗次數設為隨機變數X，則

$$P(X=k)={}_{n+k-1}\mathrm{C}_k\,p^n(1-p)^k \qquad (k=0,\ 1,\ 2,\ \cdots\cdots)$$

這個用隨機變數X來表示的機率分布，稱為**負二項分布**$NB(n,\ p)$或**帕斯卡分布**，$Ge(p)$與$NB(1,\ p)$一致。

$NB(n,\ p)$的平均值為$\dfrac{n(1-p)}{p}$，變異數為$\dfrac{n(1-p)}{p^2}$

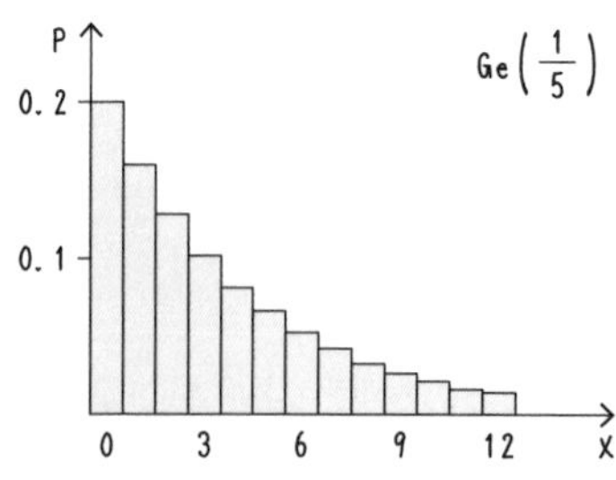

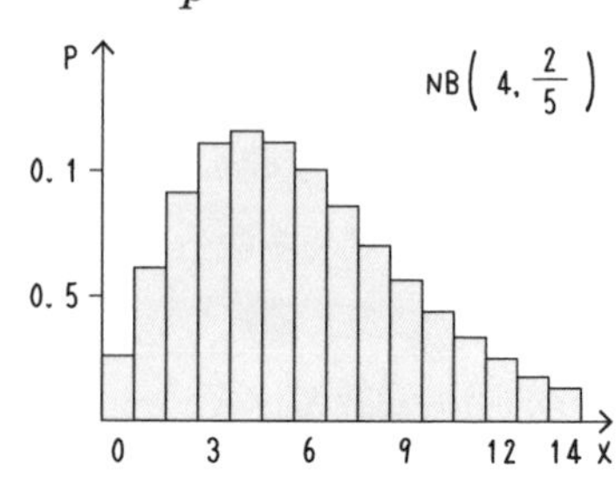

※另外，在幾何分布的定義中，也有將包含成功那一次在內的所有次數都設為隨機變數X的做法。

$s+1$次以後的成功機率與歷史無關

對於$Ge(p)$，試著計算成功第$t+1$次以後的機率$S(t)$，這與t次之前持續失敗機率相同，所以$S(t)=(1-p)^t$。

在第$t+1$次之後才算成功的條件下，計算第$t+s+1$次之後成功的條件機率，如下所示。

$$P(X>s+t \mid X>t)=\frac{P(X>s+t \text{且} X>t)}{P(X>t)}=\frac{P(X>s+t)}{P(X>t)}=\frac{S(s+t)}{S(t)}$$
$$=\frac{(1-p)^{s+t}}{(1-p)^t}=(1-p)^s=S(s)$$

這個式子的等號左邊有t，右邊沒有t，這意謂著這個條件機率與t值無關，和第$s+1$次以後成功的機率相等，這樣的性質稱為**無記憶性**。

稱為負二項分布的原因

假設成功n次之前的失敗次數為k次，在第n次成功之前的$n+k-1$次試驗中，在失敗發生的k次試驗的情況下，次數共有${}_{n+k-1}\mathrm{C}_k$種。${}_{(-n)}\mathrm{C}_k$的$(-n)$為負號，按照公式計算，

$$_{(-n)}\mathrm{C}_k=\frac{(-n)(-n-1)\cdots\cdots(-n-k+1)}{k(k-1)\cdots\cdots2\cdot1} \quad \text{——減去}k\text{個}$$
$$=(-1)^k\frac{(n+k-1)(n+k-2)\cdots\cdots(n+1)n}{k(k-1)\cdots\cdots2\cdot1}=(-1)^k{}_{n+k-1}\mathrm{C}_k$$

將機率質量函數設為$q=1-p$，則表示為：

$$_{n+k-1}\mathrm{C}_k\,p^n(1-p)^k=(-1)^k{}_{(-n)}\mathrm{C}_k\,p^nq^k={}_{(-n)}\mathrm{C}_k\,p^n(-q)^k$$

因為可以用這種方式呈現，所以稱為負二項分布。

Business 「抽中中獎籤為止的次數」的真正意義

在機率p的條件之下成功的試驗，到成功為止的平均次數，是用$Ge(p)$的期望值（失敗次數的期望值）加1，$\frac{1-p}{p}+1=\frac{1}{p}$為$p$的倒數。

換言之，參加中獎率為 $p=0.001$的抽獎，直到中獎為止的平均次數為1,000次，**並非抽1,000次就一定能中獎**。

難易度 ★★★　實用 ★★★★★　考試 ★★★★

03 卜瓦松分布

無論理論或實用，都是非常有用的分布。

Point

極少發生的機率分布

當$\lambda > 0$時，對於0以上的整數k，

$$P(X=k)=\frac{\lambda^k e^{-\lambda}}{k!} \qquad (k=0,\ 1,\ 2,\ \cdots\cdots)$$

e為自然底數，$e=2.718281\cdots\cdots$

像這種用具有機率質量函數的隨機變數X來表示的機率分布，稱為強度λ的卜瓦松分布$Po(\lambda)$(Poisson distribution)。將罕見事件在一定期間內發生的次數作為隨機變數，其服從**卜瓦松分布**。

$Po(\lambda)$的平均值為λ，變異數為λ

與罕見現象次數相關的機率分布

一輛汽車在一天之內發生事故的機率非常小，但如果是觀察四千萬輛汽車，其中會有幾輛汽車在一天之內發生事故。將一天發生事故的車輛數量設為隨機變數X，則X服從卜瓦松分布。

由此可見，在試驗T中存在極少發生的事件A，當重複進行足夠多的試驗T時，將事件A發生的次數設為隨機變數X，則X服從卜瓦松分布。

問題　某辦公室平均每小時會接到4通電話。觀察某個小時，試求接到3通電話的機率。假設這個辦公室每小時接到的電話數量為X，X服從卜瓦松分布。

每小時「平均接到4通電話」終究只是平均值，如果觀察一個小時，也有可能接到2通、3通或5通電話。換言之，假設接到電話的次數為X，X就是隨機變數。

當X服從$Po(\lambda)$時，根據卜瓦松分布的性質，X的平均值為λ。在這個例子中，每小時的平均值為4通，所以$\lambda=4$。因此機率為：

$$P(X=3)=\frac{4^3e^{-4}}{3!}=\frac{64}{6e^4}=0.195\cdots\cdots$$

將機率質量函數$P(X=k)$繪製成圖表，如右圖所示。

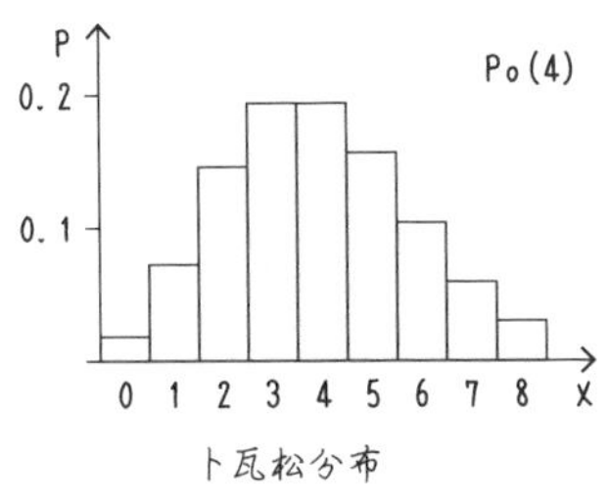

卜瓦松分布

卜瓦松極限定理

在二項分布$Bin(n, p)$的機率質量函數中，若$np=\lambda$，λ固定，$n\to\infty$，則為卜瓦松分布的機率質量函數，此稱為**卜瓦松極限定理**。當$n\to\infty$時，$p\to 0$，發生事件的情況很罕見。

$$P(X=k)={}_n\mathrm{C}_k\,p^k(1-p)^{n-k}={}_n\mathrm{C}_k\left(\frac{\lambda}{n}\right)^k\left(1-\frac{\lambda}{n}\right)^{n-k}\to\frac{\lambda^k e^{-\lambda}}{k!}\quad(n\to\infty)$$

Business 日常生活中隨處可見卜瓦松分布

下列是卜瓦松分布的例子。

- 書籍每頁的錯字數
- 全國每天的交通事故件數
- 每單位時間的蓋革計數器讀數
- 每單位面積、單位時間的雨點個數（開始下雨）
- 普魯士陸軍（每年、每個軍團）被馬踢死的士兵人數（由於博爾特凱維奇（Ladislaus Bortkiewicz）在書中提及而聞名）
- 高速公路收費站的車輛到達數量（假設沒有堵車）

銀行的窗口和遊樂園的售票處，經常會排起長長的人龍（排隊人潮），每分鐘加入這個隊伍的人數服從卜瓦松分布，預測並分析排隊人數的動向，這個理論稱為**等候理論**（Queueing Theory）。等候理論是運籌學的一個領域。

★★★

★★

★★★

超幾何分布

不是記住公式，而是從狀況的設定中推導出來。

用組合來表示

超幾何分布（hypergeometric distribution）

袋子裡有紅球、白球共N個球，紅球的個數為M個。假設同時從袋中隨機抽出n個球，將n個球中的紅球個數設為隨機變數X。則

$$P(X=k)=\frac{{}_M\mathrm{C}_k\times{}_{N-M}\mathrm{C}_{n-k}}{{}_N\mathrm{C}_n}\qquad\begin{pmatrix}M<N,\ n<N\\ k=0,1,\cdots,n\end{pmatrix}$$

具有這種機率質量函數的機率分布，稱為**超幾何分布**$HGe(N,\ M,\ n)$。

$HGe(N,\ M,\ n)$的平均值為$\dfrac{nM}{N}$，變異數為$\dfrac{nM}{N}\left(1-\dfrac{M}{N}\right)\left(\dfrac{N-n}{N-1}\right)$

理解超幾何分布的公式

讓我們計算機率質量函數。將袋子內的N個球全部分開考慮，從N個球中同時取出n個球時的數量（也就是抽出不放回，05章01節）有${}_N\mathrm{C}_n$種，這是全事件的數量，將其作為分母。

如果抽出的n個球中有k個是紅球，那麼$n-k$個就是白球。從袋子內的M個紅球中抽出k個時的情況有${}_M\mathrm{C}_k$種；從袋子內的$N-M$個白球中抽出$n-k$個時的情況有${}_{N-M}\mathrm{C}_{n-k}$種。抽出的n個球中，紅球有k個，白球有$n-k$個，將這些相乘，有${}_M\mathrm{C}_k\times{}_{N-M}\mathrm{C}_{n-k}$種，將其作為分子。

M個紅球
N－M個白球
共N個
n個抽出
不放回
k個紅球
n－k個白球
共n個

n愈大，愈近似二項分布和卜瓦松分布

在N和M的比例固定$\left(p=\dfrac{M}{N}\text{固定}\right)$的情況下，$N$和$M$愈大，$HGe(N, M, n)$愈接近$Bin(n, p)$。當$p$足夠小的時候，$n$愈大，$HGe(N, M, n)$愈接近$Po(p)$。

N愈小，有限母體校正愈有效

變異數最後乘上的$\dfrac{N-n}{N-1}$，稱為**有限母體校正**（Finite Population Correction）。

假設從大小N、母體平均μ、母體變異數σ^2的母體中，通過抽出不放回的方式，抽出大小為n的樣本X_1、X_2、……、X_n。

這時，$\overline{X}$的平均值和變異數為$E[\overline{X}]=\mu, V[\overline{X}]=\dfrac{N-n}{N-1}\cdot\dfrac{\sigma^2}{n}$。

N愈大，$\dfrac{N-n}{N-1}$的值愈接近1，如果母體的大小夠大，變異數就可以視為$\dfrac{\sigma^2}{n}$。這與用抽出不放回方式X_1、X_2、……、X_n為獨立的情況相同。

Business 估計某種生物棲息數量的方法

生態學會利用超幾何分布來估計動物的棲息數量（**標誌重捕法**）。這裡透過估計池中鯉魚數量的情況來說明。在捕獲的M條鯉魚上做記號，再放回池中，假設捕獲n條，其中有k條做了記號。若池子內的鯉魚數量有N條，則$P(X=k)$服從$HGe(N, M, n)$。使用最大概似法（05章03節）：

$$\frac{M}{N}=\frac{k}{n}$$

這是有記號的鯉魚比例，與整個池子捕獲的鯉魚一致的式子。

若想要解開N，可以用$N=\dfrac{n}{k}M$來估計。

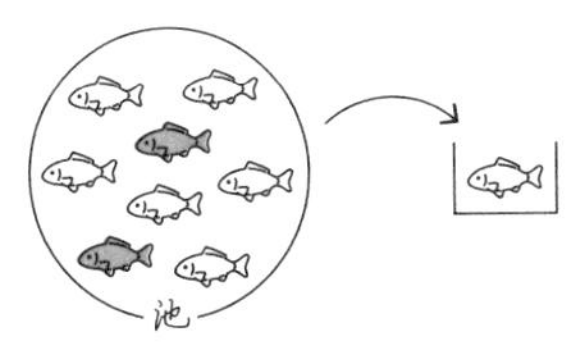

★

★★

★★★★

均勻分布、指數分布

接下來是連續型的機率分布，讓我們先從簡單的部分開始看起。

Point

均勻分布是常數，指數分布是指數函數

均勻分布（uniform distribution）

機率密度函數為

$$f(x)=\begin{cases} 0 & x<a \\ \dfrac{1}{b-a} & a\leqq x\leqq b \\ 0 & b<x \end{cases}$$

均勻分布的例子在03章04節。

時，用隨機變數X表示的機率分布，稱為**均勻分布**或**連續型均勻分布**，以$U(a, b)$來表示。

$U(a, b)$的平均值為$\dfrac{a+b}{2}$，變異數為$\dfrac{(b-a)^2}{12}$

指數分布（exponential distribution）

對於$\lambda>0$，機率密度函數為

$$f(x)=\lambda e^{-\lambda x} \quad (x\geqq 0)$$

時，用隨機變數X來表示的機率分布，稱為**指數分布**，以$Ex(\lambda)$來表示。

$Ex(\lambda)$的平均值為$\dfrac{1}{\lambda}$，變異數為$\dfrac{1}{\lambda^2}$

※指數分布的參數有時會取λ的倒數，使機率密度函數變成$f(x)=\dfrac{1}{\lambda}e^{-\frac{x}{\lambda}}$，最好注意一下。

指數分布是無記憶性的連續型機率分布

舉例來說，把在時間0時正常運作的產品的損壞時間設為隨機變數X，假設X服從指數分布$Ex(\lambda)$。

該產品到了時間t仍正常運作的機率為：

$$P(X>t)=\int_t^{\infty}\lambda e^{-\lambda x}dx=\left[-e^{-\lambda x}\right]_t^{\infty}=e^{-\lambda t}$$

這裡將其設為$L(t)=P(X>t)=e^{-\lambda t}$，稱為**生存函數**。

該產品在時間t正常運作的條件下，計算在時間$t+s$仍正常運作的條件機率為：

$$P(X>s+t \mid X>t)=\frac{P(X>s+t\text{且}X>t)}{P(X>t)}=\frac{P(X>s+t)}{P(X>t)}=\frac{L(s+t)}{L(t)}$$

$$=\frac{e^{-\lambda(s+t)}}{e^{-\lambda t}}=e^{-\lambda s}=L(s)$$

這個式子的等號左邊有t，右邊沒有t，這個條件機率與t值無關，它表示在時刻0正常運作的產品，在時刻s也會正常運作的機率，這樣的性質稱為**無記憶性**。

指數分布是將離散型機率分布的幾何分布連續化後的機率分布。

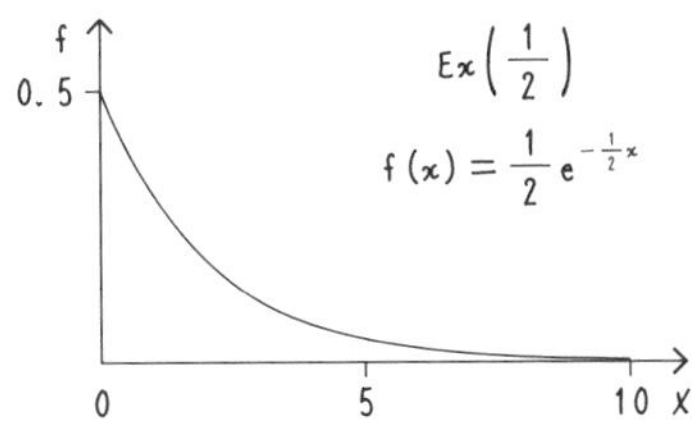

Business 利用指數分布計算20年內發生地震的機率

嚴格來說，地震發生的機率是通過BPT（Brownian Passage Time）分布的機率模型計算出來的數值。假設距離上次地震已經過去很長一段時間，試著以指數分布來計算。

假設120年發生一次的地震發生時間服從$Ex\left(\frac{1}{120}\right)$，則20年內發生地震的機率，可以計算如下。

$$\int_0^{20}\frac{1}{120}e^{-\frac{x}{120}}dx=\left[-e^{-\frac{x}{120}}\right]_0^{20}=-e^{-\frac{20}{120}}+1=1-0.846=0.154$$

由於使用的是指數分布，即使之後的10年都沒有發生地震，從那時起的20年內發生地震的機率也與此相同。

難易度 ★★ 實用 ★★★★ 考試 ★★★★★

常態分布

為統計學中最重要的分布，代表性的%點（03章05節）一定要記住。

Point

常態分布為二項分布的極限

機率密度函數表示如下：

$$f(x)=\frac{1}{\sqrt{2\pi}\sigma}e^{-\frac{(x-\mu)^2}{2\sigma^2}}$$

隨機變數X所服從的機率分布，就稱為**常態分布**（normal distribution），用$N(\mu,\ \sigma^2)$來表示。$N(\mu,\ \sigma^2)$的平均值為μ，變異數為σ^2。

其中，$N(0,\ 1^2)$稱為**標準常態分布**。

有不少服從常態分布的例子

常態分布是高斯（數學家、物理學家）在對天文學觀測資料的測量誤差進行數學分析時發現的，因此也稱為**高斯分布**。

像觀測誤差、生物資料這類**表現對稱或先天因素較強的情況，多半都服從常態分布**。體重的分布受到後天因素的影響較大，所以不服從常態分布。

〔服從常態分布的例子〕

- 鰻魚體長的分布
- 30公分塑膠尺的誤差
- 血液中的鈉濃度

之所以有很多可以用常態分布近似的分布，原因之一在於即使母體不是常態分布，只要樣本大小夠大，樣本平均數服從的分布也是常態分布（中央極限定理）。

當隨機變數X服從$N(\mu,\ \sigma^2)$時，X標準化後的隨機變數$Y=\dfrac{X-\mu}{\sigma}$，服從的機率分布為標準常態分布$N(0,\ 1^2)$。

標準常態分布的機率密度函數圖表如右頁所示。在左圖中，假設曲線與橫軸之間的面積為100%，那麼1.96以上的面積就是2.5%；在右圖中，−1到1之間的面積為68%。下列的代表性%點和機率，最好牢牢記住。

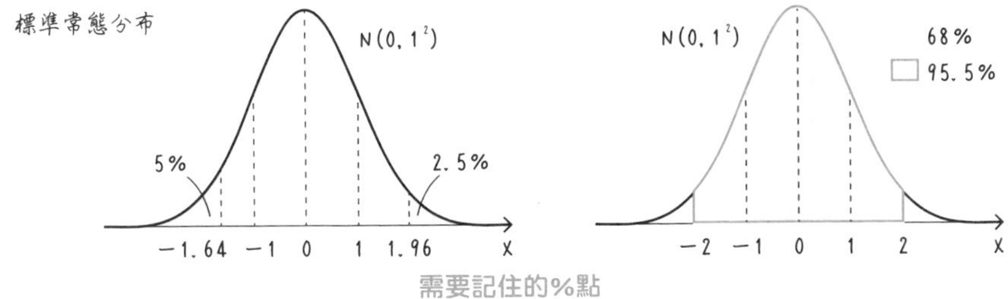

需要記住的%點

常態分布具有再生性，也就是說，當獨立隨機變數X和Y分別服從$N(\mu_1,\ \sigma_1{}^2)$、$N(\mu_2,\ \sigma_2{}^2)$，$X+Y$服從$N(\mu_1+\mu_2,\ \sigma_1{}^2+\sigma_2{}^2)$時，即使取隨機變數的和，仍會保留常態分布的性質。這個性質使得我們在構建理論時，可以方便地使用常態分布。

Business 利用高爾頓板實際感受一下常態分布

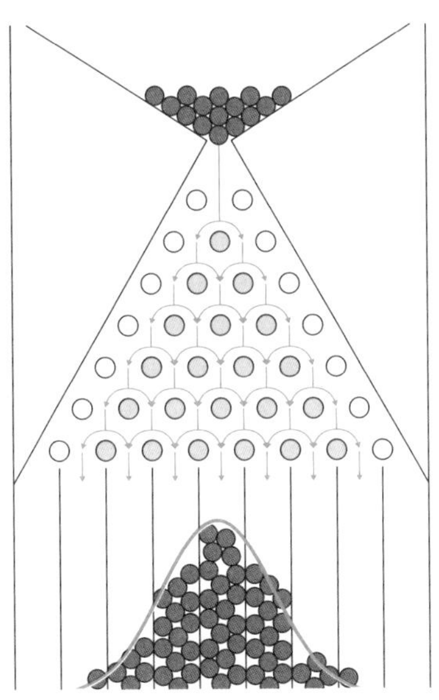

常態分布是二項分布的極限，如果想實際感受到這一點，不妨利用一種名為「高爾頓板」（Galton board）的玩具。從板子上方掉落的球，每當碰到釘子，就有二分之一的機率會向右或向左掉落。假設球掉落時碰到n個釘子，最後到達的位置為隨機變數X，則X服從二項分布$Bin(n,\ 0.5)$。

一旦有大量的球從上方掉落，到達某個位置的球的個數，與二項分布的機率成正比。因為二項分布的極限是常態分布，當釘子數量愈多時，球堆積起來的形狀就愈接近常態分布的曲線。各位不妨在YouTube上觀看影片，實際感受一下。

★

★★★★★

★★★★★

χ^2分布、t分布、F分布（概述）

這是推論統計常用的三種分布，本節為利用統計學的從業人員大致做個說明。

Point

從樣本得到的統計量所服從的分布

假設母體服從常態分布。

χ^2分布（卡方分布）（chi-squared distribution）

服從樣本偏差平方和的機率分布

χ是希臘字母，不是英文X

t分布（t-distribution）

以樣本變異數標準化樣本平均數所服從的機率分布

（詳細內容請參考樣本平均數的變異數估計值）

F分布（F-distribution）

母體變異數相等的兩個樣本，服從其變異數比例的機率分布

從樣本瞭解母體時所需的分布

我將χ^2分布、t分布、F分布稱為推論統計的三神器，本節將說明χ^2分布、t分布、F分布為什麼能在推論統計中發揮重要的作用，不清楚推論統計用語的人，請參考05章的Introduction等內容。

推論統計是根據樣本推估母體的平均值和變異數。假設母體服從常態分布，為了推估母體的平均值和變異數，樣本這邊也要計算平均值和變異數。儘管也可以把樣本的平均值和變異數直接當成母體的平均值和變異數的預測值，但在推論統計學中，使用的是「95%信賴區間」或「5%顯著水準」等稍微精密的表現方式。為了達到這個目的，必須將樣本的平均值和變異數視為機率分布。

當母體服從常態分布時，樣本的偏差平方和所服從的機率分布為**χ^2分布**。雖然樣本平均數的分布是常態分布，但如果不知道母體的變異數，就派不上用場，因此，可以從以樣本變異數（具體來說是樣本平均數的變異數估計值）標準化樣本平

均數的值來思考，這個值所服從的機率分布就是**t 分布**。

思考兩個母體的變異數是否相等，或者在變異數分析中比較組間變異和誤差變異的大小時，需要考慮樣本變異數的比率所服從的機率分布，為了這個目的而設計的機率分布就是**F 分布**。

χ^2分布、t分布和F分布，皆具備有**自由度**之稱的變數。比如自由度3的卡方分布$\chi^2(3)$、自由度4的t分布$t(4)$、自由度(5, 6)的F分布$F(5, 6)$。自由度代表（變數的個數）－（限制條件的個數）。不同的自由度，分布呈現的曲線形狀也不同，只有t分布為左右對稱的形狀。

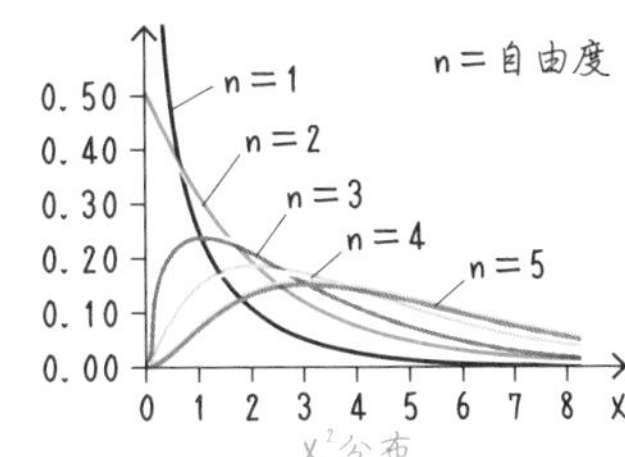

χ²分布

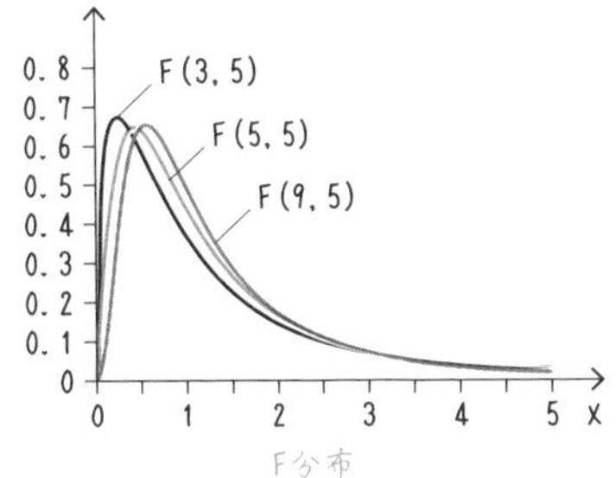

F分布

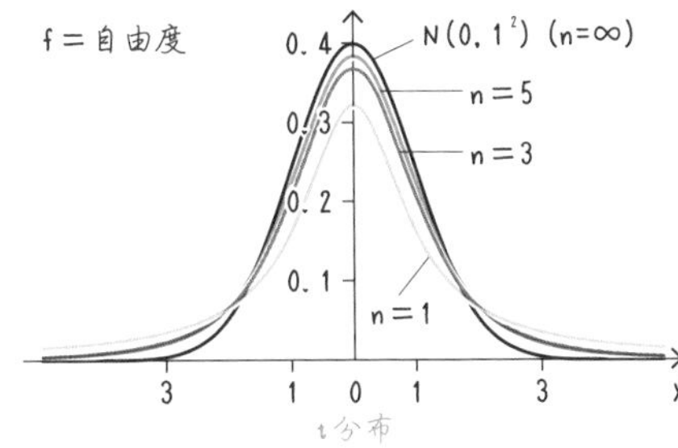

t分布

Business 針對蘋果的重量進行推論統計

假設農業法人有一批蘋果要出貨，試著舉例說明每種分布使用的是哪種推論統計（參照05章）。

t 分布：從20個樣本中，估計要出貨的蘋果成分量時（樣本不大時，母體平均數的估計和檢定）。根據品種的不同，判斷重量是否存在差異時（母體平均數差的估計和檢定）。

χ^2分布：想觀察一箱重量的變化時（母體變異數的估計和檢定）。

F 分布：調查不同品種的重量是否存在差異時（變異數同質性檢定）。在品種改良的試驗中，想要判斷日照和肥料的效果時（變異數分析）。

★

χ^2分布、t分布、F分布（詳述）

檢定1級的出題範圍涵蓋，χ^2分布、t分布和F分布的導出。

思考用來表示樣本哪些內容的公式

χ^2分布（卡方分布）（chi-squared distribution）

假設獨立的隨機變數Y_1、Y_2、……、Y_n分別服從標準常態分布$N(0,\ 1^2)$將隨機變數X設為：

$$X = {Y_1}^2 + {Y_2}^2 + \cdots + {Y_n}^2$$

X服從的機率分布稱為**自由度n的χ^2分布**，以$\chi^2(n)$來表示。

t分布（t-distribution）

有獨立的隨機變數Y、Z，假設隨機變數Y服從常態分布$N(0,\ 1^2)$，Z服從自由度n的χ^2分布。將隨機變數X設為：

$$X = \frac{Y}{\sqrt{\dfrac{Z}{n}}}$$

X服從的機率分布稱為**自由度n的t分布**，以$t(n)$。

F分布（F-distribution）

有獨立的隨機變數Y、Z，假設Y服從自由度m的χ^2分布，Z服從自由度m的χ^2分布。將隨機變數X設為：

$$X = \frac{\left(\dfrac{Y}{m}\right)}{\left(\dfrac{Z}{n}\right)}$$

X服從的機率分布稱為**自由度（m, n）的F分布**，以$F(m,\ n)$來表示。

※F分布也稱為史耐德柯氏F分布（Snedecor's F-distribution）或費雪・史耐德柯氏分布（Fisher-Snedecor distribution）。

觀察定義式，想像它代表什麼樣的統計量

χ^2 **分布的定義式**為平方和，這不禁讓人聯想到變異數。t分布的定義式分母有根號，其中包括χ^2分布，因此開根號應該是標準差。因為是除以標準差的式子，不難想像t **分布的定義式**為標準化的式子。F **分布的定義式**中，分母分子均有χ^2分布，可見是取變異數比的式子。根據以上內容，用法就如07節所述。

t分布的特徵司徒頓化

從服從常態分布$N(\mu,\ \sigma^2)$的母體中抽出樣本，依序編號為X_1、……、X_n時，$\dfrac{\overline{X}-\mu}{\sqrt{\dfrac{\sigma^2}{n}}}$服從標準常態分布$N(0,\ 1^2)$。然而，如果$\sigma^2$未知，就不能使用這個統計量。為了在$\sigma^2$未知的情況下也能進行$\mu$的估計和檢定，因此設計出$t$分布。這個名字是以設計者戈塞（Gosset）的論文投稿名來命名，也稱為**司徒頓t分布**（Student's t-distribution）。

戈塞以不偏變異數$U^2=\dfrac{1}{n-1}\sum_{i=1}^{n}(X_i-\overline{X})^2$來取代$\sigma^2$，將公式$Y=\dfrac{\overline{X}-\mu}{\sqrt{\dfrac{U^2}{n}}}$服從的分布作為自由度$n-1$的$t$分布。

這種代替σ^2，用$n\to\infty$時收斂的U^2來製作統計量，此稱為**司徒頓化**。

F（m, n）和F（n, m）的關係很有用

$F(m,\ n)$的右尾$100a\%$點，用$F_{m\cdot n}(a)$來表示的話，則下列式子成立。

$$F_{m,\ n}(a)=\frac{1}{F_{n,\ m}(1-a)}$$

有時我們可以利用這個關係計算出F分布表中沒有列出的值。

難易度 ★★★★★　實用 ★★★★★　考試 ★★★

09 韋伯分布、柏拉圖分布、對數常態分布

這些分布都可以實際運用，檢定考試會出現生存函數和風險函數的題目。

Point

韋伯分布是擴張指數分布的分布

韋伯分布（Weibull distribution）

$$f(x)=\frac{\alpha x^{\alpha-1}}{\beta^{\alpha}}\exp\left\{-\left(\frac{x}{\beta}\right)^{\alpha}\right\}\qquad (x\geqq 0,\ \alpha、\beta>0)$$

用這個機率密度函數來表示隨機變數X的機率分布，稱為**韋伯分布**，以$Wb(\alpha,\ \beta)$來表示。α稱為形狀母數、β稱為比例母數。

這個分布的平均值和變異數為：

$$E[X]=\beta\Gamma\left(\frac{1}{\alpha}+1\right)\qquad V[X]=\beta^2\left[\Gamma\left(\frac{2}{\alpha}+1\right)-\left\{\Gamma\left(\frac{1}{\alpha}+1\right)\right\}^2\right]$$

$\Gamma(x)$是伽瑪函數。

柏拉圖分布（Pareto distribution）

$$f(x)=\frac{\alpha}{\beta}\left(\frac{\beta}{x}\right)^{\alpha+1}=\frac{\alpha\beta^{\alpha}}{x^{\alpha+1}}\quad (x\geqq\beta)$$

用這個機率密度函數來表示隨機變數X的機率分布，稱為**柏拉圖分布**。這個分布的平均值和變異數為：

$$E[X]=\frac{\alpha\beta}{\alpha-1}\quad(\alpha>1)\qquad V[X]=\frac{\alpha\beta^2}{(\alpha-1)^2(\alpha-2)}\quad(\alpha>2)$$

對數常態分布（log-normal distribution）

$$f(x)=\frac{1}{\sqrt{2\pi}\sigma x}\exp\left\{-\frac{(\log x-\mu)^2}{2\sigma^2}\right\}\quad(x>0)$$

用這個機率密度函數來表示隨機變數X的機率分布，稱為**對數常態分布**。這個分布的平均值和變異數為：

$$E[X]=\exp\left(\mu+\frac{\sigma^2}{2}\right)\qquad V[X]=\{\exp(\sigma^2)-1\}\times\exp(2\mu+\sigma^2)$$

※α愈大，韋伯分布愈近似常態分布，其中$Wb(2,\ \beta)$又稱為瑞雷分布（Rayleigh distribution）。

Business 什麼是生存函數和風險函數？

假設$t(>0)$為時間，$F(t)$為0到t為止壽命結束（或故障）的機率，那麼$F(0)=0$、$\lim_{t\to\infty}F(t)=1$成立。將$F(t)$的微分設為$f(t)=F'(t)$，$F(t)$是機率密度函數$f(t)$的累積分布函數。

$$L(t)=1-F(t)=P(T>t)$$

此代表在時間t生存（正常運作）的機率，稱為**生存函數**（survival function）或**可靠度函數**（reliability function）。在本章05節，是以$f(t)=\lambda e^{-}\lambda^{t}$來說明。

另外，

$$h(t)=\frac{f(t)}{L(t)}=-\frac{d}{dt}\log L(t)$$

稱為**風險函數（死力）**（hazard function）或**故障率函數**（failure ratio function）。也就是在壽命為時間t的條件下，在一到時間t的瞬間便隨即發生故障的條件機率密度。

如果是$f(t)=\lambda e^{-\lambda t}$（指數分布），由於$L(t)=e^{-\lambda t}$，因此$h(t)=\lambda$為常數。指數分布賦予了故障率固定時的壽命模型。

然而實際上，人類的死亡率和機器的故障率，時間都不固定。機器會隨著時間的流逝而老化，所以機器的故障率會逐漸提高。為了故障率在這種情況下也能賦予壽命的模型，於是便設計出韋伯分布。韋伯分布$Wb(\alpha,\ \beta)$的故障率表示如下：

$h(t)=\dfrac{\alpha t^{\alpha-1}}{\beta^{\alpha}}$。而$Wb(1,\ \beta)$是指數分布。

Business 適用於所得、股價和人壽保險的價格

經濟學家柏拉圖（Vilfredo Pareto）憑藉經驗推導出柏拉圖分布，以作為所得分布的模型。事實上，對數常態分布可以更貼近低所得階層。

另外，金融工程中以表示選擇權理論價格著稱的布萊克－休斯公式，是在股價服從對數常態分布的情況下推導出來的。韋伯分布也被拿來計算人壽保險的價格。

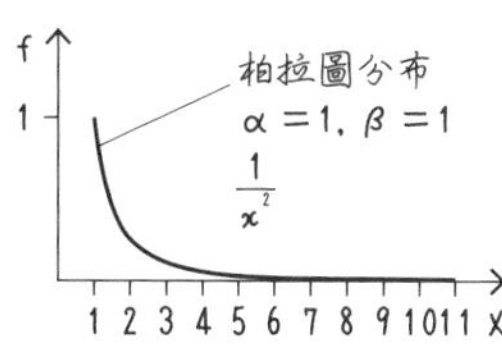

難易度 ★★★ 實用 ★★★ 考試 ★★★★

多項分布

為擴張二項分布的多維機率分布。

Point

多項係數×（機率的乘積）

在一次試驗中，發生事件A_1、A_2、……、A_m的其中之一。各機率為$P(A_i)=p_i(\sum p_i=1)$。

假設n次試驗中，事件A_i發生的次數為X_i次，

$P(X_1=k_1, X_2=k_2, \cdots\cdots, X_{m-1}=k_{m-1})$為

$$\frac{n!}{k_1!k_2!\cdots\cdots k_m!}p_1^{k_1}p_2^{k_2}\cdots\cdots p_m^{k_m} \quad \left(其中k_m=n-\sum_{i=1}^{m-1}k_i\right)$$

此時$m-1$維隨機變數$(X_1, X_2, \cdots\cdots, X_{m-1})$所服從的機率分布，稱為**多項分布**（multinomial distribution），以$M(n, p_1, p_2, \cdots\cdots, p_{m-1})$來表示。

計算邊際機率質量函數和共變異數

當(X, Y)服從$M(n, p, q)$時，機率質量函數為：

$$P(X=k, \ Y=l)=\frac{n!}{k!l!(n-k-l)!}p^kq^l(1-p-q)^{n-k-l}$$

相較之下，邊際機率質量函數為：

$$P(X=k)=\frac{n!}{k!(n-k)!}p^k(1-p)^{n-k}$$

也就是二項分布。因此，$E[X]=np$、$V[X]=np(1-p)$。

此外，共變異數為$\mathrm{Cov}(X, Y)=-npq$。

Business 行駛在國道246號，遇到4次紅燈、5次綠燈、6次黃燈的機率

以$m=3$為例，利用二維隨機變數的情況下進行說明。行駛在國道246號，從駒澤大學到澀谷這一段距離，必須經過15個紅綠燈；假設燈號為紅、綠、黃的事件

分別為A、B、C，機率如下所示。

$$P(A)=\frac{2}{6}\text{、}P(B)=\frac{3}{6}\text{、}P(C)=\frac{1}{6}$$

試求15個紅綠燈出現A4次、B5次、C6次的機率。假設按照A、A、A、A、B、B、B、B、B、C、C、C、C、C、C的順序發生事件時的機率，使用乘積法則，表示如下：

$$\left(\frac{2}{6}\right)^4\left(\frac{3}{6}\right)^5\left(\frac{1}{6}\right)^6$$

如果A有4次，B有5次，C有6次，即使順序和上面不同，機率也一樣。

下面讓我們來計算一下A 4個、B 5個、C 6個，共15種文字的排列方式共有幾種。**準備15個排列文字的地方，思考如何將文字排列進去**。首先排列4個A，然後排列5個B，剩下的排列C。

多項係數的計算方法

A, A, A, A　$_{15}C_4$種　⟶　B, B, B, B, B　$_{11}C_5$種

15個位置中排列A4個文字的選擇方式有$_{15}\mathrm{C}_4$（種），其餘的$15-4=11$個位置中，排列B 5個文字的選擇方式有$_{11}\mathrm{C}_5$（種），所以A 4個、B 5個、C 6，共15個文字的排列總數有$_{15}\mathrm{C}_4\times{}_{11}\mathrm{C}_5$（種）。

將這個組合的式子轉換如下。

$$_{15}\mathrm{C}_4\times{}_{11}\mathrm{C}_5=\frac{15!}{4!(15-4)!}\times\frac{11!}{5!(11-5)!}=\frac{15!}{4!11!}\times\frac{11!}{5!6!}=\frac{15!}{4!5!6!}$$

根據上述內容，15次紅綠燈中，紅燈出現4次、綠燈出現5次、黃燈出現6次的機率為：

$$\frac{15!}{4!5!6!}\left(\frac{2}{6}\right)^4\left(\frac{3}{6}\right)^5\left(\frac{1}{6}\right)^6$$

結果和Point中的公式一模一樣。假設15次紅綠燈中出現紅燈的次數為X，出現綠燈的次數為Y，則$(X,\ Y)$服從$M\left(15,\ \frac{2}{6},\ \frac{3}{6}\right)$。

根據這個計算出來的機率，也能算出從駒澤大學到澀谷之間所需時間的期望值。

此外，係數$\frac{15!}{4!5!6!}$稱為**多項係數**，為$(x+y+z)^{15}$的展開式$x^4y^5z^6$的係數。

難易度 ★★★★★　實用 ★　考試 ★★★

11 多維常態分布

屬於檢定2級以上的出題範圍，讓我們用二維的情況來理解。

Point

和一維的情況比較一下

n 維隨機變數 $\boldsymbol{X}=(X_1, X_2, \cdots\cdots, X_n)^T$ 的聯合機率密度函數，以

$$f(\boldsymbol{x})=\frac{1}{(2\pi)^{\frac{n}{2}}|\Sigma|^{\frac{1}{2}}}\exp\left[-\frac{1}{2}(\boldsymbol{x}-\boldsymbol{\mu})^T\Sigma^{-1}(\boldsymbol{x}-\boldsymbol{\mu})\right]$$

^{T}代表轉置。　$|\Sigma|$ 是 Σ 的行列式，Σ^{-1} 是 Σ 的逆矩陣

來表示時，$\boldsymbol{X}$ 服從的機率分布，稱為 **n 維常態分布**，用 $N(\boldsymbol{\mu}, \Sigma)$ 表示。這裡的 $\boldsymbol{\mu}$ 和 Σ 為

$\boldsymbol{\mu}=(\mu_1, \cdots\cdots, \mu_n)^T$：平均向量

$$\Sigma=\begin{pmatrix}\sigma_{11} & \cdots\cdots & \sigma_{1n}\\ \vdots & & \vdots \\ \sigma_{n1} & \cdots\cdots & \sigma_{nn}\end{pmatrix}$$ ：**共變異數矩陣**

寫出二維的情況

試著寫出二維常態分布 (X, Y) 的聯合機率密度函數吧。

假設平均向量為 $\mu=(\mu_x, \mu_y)^T$

共變異數矩陣為 $\Sigma=\begin{pmatrix}\sigma_x{}^2 & \sigma_{xy}\\ \sigma_{xy} & \sigma_y{}^2\end{pmatrix}$ 時，

$$f(x,y)=\frac{1}{2\pi\sigma_x\sigma_y\sqrt{1-\rho^2}}$$

$\rho=\frac{\sigma_{xy}}{\sigma_x\sigma_y}$（相關係數）

$$\times\exp\left[-\frac{1}{2(1-\rho^2)}\left(\frac{(x-\mu_x)^2}{\sigma_x{}^2}-2\rho\frac{(x-\mu_x)(y-\mu_y)}{\sigma_x\sigma_y}+\frac{(y-\mu_y)^2}{\sigma_y{}^2}\right)\right]$$

exp 內為 $g(x, y)$，當 $f(x, y)$ 固定時，$g(x, y)=c$（常數），這表示 xy 在平面上為橢圓。畫出 $z=f(x, y)$，如圖所示。

多維常態分布

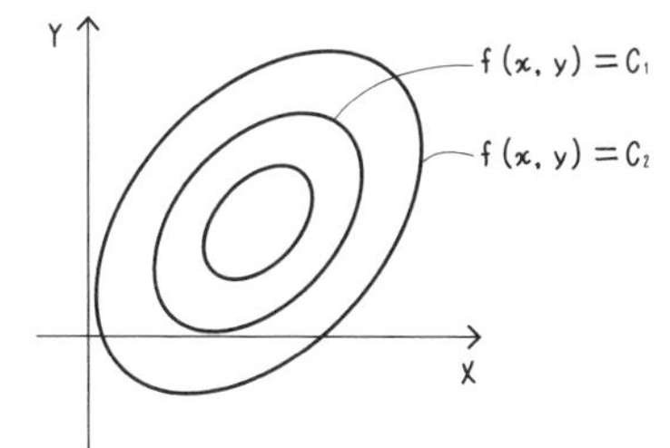

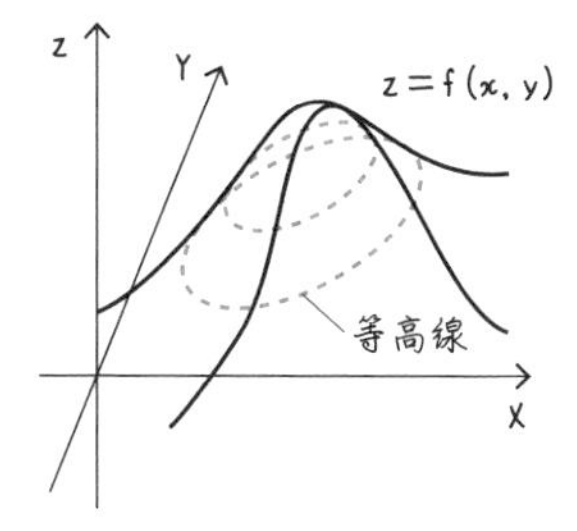

計算平均值、變異數、共變異數……

當n維隨機變數$\boldsymbol{X}=(X_1, X_2, \cdots\cdots, X_n)^T$服從$n$維常態分布時，計算期望值、變異數和共變異數，則

$$E[X_i]=\mu_i \text{，} V[X_i]=\sigma_{ii} \text{，} \mathrm{Cov}[X_i, X_j]=\sigma_{ij}$$

恰巧為平均向量的成分和共變異數矩陣的成分。反過來看，因為出現這樣的計算結果，所以將μ稱為**平均向量**、Σ稱為共變異數矩陣。

一般來說，若兩個隨機變數X、Y獨立，則X、Y無相關，反之則不成立。但對於X_i和X_j，下述內容成立。

$$\sigma_{ij}=0 \ (X_i\text{和}X_j\text{無相關}) \Leftrightarrow X_i\text{和}X_j\text{獨立}$$

讓我們用二維的例子來確認一下。當$\sigma_{xy}=0$時，因為$\rho=0$，

$$f(x, y)=\frac{1}{\sqrt{2\pi}\sigma_x}\exp\left(-\frac{(x-\mu_x)^2}{2\sigma_x^2}\right)\times\frac{1}{\sqrt{2\pi}\sigma_y}\exp\left(-\frac{(y-\mu_y)^2}{2\sigma_y^2}\right)$$
$$=f_X(x)f_Y(y)$$

滿足03章07節隨機變數獨立的定義。

邊際聯合隨機變數$(X_1, X_2, \cdots\cdots, X_{n-1})$為$n-1$維常態分布。

Business 接待高爾夫※利用二維常態分布來克服

高爾夫球的著陸點服從二維常態分布。營業課的K先生聽說客戶公司的部長很喜歡打高爾夫球，於是前往高爾夫練習場取得這位部長的數據，算出二維常態分布的σ_x、σ_y、ρ。進行接待高爾夫時，透過用D對聯合機率密度函數進行多重積分來計算上果嶺（設為領域D）的機率，因而獲得部長的賞識。

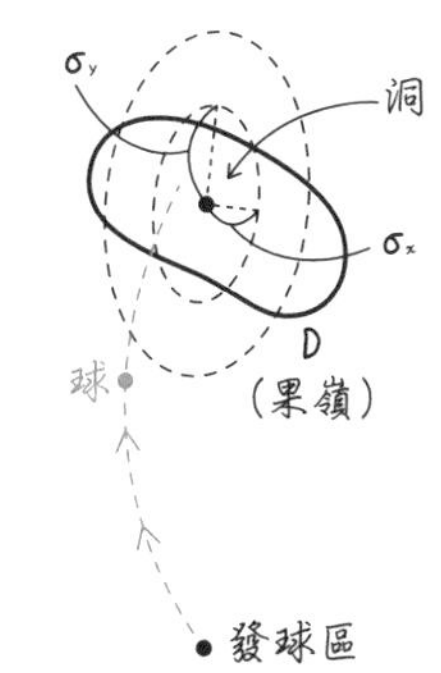

※打高爾夫球招待客戶，以取悅客戶為主要目的。

Column

用軟體計算機率分布的值

卷末附有標準常態分布、χ^2分布、t分布、F分布的表。關於沒有記載在內的值和其他分布的值，我們可以使用Excel或R等統計軟體來計算。

以右圖為例，針對自由度（5，8）的F分布，Excel和R的指令會返回下表的值。Excel的百分點指令INV，是取自累積分布函數的反函數（inverse function）。

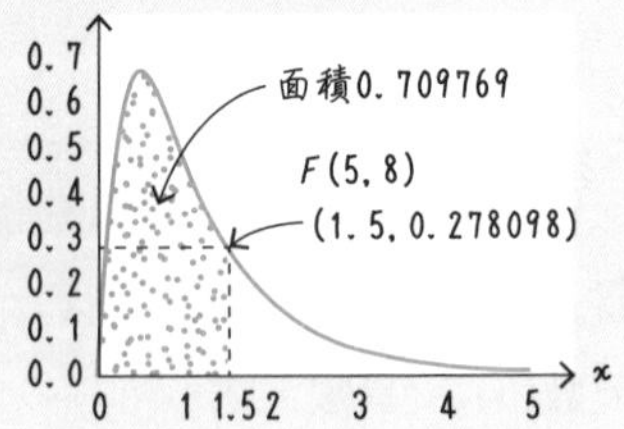

	Excel	R	值
累積分布函數	F.DIST(1.5, 5, 8, TURE)	pf(1.5, 5, 8)	0.709769
機率密度函數	F.DIST(1.5, 5, 8, FALSE)	df(1.5, 5, 8)	0.278098
百分點	F.INV(0.709, 5, 8)	qf(0.709, 5, 8)	1.497238

在Excel的＝後面、R的＞（提示）後面，依照上面的方式輸入，就可以求得值。如果是其他的機率分布，就將F或f替換為下表的函數，輸入適當的參數即可。

分布	**標準常態**	t	χ^2	**卜瓦松**	**對數常態**
Excel	NORM.S	T	CHISQ	POISSON	LOGNORM
R	norm	t	chisq	pois	lnorm

分布	**指數分布**	**二項分布**	**韋伯**	**超幾何**
Excel	EXPON	BINOM	WEIBULL	HYPGEOM
R	exp	binom	weibull	hyper

Chapter

05

估計

推論統計是指根據資料進行預測和判斷

本章將介紹推論統計學中的估計。**推論統計**是指抽出一部分資料，對整體資料進行預測、判斷的方法。

舉例來說，根據900戶調查家庭的收視率，來推算關東地區1,800萬戶家庭的收視率，或者根據出口民調來預測選舉的投票結果，就是所謂的估計。

在收視率調查中，最理想的做法是調查全部1,800萬戶家庭，此稱為**全體調查**或**徹底調查**。然而，由於全體調查的成本太高，因此只能抽出一部分，以900戶家庭來預測整體的收視率。

統計學是將1,800萬戶這樣的調查對象稱為**母體**（population），實際調查的900戶家庭則稱為**樣本**（sample）。推論統計可以總結為根據樣本資料對母體分布的特徵進行預測和判斷。

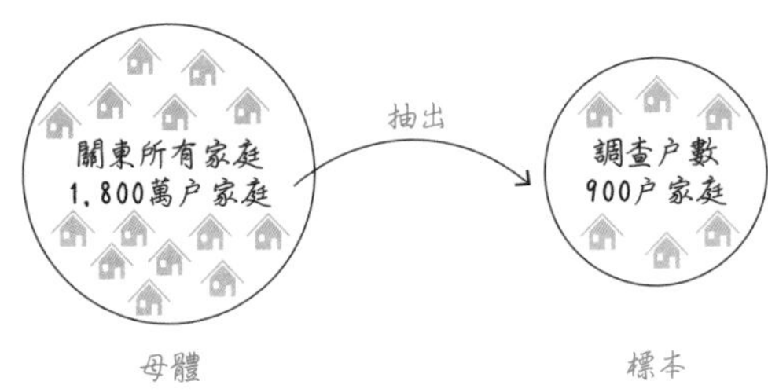

母體的平均值稱為**母體平均數**、變異數稱為**母體變異數**、標準差則稱為**母體標準差**。像前述這些用來表示母體分布特徵的參數，就稱為**母數**（population parameters）。當使用參數（母數）的模型設定母體分布時，根據樣本的資料預測母數，就稱為**估計**。樣本也和母體一樣，樣本的平均值稱為**樣本平均數**、樣本的變異數稱為**樣本變異數**、樣本的標準差稱為**樣本標準差**。

預測有兩種類型，用一個值進行預測稱為**點估計**，用範圍進行預測稱為**區間估計**。另外，判斷假設的母數值是否正確的方法就是檢定（請見06章）。

在只問結果的情況下，點估計比區間估計要來得單純，但想要理解點估計背後的理論，反而是區間估計比較困難。**初次學習估計的人，請從區間估計的結構開始讀起，將估計的步驟牢牢記住。**

大樣本理論與小樣本理論

估計和檢定中介紹的推論統計學方法，是由費雪、內曼、皮爾森等人所制定。這些都是存在足以進行估計和檢定的樣本的情況下可以使用的理論。樣本大小在30以上的理論稱為**大樣本理論**；相對地，樣本大小不到30的理論稱為**小樣本理論**。例如在估計母體平均數時，大樣本理論使用的是常態分布，小樣本理論使用的是t分布。

如果沒有樣本，可以考慮使用**貝氏統計學**進行估計，相關內容將在第11章的貝氏統計中介紹。順帶一提，費雪、內曼和皮爾森都曾經公開表示過並不認同貝氏統計的使用。

不偏變異數和樣本變異數

有些做法會將大小為n的樣本$(x_1, x_2, \cdots\cdots, x_n)$的樣本變異數定義為：

$$\frac{1}{n-1}\sum_{i=1}^{n}(x_i-\bar{x})^2$$

本書將其稱為**不偏變異數**。

想必部分讀者應該很清楚，在計算樣本的變異數時，必須要除以$n-1$。用具有不偏性的估計量來估計母體變異數時，會使用除以$n-1$的不偏變異數。

★

★★★

★★★★

01 抽出放回和抽出不放回

在計算機率問題時，要注意是哪一種情況。

Point

把抽出的樣本放回或不放回的區別

- 抽出放回：放回抽出的樣本。
- 抽出不放回：不放回抽出的樣本。

只要母體夠大，即使是抽出不放回，也可以視為獨立

假設箱子內有足夠多的色球，從裡面抽出兩顆。先抽出一顆球，確認過顏色之後，把抽出的球放回箱子裡，接著再抽出一個球。以這樣的步驟依序抽出兩顆球，稱為**抽出放回**（sampling with replacement），也就是恢復一開始的狀態後再抽出。相反地，不把抽出的第一顆球放回箱子裡，而是接著抽出第二顆球，這種方式稱為**抽出不放回**（sampling without replacement）。

試著想像一下把寫有數字1到10的10張卡片放進袋子裡，從袋中抽出兩張的情況。無論是抽出放回或抽出不放回，第一張抽中5的機率都是十分之一。可是，第一張抽中5，第二張抽中4的機率卻是：

抽出放回 $\frac{1}{10}\times\frac{1}{10}=\frac{1}{100}$　　抽出不放回 $\frac{1}{10}\times\frac{1}{9}=\frac{1}{90}$

可見機率顯然不同。若採取抽出放回的方式，那麼第一張卡片是□的事件，和第二張卡片是△的事件各自獨立（03章07節）；但如果採取抽出不放回的方式，兩個事件就不是獨立。

從有限的母體中抽出樣本，這樣的方式屬於抽出不放回。然而，若將母體抽出的樣本當成隨機變數X_1、X_2、……、X_n時，理論上會將X_1、X_2、……、X_n視為獨立事件。這是因為當母體足夠大時，基本上可以認為每一次抽出的樣本都是獨立的。上述抽卡片的例子中，只要卡片的張數愈多，抽出放回時的機率與抽出不放回時的機率比就愈接近1。

另外，當母體不大時，抽出放回和抽出不放回之間的差距就會變大。這時就稱為**有限母體**，需要使用母體大小N和樣本大小n來修正統計量（04章04節　有限母體校正）。

計算樣本平均數的期望值和變異數

假設n個隨機變數X_1、X_2、……、X_n獨立且服從相同分布($i.i.d.$)※。當$E[X_i]=\mu$、$V[X_i]=\sigma^2$時，隨機變數X_i的平均值為：

$$\bar{X}=\frac{1}{n}(X_1+X_2+\cdots\cdots+X_n)$$

其期望值和變異數如下。

$$E[\bar{X}]=\mu \qquad V[\bar{X}]=\frac{\sigma^2}{n}$$

這個結果為推論統計中樣本平均數的分布提供了線索。

〔確認〕　　藍色號碼為03章11節的公式編號。

$$\begin{aligned}E[\bar{X}]&=E\left[\frac{1}{n}(X_1+X_2+\cdots\cdots+X_n)\right]\underset{(1)}{=}\frac{1}{n}E[X_1+X_2+\cdots\cdots+X_n]\\&\underset{(5)}{=}\frac{1}{n}\{E[X_1]+E[X_2]+\cdots\cdots+E[X_n]\}=\frac{1}{n}\cdot n\mu=\mu\\V[\bar{X}]&=V\left[\frac{1}{n}(X_1+X_2+\cdots\cdots+X_n)\right]\underset{(2)}{=}\frac{1}{n^2}V[X_1+X_2+\cdots\cdots+X_n]\\&\underset{(8)}{=}\frac{1}{n^2}\{V[X_1]+V[X_2]+\cdots\cdots+V[X_n]\}=\frac{1}{n^2}\cdot n\sigma^2=\frac{\sigma^2}{n}\end{aligned}$$

Business 想成為職業賭徒，就要以抽出不放回來一決高下

在撲克牌的賭博遊戲二十一點中，有一種名為算牌（Counting）的必勝法。這是根據打開的卡片計算獲勝機率，以增減賭注的技巧。因為卡片的數量有限，而且是抽出不放回，所以獲勝的機率〔這是條件機率（11章01節）〕會不斷變化。能夠確實掌握這個變化，控制最佳下注的人，才稱得上是專業高手。沒有人能靠買獨立事件的彩券維生，但在二十一點、麻將這些抽出不放回的非獨立事件上，卻有專門計算機率的賭徒。

※$i.i.d.$是取自independent and identically distributed的開頭字母。

難易度 ★　實用 ★★★　考試 ★★★★

02 抽樣方法

為統計調查的基礎，最好瞭解一下變異數的計算方法。

Point

選擇符合母體特性的有效抽樣法

- 簡單隨機抽樣：隨機抽出所有樣本。
- 系統抽樣：第一個隨機抽出，其餘等距抽樣。
- 二階抽樣：先抽出多個群體，再從中抽出一次。
- 分層抽樣：將母體分為若干層，逐層抽出。
  包括比例抽樣、內曼抽樣、戴明抽樣。

隨機進行抽樣

在母體上編號，使用骰子或亂數表等，隨機選擇號碼抽出的方法，稱為**簡單隨機抽樣**（simple random sampling）。隨機選擇第一個，以等距（等差數列）抽出的方法，稱為**系統抽樣**（systematic sampling）。

所謂**二階抽樣**（two-stage sampling），是指調查全國的家庭時，從鄉鎮市區中選出50個，再從選出的各個鄉鎮市區中抽出30戶家庭的抽樣方法。此時，鄉鎮市區稱為**原始抽樣單位**（primary sampling unit）或群（cluster），家庭稱為**二次抽樣單位**（secondary sampling unit）。除此之外還有三階以上的多階抽樣。

利用分層抽樣抑制變異數

將母體π分為若干個群體（層，strata），從各群體抽出樣本的方法，稱為**分層抽樣**（stratified sampling）。

例如，對日本全國進行統計時，分層抽樣的做法是針對每個都道府縣進行統計彙整。把層設為π_1、……、π_k，屬於各層的對象個數設為N_1、……、N_k，從各層抽出的樣本大小依序設為n_1、……、n_k，標準差設為σ_1、……、σ_k。此時，母體π

的變數總和，可以用下列式子來估計：

$$Z=\sum_{i=1}^{k}\frac{N_i}{n_i}\times(\pi_i\text{的樣本變數總和})$$

與簡單隨機抽樣相比，好好地選擇屬性，分層依層別抽出，可以提高估計的準確度（減少估計值Z的分數），這就是分層抽樣的效用。

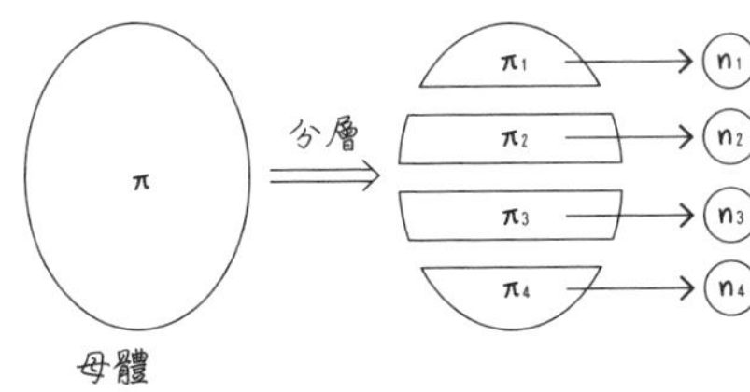

根據n_1、……、n_k的決定方式，可以分為數層。

(1) **比例抽樣**（proportional sampling）

針對各層抽出一定比例（n_i與N_i成正比）。

(2) **內曼抽樣**（Neyman sampling）

樣本大小的總和$n(=\sum_{i=1}^{k}n_i)$固定時，n_i與$N_i\sigma_i$依比例抽出。此時，Z的變異數最小。

(3) **戴明抽樣**（Deming sampling）

假設屬於π_i的每個個體的調查費用為c_i，當總費用$C=\sum_{i=1}^{k}n_ic_i$固定時，n_i與$N_i\sigma_i/\sqrt{c_i}$依比例抽出。此時，Z的變異數最小。

Business 從前用骰子，現在靠軟體？將隨機發揮到極致吧

我想應該沒有人會按照三分之一的機率玩猜拳吧？因為人們往往會有常出剪刀、石頭或布的習慣。因此在抽樣時，為了不造成偏頗，必須產生亂數進行抽樣。過去只有骰子或亂數表之類的模擬工具，不過如今只要使用Excel，在儲存格中輸入「＝RAND（）」函數，就能輕鬆地產生亂數。

難易度 ★★　實用 ★★★★★　考試 ★★★★★

03 最大概似法

為最常使用的估計值計算方法，在推論統計中很重要。

Point

將聯合機率函數視為θ的函數，求取最大值的θ

從服從機率密度（質量）函數$f(x；\theta)$的母體中，抽出n個樣本x_1、x_2、……、x_n時，將聯合機率密度（質量）函數視為θ的函數，

$$L(\theta)=\prod_{k=1}^{n} f(x_k；\theta)$$
$$=f(x_1；\theta)f(x_2；\theta)\cdots f(x_n；\theta)$$

$\prod_{k=1}^{n}$代表$a_1\times a_2\times\cdots\cdots\times a_n$

這個函數稱為**概似函數**（likelihood function）。

使$L(\theta)$最大的θ，是根據樣本x_1、x_2、…、x_n計算出來，稱為**最大概似估計值**（maximum likelihood estimate）；將這個樣本的值視為隨機變數時，稱為**最大概似估計量**（maximum likelihood estimator）。另外，這種估計方法稱為**最大概似法**（method of maximum likelihood）或**最大概似估計**（MLE）。

選擇概似度最大的θ（模型）

概似具有「看似合理」的意思。即使對$L(\theta)$中的θ以$(-\infty, \infty)$來積分（或者取θ的總和），也不等於1。由此可見，$L(\theta)$不是機率密度（質量）函數。由於不是機率，因此費雪將其命名為**概似度**（likelihood）。

取$L(\theta)$最大的θ作為估計值，是根據「現在發生在眼前的事情，是機率最大的事情發生了」。

對於母體，我們可以將θ的每個值視為母體分布的模型，將每個模型下x_1、x_2、……、x_n的聯合機率值設為概似函數$L(\theta)$。**選擇使$L(\theta)$最大的θ，即代表選擇模型中發生機率最大的模型**。每個θ值都存在母體分布模型的假設方式，與貝氏統計的事前分布是相通的重要觀點。

Business 利用最大概似法估計上門推銷的成交機率

問題　假設營業課K先生的成交機率為θ，5次上門推銷的結果分別是成交、成交、不成交、不成交、不成交。請使用最大概似法估計θ。

在成交機率為θ的情況下，成交、成交、不成交、不成交、不成交的機率為$\theta^2(1-\theta)^3$，所以概似函數$L(\theta)$為$L(\theta)=\theta^2(1-\theta)^3$。

對θ微分，得到：

$$L'(\theta)=2\theta(1-\theta)^3+\theta^2\cdot 3(1-\theta)^2(-1)$$
$$=\theta(1-\theta)^2\{2(1-\theta)-3\theta\}$$
$$=\theta(1-\theta)^2(2-5\theta)$$

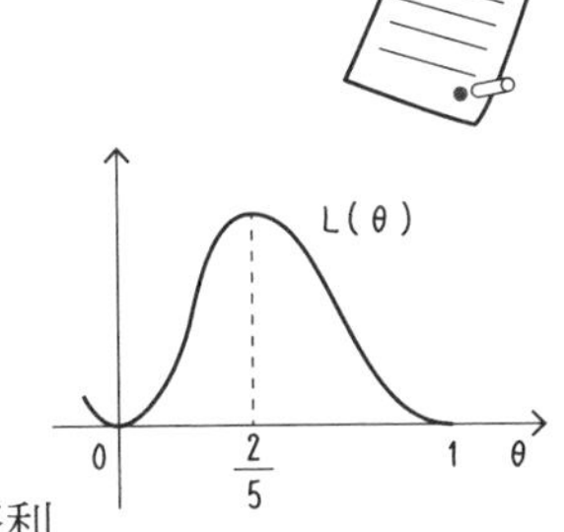

用這個式子調查$L(\theta)$在$0<\theta<1$時的增減，得知$\theta=\dfrac{2}{5}$時，$L(\theta)$最大。θ的最大概似估計為$\hat{\theta}=\dfrac{2}{5}$。

為了讓這個問題符合Point的$f(x;\theta)$，這裡使用伯努利分布。

假設成交時$X=1$，不成交時$X=0$，X服從伯努利分布$Be(\theta)$(機率質量函數為$f(x;\theta)=\theta^x(1-\theta)^{1-x}$)，概似函數$L(\theta)$為：

$$L(\theta)=f(x_1;\theta)f(x_2;\theta)f(x_3;\theta)f(x_4;\theta)f(x_5;\theta)$$
$$=\theta^{x_1}(1-\theta)^{1-x_1}\theta^{x_2}(1-\theta)^{1-x_2}\theta^{x_3}(1-\theta)^{1-x_3}\theta^{x_4}(1-\theta)^{1-x_4}\theta^{x_5}(1-\theta)^{1-x_5}$$
$$=\theta^{x_1+x_2+x_3+x_4+x_5}(1-\theta)^{5-(x_1+x_2+x_3+x_4+x_5)}$$

按照成交、成交、不成交、不成交、不成交的順序來看，

$$(x_1,\ x_2,\ x_3,\ x_4,\ x_5)=(1,\ 1,\ 0,\ 0,\ 0)\qquad x_1+x_2+x_3+x_4+x_5=2$$

所以$L(\theta)=\theta^2(1-\theta)^{5-2}=\theta^2(1-\theta)^3$，和問題的例子一致。

若以文字來解答，最大概似估計量為$\theta=\dfrac{1}{5}(X_1+X_2+X_3+X_4+X_5)$。

難易度 ★　實用 ★　考試 ★

04 區間估計的結構

初次學習區間估計的人，建議最好閱讀這個項目。

Point

確認一下區間估計的步驟

母體分布的參數（母數）θ，

以**信賴係數**p　　$a \leqq \theta \leqq b$

進行估計，就叫作**區間估計**。

考慮抽樣造成偏差的區間估計

當樣本的平均值為95時，母體平均數的點估計就是95。然而，實際的母體平均數與95完全一致的情況非常罕見，因為不同的抽樣方法存在機率上的偏差。因此**最好的方式是採用觀察母體平均數大約落在哪個範圍內的區間估計，而非點估計**。下面舉個簡單的例子來說明區間估計的原理。

問題　假設母體的分布為均勻分布$U(\theta-30,\ \theta+30)$，從母體中抽出樣本（大小1），得到75。試求在90%的信賴係數下，母體平均數θ的區間估計。

假設樣本的隨機變數為X，X服從$U(\theta-30,\ \theta+30)$。

$U(\theta-30,\ \theta+30)$的分布如圖所示，為長方形。

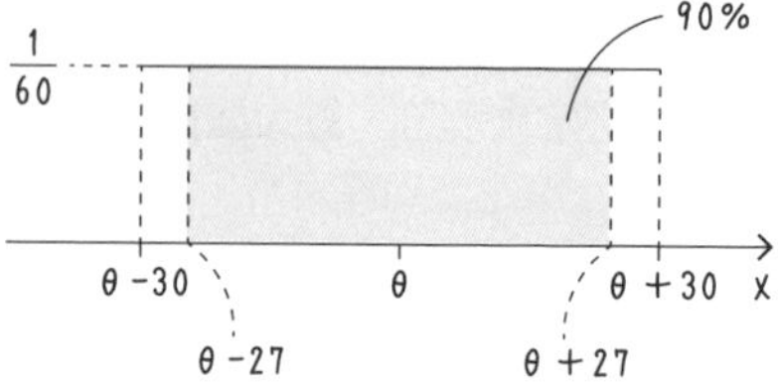

將區間$[\theta-30,\ \theta+30]$的兩端去掉，設為$[c,\ d]$，則

$$c \leqq X \leqq d$$

取機率90%的範圍。

區間的長度為60，兩側各去掉5%，也就是各去掉$60 \times 0.05 = 3$。

因此，

$$\theta-27 \leqq X \leqq \theta+27$$

這個範圍的機率為90%。這個式子中的X是隨機變數，現在的樣本為確定值75。將X代入式子，得到：

$$\theta-27 \leqq 75 \leqq \theta+27$$

θ用75來計算，則

$$75-27 \leqq \theta \leqq 75+27 \qquad 48 \leqq \theta \leqq 102$$

根據這個結果，我們可以說：θ（母體平均數）在信賴係數90%的條件下落在區間[48, 102]當中。 也叫作90%區間估計

估計的步驟整理如下。

（1）使用母體參數計算樣本統計量的分布。在上面的例子中，統計量為X，但一般是採用樣本X_1、X_2、……、X_n的函數（例如，樣本平均數$\bar{X}$）。

（2）計算機率p的統計量範圍。

（3）假設統計量的實現值（樣本值）落入這個範圍內，針對參數算出不等式，就會得到信賴係數p的區間估計。

有△%機率落入區間的說法謬誤

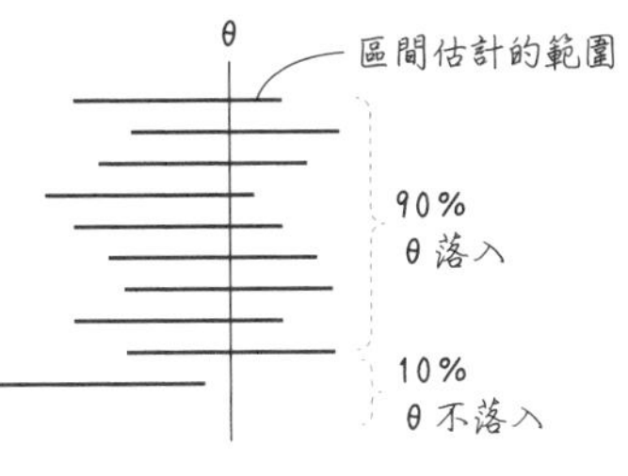

「θ有90%的機率落入[48,102]」是錯誤的表達方式。不能說成機率90%，所以將說法改成信賴係數90%。X雖為隨機變數，但θ是決定母體模型的參數，所以用考慮θ的機率分布來表示是錯誤的做法。如果想用機率90%的說法，就要以「在多次進行信賴係數90%的區間估計時，θ落入該估計區間的機率為90%」的方式來說明。此外，**信賴係數通常為95%**。

難易度 ★★★　實用 ★★★★　考試 ★★★★★

05 常態母體的母體平均數區間估計

（1）雖然不實用，但可以作為理論來理解。

Point

σ^2 已知和未知使用不同的分布

假設母體服從常態分布$N(\mu,\ \sigma^2)$，樣本大小為n、樣本平均數為$\bar{x}$，對母體平均數μ進行區間估計。

(1) 已知σ^2時

μ的95%信賴區間為

$$\left[\bar{x}-1.96\times\frac{\sigma}{\sqrt{n}},\ \ \bar{x}+1.96\times\frac{\sigma}{\sqrt{n}}\right]$$

1.96是常態分布的右尾2.5%點

(2) σ^2未知時

μ的95%信賴區間為

$$\left[\bar{x}-\alpha\times\frac{u}{\sqrt{n}},\ \ \bar{x}+\alpha\times\frac{u}{\sqrt{n}}\right]$$

$$u^2=\frac{1}{n-1}\sum_{i=1}^{n}(x_i-\bar{x})\quad\text{（不偏變異數）}$$

α：自由度$n-1$的t分布$t(n-1)$的右尾2.5%點

區間估計的原理

在（1）的式子中，使用樣本平均數$\bar{X}$（隨機變數）服從$N\left(\mu,\ \dfrac{\sigma^2}{n}\right)$。

$$\mu-1.96\times\frac{\sigma}{\sqrt{n}}\leqq\bar{X}\leqq\mu+1.96\times\frac{\sigma}{\sqrt{n}}$$

這裡的機率為95%。只要將樣本平均數的實現值代入$\bar{X}$，針對μ求解，就能得到95%的信賴區間。

在（2）中，$Y=(\bar{X}-\mu)\div\dfrac{U}{\sqrt{n}}$，使用服從自由度$n-1$的$t$分布$t(n-1)$。

$-\alpha \leqq \dfrac{\bar{X}-\mu}{\dfrac{U}{\sqrt{n}}} \leqq \alpha$（$\alpha$為$t(n-1)$的右尾2.5%點）的機率是95%。

將樣本平均數代入$\bar{X}$，不偏變異數的平方根實現值u代入U，針對μ求解，就能得到95%信賴區間。此外，這裡也可以用$\dfrac{u}{\sqrt{n}}$代替$\dfrac{s_x}{\sqrt{n-1}}$。

Business 試著估計蘋果重量平均值的區間

問題　從箱子裡隨機抽出5顆蘋果，調查其重量，得到下列數值：

292、270、294、306、298(g)

在①、②的條件下，以95%的信賴係數，試估計整個農園的蘋果重量平均值的區間。

① 已知蘋果重量的標準差為13.0g

② 不知道蘋果重量的標準差

樣本的平均值為$\bar{x}=(292+270+294+306+298)\div 5=292.0$

① 樣本大小$n=5$，母體標準差σ為$\sigma=13.0$。

母體平均數的95%信賴區間為：

$$\left[\bar{x}-1.96\times\frac{\sigma}{\sqrt{n}},\ \bar{x}+1.96\times\frac{\sigma}{\sqrt{n}}\right]=\left[292-1.96\times\frac{13}{\sqrt{5}}, 292+1.96\times\frac{13}{\sqrt{5}}\right]$$

$=[281,\ 303]$（將280.6……, 303.3……四捨五入取小數點第1位）

② 各偏差為0、−22、2、14、6，因此不偏變異數u^2為：

$$u^2=(0^2+22^2+2^2+14^2+6^2)\div(5-1)=720\div 4=180 \qquad u=\sqrt{180}$$

此外，自由度4(=5−1)的t分布的2.5%點為2.78。

因此，母體平均數的95%信賴區間為：

$$\left[\bar{x}-2.78\times\frac{u}{\sqrt{n}},\ \bar{x}+2.78\times\frac{u}{\sqrt{n}}\right]$$

$$=\left[292-2.78\times\frac{\sqrt{180}}{\sqrt{5}},\ 292+2.78\times\frac{\sqrt{180}}{\sqrt{5}}\right]$$

$$=[292-6.00\times 2.78,\ 292+6.00\times 2.78]$$

$=[275,\ 309]$（275.3……, 308.6……四捨五入取小數點第1位）

難易度 ★★★　實用 ★★★★★　考試 ★★★★

06 母體比例的區間估計

在統計檢定中常考，請務必記住公式。

Point

用常態分布近似二項分布

將母體中具有屬性A的比例設為p（母體比例）。

當大小n的樣本中有k個具有屬性A的樣本時，

p的95%信賴區間使用樣本比例$\bar{x}=\dfrac{k}{n}$，則

$$\left[\bar{x}-1.96\times\sqrt{\frac{\bar{x}(1-\bar{x})}{n}},\ \bar{x}+1.96\times\sqrt{\frac{\bar{x}(1-\bar{x})}{n}}\right]$$

最好也理解母體比例估計的結構

從母體中抽出一個樣本，具有屬性A的機率為p。因此，從母體中抽出一個樣本的試驗為伯努利試驗$Be(p)$。從母體抽出n個樣本，將其中具有屬性A的個體個數設為隨機變數X，X服從二項分布$Bin(n, p)$。

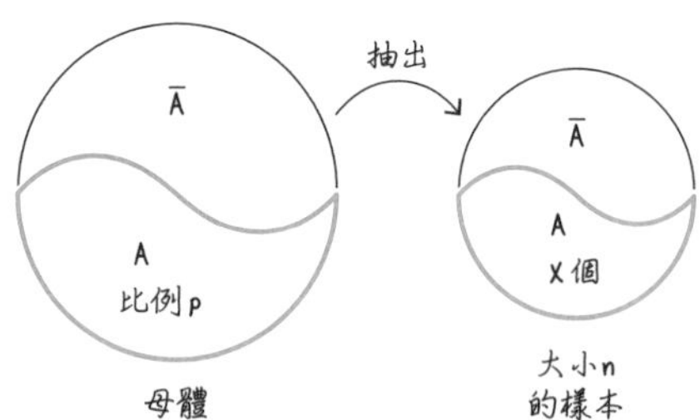

根據04章01節，X的平均值和變異數為$E[X]=np$、$V[X]=np(1-p)$。

利用03章11節的公式，屬性A的個體比例$\dfrac{X}{n}$，平均值和變異數為：

$$E\left[\frac{X}{n}\right]\underset{(1)}{=}\frac{1}{n}E[X]=p\text{、}V\left[\frac{X}{n}\right]\underset{(2)}{=}\frac{1}{n^2}V[X]=\frac{p(1-p)}{n}$$

n愈大，二項分布愈近似常態分布。

因此樣本的比例$\frac{x}{n}$服從常態分布$N\left(p, \frac{p(1-p)}{n}\right)$。換言之，

$$p-1.96\times\sqrt{\frac{p(1-p)}{n}}<\frac{x}{n}<p+1.96\times\sqrt{\frac{p(1-p)}{n}}$$

機率是95%。在這個式子中，將$\frac{x}{n}$換成實現值$\bar{x}=\frac{k}{n}$，根號內的母體比例p也換成樣本的比例$\bar{x}=\frac{k}{n}$，針對p求解，式子變成：

$$\bar{x}-1.96\times\sqrt{\frac{\bar{x}(1-\bar{x})}{n}}<p<\bar{x}+1.96\times\sqrt{\frac{\bar{x}(1-\bar{x})}{n}}$$

這樣就能得到**母體比例的95%信賴區間**。

Business 收視率調查中的1%差距算大嗎？

如果屬性A是「收看調查的節目」，那麼母體比例就是所有家庭的收視率，樣本比例是協助收視率調查的調查家庭收視率。

問題　F電視台的編成局長O先生，遭到F電視台的社長訓斥：

「我們在關東地區的收視率是10%，N台的收視率卻有11%，

這樣不就輸給對方了嗎？」

請試著幫O先生辯解。假設調查收視率的家庭為900戶。

母體比例（也就是關東地區收視率）的95%信賴區間，在公式中的$\bar{x}=0.1$、$n=900$，因此，

$$\left[0.1-1.96\times\sqrt{\frac{0.1(1-0.1)}{900}}, 0.1+1.96\times\sqrt{\frac{0.1(1-0.1)}{900}}\right]=[0.0804,\ 0.1196]$$

F電視台在關東地區的實際收視率，95%信賴區間為8.04%到11.96%，包含N電視台的11%。因此可以認為，F電視台的實際收視率很有可能比N電視台還高。在收視率調查中，1%左右的差距可以說是預測誤差。

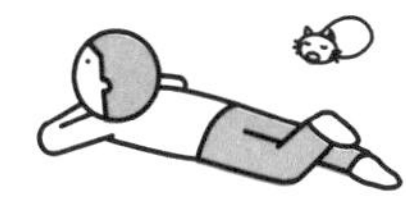

難易度 ★★★★★　實用 ★　考試 ★★★

07 估計量的評價基準

為估計量是否具備妥當性的標準。詳細的內容還有很多，首先要知道四點。

Point

期望值要準確，變異數要小

從母體抽出的樣本為X_1、X_2、……、X_n時，母數θ的估計量是以$\boldsymbol{X}=(X_1, X_2, \cdots\cdots, X_n)$的函數$T(\boldsymbol{X})$來表示。

估計量T的評價基準有下列四種。

（1）不偏性（unbiasedness）　（2）有效性（efficiency）

（3）一致性（consistency）　（4）充分性（sufficiency）

不偏性（期望值成為估計的母數）

一般來說，當母數θ的估計量T滿足$E[T]=\theta$時，T稱為θ的**不偏估計量**。因為T是隨機變數，所以考慮期望值$E[T]$。

從母體變異數σ^2的母體中抽出的樣本視為隨機變數X_1、X_2、……、X_n時，

$$U^2=\frac{1}{n-1}\sum_{i=1}^{n}(X_i-\bar{X})^2$$

稱為**不偏變異數**。$E[U^2]=\sigma^2$，所以U^2是σ^2的不偏估計量，這就是不偏變異數。重點在於樣本的大小為n，卻除以$n-1$這一點上，除以n就是一般的變異數，稱為**樣本變異數**。另外還要注意，也有將U^2稱為樣本變異數的做法。

假設從母體平均數μ的母體中抽出的樣本平均數為$\bar{X}$，因為滿足

$$E[\bar{X}]=\mu$$

所以$\bar{X}$是母體平均數μ的不偏估計量。詳細內容請見08節。

有效性（不偏估計量中變異數愈小愈好）

假設母數θ的不偏估計量為T_1、T_2，這時，$E[T_1]=E[T_2]=\theta$成立。對於變異數，當$V[T_1]>V[T_2]$成立時，**T_2是比T_1有效的估計量**。

不偏估計量的變異數，由下列的不等式給予下限。

$$V[T] \geqq \frac{1}{nE\left[\left(\frac{\partial}{\partial\theta}\log f(x;\theta)\right)^2\right]} \quad \text{(Cramer-Rao不等式)}$$

這裡的$f(x;\theta)$是代表母體分布的機率密度函數。當不偏估計量T滿足Cramer-Rao不等式的等號時，T就是**有效估計量**。從母體平均數μ、母體變異數σ^2的常態母體中，抽出樣本計算出來的估計量為：

$$S^2 = \frac{1}{n}\sum_{i=1}^{n}(X_i - \mu)^2$$

滿足$E[S^2] = \sigma^2$，所以S^2是母體變異數σ^2的不偏估計量；滿足Cramer-Rao不等式的等號，所以S^2是σ^2的有效估計量。

一致性（取極限作為母數）

假設樣本的大小為n，母數θ的估計量為T_n。

若n變大，隨機變數T_n的分布在θ附近的機率接近1時，T_n稱為**一致估計量**。也就是說，只要樣本大小增加，一致估計量的準確度就能提高。

將其寫成算式，ε為任意小的正數，則下列式子成立：

$$\lim_{n\to\infty} P(\mid T_n - \theta \mid < \varepsilon) = 1$$

$\bar{X}$是母體平均數μ的一致估計量，樣本變異數S^2是母體變異數σ^2的一致估計量。

充分性（機率視估計量決定，而不是由母數決定）

根據$T(\boldsymbol{X})$的值決定$\boldsymbol{X}$的分布（條件分布），而不是由θ決定時，也就是當

$$P(\boldsymbol{X} = \boldsymbol{x} \mid T = t\ ;\ \theta) = P(\boldsymbol{X} = \boldsymbol{x} \mid T = t)$$

時，T稱為**充分統計量**。當T是θ的估計量時，T稱為**充分估計量**。

難易度 ★★★★★ 實用 ★ 考試 ★★★

08 不偏估計量

本節將介紹不偏變異數的不偏性。

Point

取期望值就是母數

假設從母體抽出的樣本為$\boldsymbol{X}=(X_1, X_2, \cdots\cdots, X_n)$，母數$\theta$的估計量為$T(\boldsymbol{X})$。

$$E[T(\boldsymbol{X})]=\theta$$

當上面式子成立時，時，$T(\boldsymbol{X})$稱為**不偏估計量**（unbiased estimator）。

當$T(\boldsymbol{X})$用樣本的一次式表示時，$T(\boldsymbol{X})$稱為**線性不偏估計量**（linear unbiased estimator）。線性不偏估計量之中，變異數最小的稱為**最佳線性不偏估計量**（best liner unbiased estimator，BLUE）。

確認母體平均數、母體變異數的不偏估計量

當母體平均數為μ、母體變異數為σ^2時，確認$\bar{X}$、$U^2=\dfrac{1}{n-1}\sum_{i=1}^{n}(X_i-\bar{X})^2$是否分別為不偏估計量。

$E[\bar{X}]=\mu$ （本章01節）

根據$V[X_i]=E[X_i^2]-\{E[X_i]\}^2=\sigma^2$（03章06節），$E[X_i^2]=\sigma^2+\mu^2$

X_i和X_j為樣本值，可以視為獨立，$E[X_iX_j]=E[X_i]E[X_j]=\mu^2$

$$E[(n\bar{X})^2]=E[(X_1+X_2+\cdots+X_n)^2]=E\left[\sum_{i=1}^{n}X_i^2+\sum_{i\neq j}^{n}X_iX_j\right]$$

$$=n(\sigma^2+\mu^2)+n(n-1)\mu^2=n\sigma^2+n^2\mu^2$$

$$\sum_{i=1}^{n}(X_i-\bar{X})^2=\sum_{i=1}^{n}X_i^2-2\left(\sum_{i=1}^{n}X_i\right)\bar{X}+n(\bar{X})^2=\sum_{i=1}^{n}X_i^2-n(\bar{X})^2$$

$$E[U^2]=E\left[\frac{1}{n-1}\sum_{i=1}^{n}(X_i-\bar{X})^2\right]=\frac{1}{n-1}E\left[\sum_{i=1}^{n}X_i^2-n(\bar{X})^2\right]$$

$$=\frac{1}{n-1}\{n\,E[X_i^2]-\frac{1}{n}E[(n\bar{X})^2]\}$$

$$=\frac{1}{n-1}\{n(\sigma^2+\mu^2)-\frac{1}{n}(n\sigma^2+n^2\mu^2)\}=\sigma^2$$

U^2是σ^2的不偏估計量，所以稱為**不偏變異數**或**樣本不偏變異數**。也有人會單純以樣本變異數來稱之，在閱讀書籍的時候請特別留意。

另外，U並非σ的不偏估計量。在母體服從常態分布的情況下，

$$\frac{\sqrt{n-1}\,\Gamma\left(\frac{n-1}{2}\right)}{\sqrt{2}\,\Gamma\left(\frac{n}{2}\right)}U$$是σ的不偏估計量。

還有其他μ的不偏估計量，例如，$Y=\frac{X_1+2X_2+3X_3}{6}$。

總之，在X_1、X_2、……、X_n的一次式（無常數項）中，只要係數的和為1，就是μ的不偏估計量。$\bar{X}$和Y都是μ的線性不偏估計量，但是Y並非最佳，$\bar{X}$才是最佳線性不偏估計量。

勝算（Odds）沒有不偏估計量

當母體服從$Be(p)$時，試著估計勝算$\frac{p}{1-p}$。

事實上，不存在勝算的不偏估計量。假設存在不偏估計量$f(\boldsymbol{X})$，例如當$n=1$時，$E[f(X)]=pf(1)+(1-p)f(0)$，但當$p\to 1$時，即使勝算變成無限大，$E[f(X)]$也不會變成無限大。

高斯－馬可夫定理所呈現的最佳線性不偏估計量

在二維資料$(x_i,\ y_i)$的單變量迴歸分析（08章01、05節）中，是將母體分布設為：

$$Y_i=ax_i+b+\varepsilon_i$$

這裡的x_i為實現值，Y_i、ε_i為隨機變數，a、b為常數。

母體迴歸係數a、b的最小平方估計量，是以$\hat{a}=\frac{s_{xy}}{{s_x}^2}$、$\hat{b}=\bar{y}-\bar{x}\frac{s_{xy}}{{s_x}^2}$來表示。

這個式子使用Y_i的實現值y_i，將y_i改為Y_i，設為$\hat{a}[Y]$、$\hat{b}[Y]$。$\hat{a}[Y]$、$\hat{b}[Y]$為隨機變數Y_i使用的a、b估計量，以Y_i的一次式來表示。根據**高斯－馬可夫定理，最小平方估計量$\hat{a}[Y]$、$\hat{b}[Y]$是最佳線性不偏估計量。**

Chapter 05 估計

Column

容易混淆的標準差和標準誤差的差別

假設樣本大小為n，**標準差**（standard deviation）為SD、**樣本誤差**（standard error）為SE，則

$$SE = \frac{SD}{\sqrt{n}} \quad \cdots\cdots ①$$

我們經常能看到這樣的公式。在這種情況下，由於是以標準差來估計，因此計算時會用偏差平方和除以$n-1$

$$SD = \sqrt{\frac{1}{n-1}\sum_{i=1}^{n}(x_i - \bar{x})^2} \quad \cdots\cdots ②$$

本書採用樣本標準差除以n的做法，在②的等號右邊的平方根符號內是不偏變異數u^2，可以認為$SD=u$。

當母體平均數未知時，母體變異數的估計量為不偏變異數U^2，估計值為資料的不偏變異數u^2。假設母體分布的變異數為U^2，大小為n的樣本，樣本平均數的變異數為${U_s}^2$時，根據05章01節，

$${U_s}^2 = \frac{U^2}{n} \text{取平方根，} U_s = \frac{U}{\sqrt{n}}$$

將這個式子的U_s換成SE，U換成SD，就變成①的式子。式子①的標準誤差代表母體平均數估計量的分散程度（標準差）。「05節　常態母體的母體平均數區間估計」中得出的$\frac{u}{\sqrt{n}}$和$\frac{s_x}{\sqrt{n-1}}$，都是標準誤差。標準誤差在估計和檢定時很有用。

另外，**即使取樣本平均數以外的估計量，估計量的分散程度（標準差）也稱為標準誤差**。在這種情況下，為了避免產生誤解，最好明確地使用標準誤差這個名詞來表示估計量。08章05節中出現的標準誤差就相當於這種情況。

歸納起來，**標準差是資料的分散程度，標準誤差是估計量的分散程度**。

Chapter

06

檢定

Introduction

檢定的學習方法

現實中有不少像「○○減肥具有效果」這類令人懷疑其真實性的廣告宣傳標語。我們根本無從得知這些資訊是否採用適當的方法獲取資料，進行正確的統計處理。在健康法和醫療資訊中，資訊是否可靠，取決於有無相關證據，**所謂的證據，就是「檢定」的結果。**既然宣傳「具有效果」，至少也要經過檢定。

運用資料憑機率判斷「藥劑B比藥劑A更能有效降低血壓」這個說法是否正確，就是所謂的**檢定**。**憑機率判斷**是指雖然不能100%斷定，但基本上可以說是正確的判斷。

在本章的推論統計中也會涉及到檢定，介紹檢定的理論和使用常態分布的具體檢定方法。另外，取名為檢定的方法、使用檢定觀念的統計方法，在本章以外也有記載，還請讀者參考一下目錄。

檢定有很多種類型，但是**使用檢定統計量來檢定母體的假設（假說），這樣的結構不管在任何情況下都是一樣的**。因此，初次學習檢定的人，首先要閱讀01節的檢定原理和步驟，以及02節的檢定統計量，以瞭解檢定理論的基礎觀念。接下來，只要記住關心的母體假設，使用什麼作為對應的檢定統計量，以及檢定統計量服從什麼樣的機率分布就可以了。

報考統計檢定2級以上的人，若想解答「檢定」的問題，必須掌握本章的常態母體的母體平均數檢定到變異數同質性檢定，以及07章的「適合度檢定」和「獨立性檢定」。請務必提升選擇哪種檢定比較適合的能力。

在某種意義上，檢定的觀念是依照我們日常生活中自然進行的思考判斷。不過，其結果的表達方式卻有檢定獨特的東西。例如，「納豆激酶（納豆的成分之一）能促進血栓溶解，這在統計上具有顯著性」，這項主張就是檢定結果的表現方式。讀過這一章之後，就能深深理解這種表達方式所主張的內容。在某些情況下，應該可以幫助我們理解論文所主張的證據。要理解並習慣虛無假設、對立假設、顯著水準等做法，或許需要花上一些時間。在使用的過程中也會有所瞭解，希望能從中弄清楚更多的問題。

本書對於各種檢定的介紹，**在Point中只介紹檢定統計量所服從的分布，在問**

題中會具體規定顯著水準的值，並舉例說明。本來也考慮過把檢定的判定法寫成手冊，但出於對讀者實力的信賴，最後仍決定採用這樣的寫法。

內曼和皮爾森建立的假設檢定

本章所介紹的假設檢定理論，是由內曼和伊根・皮爾遜完成的。卡爾・皮爾森提出適合度檢定，費雪提出變異數分析，可以說他們充分地理解並應用了檢定原理。但是，卡爾・皮爾森和費雪都對為什麼要選擇特定的檢定統計量這個問題漠不關心。

內曼和伊根・皮爾森針對這類問題提出了理論，他們兩人將本章將要介紹的虛無假設、對立假設、拒絕域、型一錯誤、型二錯誤、顯著水準、檢定力等用語與理論同時進行整理。

「確定假設的母數可取的範圍，當顯著水準固定時，應該決定拒絕域，盡可能地增加檢定力。」

內曼和皮爾森提出了假設檢定的方向。就像上面提到的「假設的母數（參數）」一樣，內曼和皮爾森提出的假設檢定，是透過對母體設定機率分布來進行檢定，所以稱為有母數檢定。

 ★  ★★★★★  ★★★★★

01 檢定的原理和步驟

針對初次學習檢定的人說明原理和步驟。

Point

發生不太可能發生的事件時，就質疑假設

檢定的步驟

（1）建立虛無假設和對立假設

（2）基於虛無假設，計算實際發生事件的機率

（3）機率在p以下 → 拒絕虛無假設。在顯著水準p之下採納對立假設

機率大於p → 接受（採納）虛無假設

Business 檢定歲末的抽獎是否有詐

假設你走在街上，看見一名身高接近2公尺的男性，你在心中猜想那個人是不是外國人。日本成年男性的平均身高約為170公分，和2公尺的身高相比簡直有天壤之別，所以你才會認為對方不是日本人，這就是**檢定的原理**。換言之，當發生機率很小的事件時（成年人身高為2公尺），可以拒絕作為前提的假設（日本人），得到否定前提的假設（外國人）。下面透過問題來詳細說明。

問題　據說快樂商店街的歲末抽獎，有三分之二的中獎機率。A先生一共抽了三次，結果三次都沒中獎。請用5%的顯著水準來檢定中獎機率是否小於三分之二。

假設真實的中獎機率為θ。

虛無假設（null hypothesis）、**對立假設**（alternative hypothesis）分別為：

$$\text{虛無假設} H_0：\theta=\frac{2}{3} \qquad \text{對立假設} H_1：\theta<\frac{2}{3}$$

一般都是以這種方式，用H_0表示虛無假設、H_1表示對立假設。

根據虛無假設，抽一次沒有中獎的機率為$1-\frac{2}{3}=\frac{1}{3}$。

因此，三次全部落空的機率為$\frac{1}{3}\times\frac{1}{3}\times\frac{1}{3}=\frac{1}{27}=0.037$。

在虛無假設H_0正確的假設下，計算實際發生的事件會以多大的機率發生，就是這個機率。

因為3.7%是非常小的機率，所以對於虛無假設H_0產生質疑。

判斷機率是否太小的分界線為顯著水準的值，從這個問題來看，顯著水準為5%。3.7%比5%還小，因此我們可以認為虛無假設H_0錯誤，對立假設H_1正確。統計上是以**拒絕虛無假設**（reject），**採納對立假設**來表示。

這樣得到的結論，包括作為判斷基準的5%（**顯著水準**，significance level），可以用「**在5%的顯著水準下，可以認為中獎機率小於三分之二**」這樣的方式來表達。5%這個基準經常用來作為檢定的標準，如果想要更加慎重（例如醫療統計）的話，也可以將這個值設定得更低。

注意接受（採納）虛無假設時的解釋

上面的例子正好可以拒絕虛無假設，不過當根據虛無假設計算出來的機率值大於顯著水準時，就不能拒絕虛無假設。遇到這種情況時，我們可以說**採納**或**接受虛無假設**，英語是accept。

即使採納虛無假設，也只是代表現實中發生事件的機率比較大，並不是強烈地肯定虛無假設，因此用接受來表示，比起採納更能充分地表達其中含義。

從上面的問題設定來看，採納虛無假設時，正確的表達方式為**「不能認為『中獎機率小於三分之二』」**。「可以認為『中獎機率大於三分之二』」這是言過其實的錯誤表達方式。

難易度 ★★　實用 ★★★★★　考試 ★★★★

02 檢定統計量

每個檢定使用的統計量都不同，本節針對檢定的結構進行說明。

Point

用來計算實現值機率的工具

把從母體抽出的樣本值視為隨機變數X_1、X_2、……、X_n。

為了檢定母體的參數（母數），根據X_1、X_2、……、X_n計算出來的隨機變數$T(X_1, X_2, \ldots, X_n)$稱為**檢定統計量**（test statistic）。為了檢定母數，使用檢定統計量T服從的分布，來計算樣本實現值發生的機率。

Business 記憶中的全國平均值是正確的嗎？

想要利用樣本檢定母數，需要計算出檢定統計量。**檢定統計量的計算方法，視母體分布和檢定母數的不同而有所差異。**參加考試之前，必須熟記針對條件已知的檢定統計量進行計算的方法。

讓我們透過問題來說明檢定統計量的計算方法，以及如何使用這個方法進行檢定。下面是**針對大樣本檢定母體平均數**時的問題。

問題　A同學過去曾經調查過書上的記錄，得知全國中學三年級男生的手球投擲平均值為23.3公尺，標準差為5.7公尺。可是在A同學所在的中學，100名三年級男生的手球投擲平均值為24.7公尺。假設標準差的記錄正確無誤，請以5%的顯著水準，檢定A同學記憶中的全國平均值23.3公尺是否正確。

母體是全國中學三年級男生的手球投擲記錄。A同學所在學校的100名男生記錄，可以視為從這個母體中隨機抽出的樣本。判斷樣本平均值大於24.7公尺的機率是否小於5%。

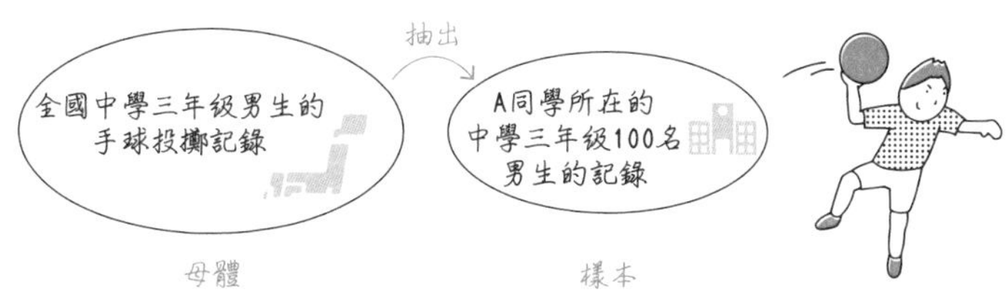

從母體中抽出100個時，將這個值設為獨立隨機變數X_1、X_2、……、X_{100}。此時，樣本平均數$\bar{X}$以

$$\bar{X}=\frac{X_1+X_2+\cdots+X_{100}}{100}$$

來表示，這就是這個檢定的檢定統計量。試求這個$\bar{X}$的機率分布。

將母體的平均值（母體平均數）的真實值設為μ，母體變異數$\sigma^2=5.7^2$。

從母體中抽出的X_i，平均值和變異數為μ、5.7^2，所以根據

$E[X_i]=\mu$、$V[X_i]=5.7^2$（05章01節），$E[\bar{X}]=\mu$，$V[\bar{X}]=\dfrac{5.7^2}{100}$。

假設樣本大小100夠大，根據中央極限定理，我們可以將$\bar{X}$的分布視為常態分布。

換言之，可以認為$\bar{X}$服從$N\left(\mu,\ \dfrac{5.7^2}{100}\right)$。這裡建立虛無假設和對立假設為：

虛無假設H_0：$\mu=23.3$　　　對立假設H_1：$\mu\neq 23.3$

根據虛無假設，$\bar{X}$的分布為$N\left(23.3,\ \dfrac{5.7^2}{100}\right)$。

此時就如右圖所示，試著計算出遠離平均值的部分（左右兩塊著色部分）面積（機率）為5%時，甲和乙的值分別為何。甲為左尾2.5%點，乙為右尾2.5%點。根據常態分布表，可以找出0.025對應的值是1.96。因此丙的長度是標準差$\dfrac{5.7}{10}=0.57$的1.96倍。也可以計算出：

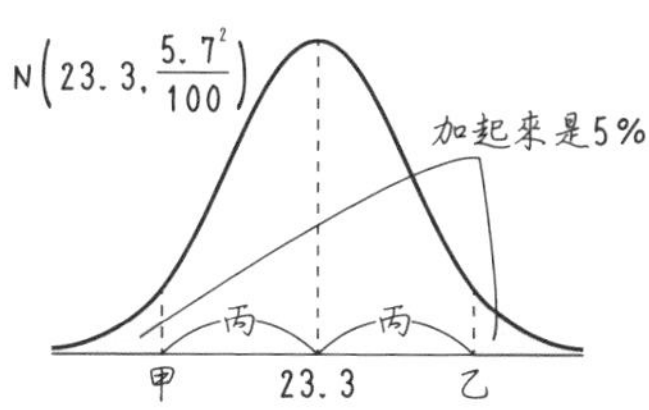

甲$=23.3-1.96\times 0.57=22.2$

乙$=23.3+1.96\times 0.57=24.4$

A同學所在的中學，100名三年級男生的平均值（樣本平均數）24.7大於24.4，落入機率5%的範圍內。換言之，$\bar{X}$大於24.7的機率小於5%，因此拒絕虛無假設

H_0。在5%的顯著水準下，可以認為全國中學三年級男生的手球投擲平均值並非23.3公尺。22.2公尺以下或24.4公尺以上，稱為5%顯著水準時的**拒絕域**。

這個問題的樣本平均數$\bar{x}$為24.7，包括其他情況在內的檢定結果總結如下。

$\bar{x} \leqq 22.2$或$24.4 \leqq \bar{x}$時，拒絕虛無假設H_0

$22.2 < \bar{x} < 24.4$時，　　接受虛無假設H_0

大於22.2、小於24.4的範圍，稱為5%顯著水準的接受域。另外，也可以利用計算$P(\bar{X} \geqq 24.7)$的值，與2.5%比較的方法來檢定。

$P(\bar{X} \geqq 24.7)$的值稱為***p*值**（p-value）。

什麼是雙尾檢定、單尾檢定？

在上面的例子中，拒絕域位於遠離平均值的兩側。這是用來檢定A同學記憶中的平均值「是否正確」。若記憶中的平均值不正確，也就是和真實的平均值不一致時，可以思考：

（1）　（真實的平均值）<（記憶中的平均值）

（2）　（真實的平均值）>（記憶中的平均值）

這兩種情況。在上面的解法中，之所以在遠離平均值的兩側各取2.5%的拒絕域，就是考慮到這兩種情況。

但實際上要如何檢定呢？在題目中，已知A同學所在的中學，三年級男生的平均值（樣本平均數）為24.7，比記憶中的平均值23.3還要大。想要檢定真實的平均值是否比記憶中的平均值「大或小」，這也是人之常情。因此我們把題目改成：

「全國中學三年級男生的手球投擲實際平均值，是否比A同學記憶中的平均值23.3公尺還大，請以5%顯著水準進行檢定。」試著用不同的方式解題。

這時，假設真實的平均值為μ，建立虛無假設和對立假設為：

虛無假設H_0：$\mu = 23.3$　　對立假設H_1：$\mu > 23.3$

在這個情況下，樣本平均數$\bar{X}$的分布同樣服從

$N\left(23.3,\ \dfrac{5.7^2}{100}\right)$，但拒絕域卻和前面不同。

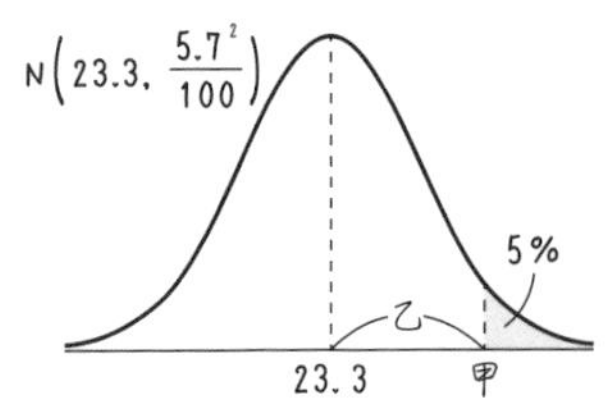

因為這次只考慮對立假設H_1為$\mu > 23.3$這個超出平均值的情況。只有在實際的樣本平均數$\bar{x}$較大時，才會採納對立假設。因此如圖所示，在右尾

面積為5%的條件下，計算甲的值。

根據常態分布表，找出0.05對應的值是1.64，因此乙的長度是標準差$\frac{5.7}{10}$的1.64倍。甲的值為：

$$甲 = 23.3 + 1.64 \times 0.57 = 24.2$$

因此，在5%的顯著水準下，檢定真實的平均值是否比記憶中的平均值還「大」時，拒絕域為24.2以上。實際的樣本平均數為24.7，所以拒絕虛無假設H_0，採納對立假設H_1。

和前面的題目一樣，取拒絕域兩側的檢定稱為**雙尾檢定**；和這個題目一樣，取拒絕域右尾的檢定稱為**右尾檢定**。右尾檢定和**左尾檢定**，合稱**單尾檢定**。

母數θ的檢定，當虛無假設H_0：$\theta = a$（a為常數）時，對立假設H_1和拒絕域的設定方式整理如下。

H_1：$\theta \neq a$　　雙尾檢定

H_1：$\theta > a$　　右尾檢定 ｝單尾檢定

H_1：$\theta < a$　　左尾檢定 ｝

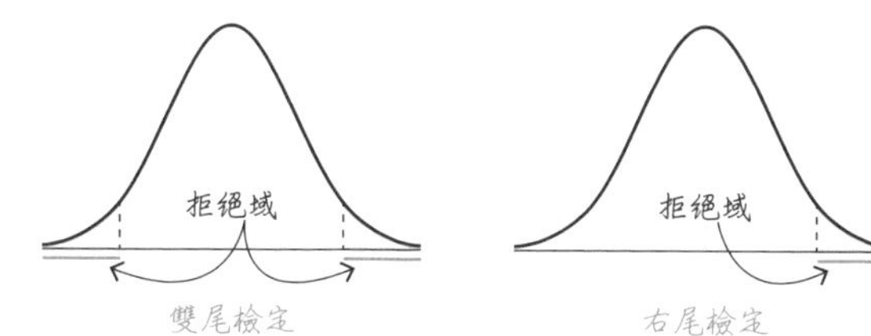

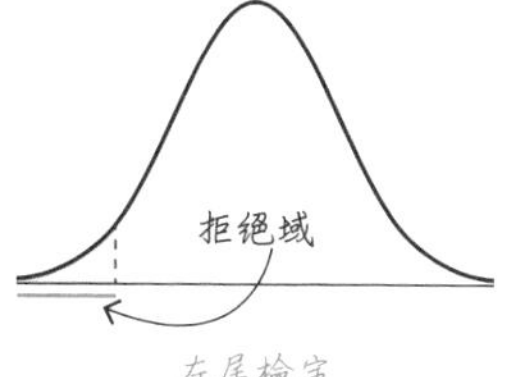

從前面的問題中，我們可以看出符合哪種情況，實際上大多數的題目也多半會明確的表示出來。此外，最初是從雙尾檢定的方向來思考，但在取得資料後卻為了拒絕虛無假設而改成單尾檢定，這樣的做法有違規定，千萬別忘記初心。

難易度 ★★★　實用 ★★　考試 ★★★

03 檢定的錯誤

使用檢定時，瞭解檢定的極限是很重要的一件事。

Point

型一、型二錯誤都無法縮小

- **型一錯誤**（type I error）：虛無假設H_0正確，卻拒絕虛無假設H_0的錯誤。型一錯誤發生的機率稱為**危險率**（等於顯著水準）。
- **型二錯誤**（type II error）：對立假設H_1正確，卻接受虛無假設H_0的錯誤。對立假設H_1正確時，能夠正確拒絕虛無假設H_0的機率，稱為**檢定力**（statistical power）。

計算型一和型二錯誤的機率

	拒絕H_0	接受H_0
H_0正確	型一錯誤	○
H_1正確	○	型二錯誤

像$\mu=a$這種已知母數值為1點的假設，稱為**簡單假設**（simple hypothesis）；像$\mu \neq a$這種已知範圍的假設，稱為**複合假設**（composite hypothesis）。把H_1也作為簡單假設，試著解答計算檢定力的問題。

問題　假設母體服從常態分布，母體變異數σ^2為36。以樣本平均數$\overline{X}$作為檢定統計量，母體平均數μ在5%的顯著水準下，進行單尾檢定。

假設樣本大小為64，虛無假設H_0和對立假設H_1如下。

$$H_0：\mu = 100 \qquad H_1：\mu > 100$$

(1) 試求危險率（型一錯誤發生的機率）α。

(2) 在$\mu = 102$的情況下，試求型二錯誤發生的機率β及檢定力。

（1）在5%的顯著水準下，H_0正確時，錯誤拒絕H_0的機率為5%。發生型一錯誤的機率是5%，所以危險率是5%。由此可見，**危險率總是等於顯著水準**。

（2）首先計算H_0：$\mu=100$的條件下的接受域。

當母體服從常態分布$N(100,\ 36)$時，樣本大小為64的樣本平均數服從常態分布$N\left(100,\ \frac{36}{64}\right)$。平均值為100，標準差為$\frac{3}{4}$。

根據這些數據，接受域為$100+1.64\times\frac{3}{4}=101.23$以下。

$\mu=102$時，樣本平均數$\bar{X}$服從$N\left(102,\ \frac{36}{64}\right)$。以此來計算樣本平均數$\bar{X}$落入接受域的機率。

$(102-101.23)\div\frac{3}{4}=1.027$　根據標準常態分布表，左下圖的色塊部分面積為0.1515。樣本平均數$\bar{X}$落入接受域的機率$\beta=0.1515$（15%）。檢定力是H_1正確時拒絕H_0的機率，所以$1-\beta=0.8485$（85%）。

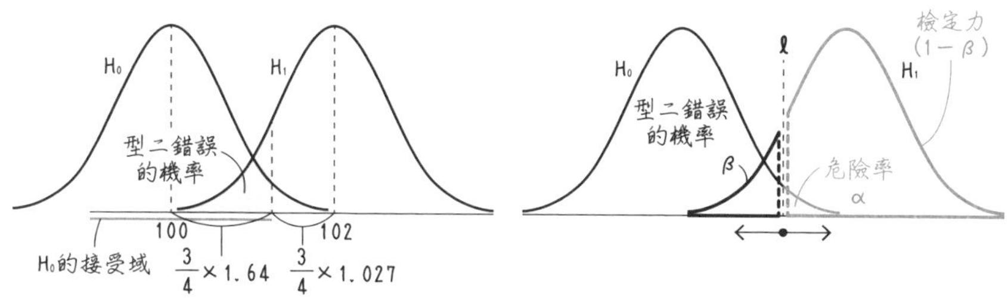

假設型一錯誤的發生機率為α，型二錯誤的發生機率為β。

$$\alpha=\text{顯著水準}=\text{危險率}\qquad \text{檢定力}=1-\beta$$

右上圖的藍色部分為顯著水準（危險率），黑色粗線部分為型二錯誤的機率，藍色粗線部分為檢定力。在H_0、H_1的分布固定的情況下，若往直線ℓ的左邊移動，檢定力$1-\beta$就會增加（β減少），危險率α也會隨之增加。若往右側移動，危險率α就會減少，檢定力$1-\beta$也會隨之減少（β增加）。**危險率和檢定力互為拮抗關係**。在實務上，危險率和檢定力要如何取得折衷是一大問題。

難易度 ★　實用 ★★★★★　考試 ★★★★★

04 常態母體的母體平均數檢定

從本節到09節的內容，常出現在統計檢定2級以上的考題中。

Point

母分散σ^2未知時，使用不偏變異數進行t檢定

當母體服從常態分布$N(\mu,\ \sigma^2)$時，進行母體平均數μ的檢定。假設樣本大小為n，抽出的樣本為X_1、X_2、……、X_n，樣本平均數為$\bar{X}$。

（1）母體變異數σ^2已知時

將$\bar{X}$設為檢定統計量，$\bar{X}$服從$N\left(\mu,\ \dfrac{\sigma^2}{n}\right)$。

或者將$\bar{X}$標準化的$Z=\dfrac{\bar{X}-\mu}{\dfrac{\sigma}{\sqrt{n}}}$服從$N(0,\ 1^2)$。

（2）母體變異數σ^2未知時

$$T=\frac{\bar{X}-\mu}{\dfrac{U}{\sqrt{n}}}=\frac{\bar{X}-\mu}{\sqrt{\dfrac{U^2}{n}}}$$

（U為 $U^2=\dfrac{1}{n-1}\sum_{i=1}^{n}(X_i-\bar{X})^2$ 的平方根）

為檢定統計量，T服從自由度$n-1$的t分布$t(n-1)$。

檢定母體平均數時的檢定統計量計算方法

假設母體分布為常態分布，則稱為**常態母體**。

02節雖然沒有假設母體為常態分布，但由於樣本比較大，根據中央極限定理，$\bar{X}$可以近似常態分布。本節的例子因為是常態母體，所以即使樣本很小，根據常態分布的再生性，$\bar{X}$也服從常態分布。

（2）在母體變異數未知的情況下，將（1）的母體標準差σ替換成不偏變異數U^2的平方根U，取T作為檢定統計量，用t分布$t(n-1)$來取代常態分布。U只可以根據樣本值計算，所以即使不知道母體變異數，也可以進行檢定。

Business 檢定左右來回跳躍的全國平均值

問題 A同學聽說「全國高中一年級男生的左右來回跳躍的統計，平均為43.2次」。於是，他詢問班上16名男生的記錄，計算後得知平均值為47次，不偏變異數為60。針對A同學聽說的全國平均值是否正確，請以5%的顯著水準進行檢定。假設全國的統計服從常態分布。

（1）全國統計的變異數已知為50

（2）全國統計的變異數未知

假設全國統計的分布服從$N(\mu,\ \sigma^2)$。

虛無假設H_0：$\mu=43.2$　　　對立假設H_1：$\mu\neq 43.2$

（1）$\sigma^2=50$，在H_0的假設下，$\mu=43.2$，

大小16的樣本平均數$\bar{X}$服從$N\left(43.2,\ \dfrac{50}{16}\right)$。

在5%的顯著水準下，雙尾檢定時的拒絕域為：

$43.2-1.96\times\dfrac{\sqrt{50}}{\sqrt{16}}=39.7$以下、$43.2+1.96\times\dfrac{\sqrt{50}}{\sqrt{16}}=46.7$以上。$\bar{X}=47$落入拒絕域，所以拒絕$H_0$，可以認為在5%的顯著水準下，$\mu\neq 43.2$。

（2）$n=16$，在H_0的假設下，T服從自由度$16-1=15$的t分布。

$t(15)$的雙尾5%的拒絕域為-2.13以下和2.13以上。

$$T=\frac{\bar{X}-\mu}{\frac{U}{\sqrt{n}}}\leqq -2.13 \quad 或 \quad 2.13\leqq T=\frac{\bar{X}-\mu}{\frac{U}{\sqrt{n}}}$$

單尾2.5%點

將$\bar{X}=47$、$\mu=43.2$、$U=\sqrt{U^2}=\sqrt{60}$、$n=15$代入，得到$T=1.90$，沒有落入拒絕域，所以接受H_0。

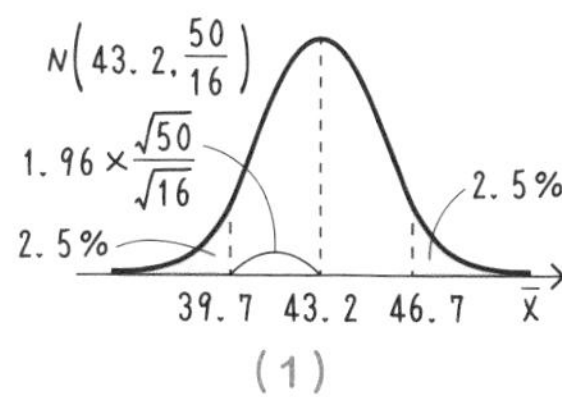

(1)

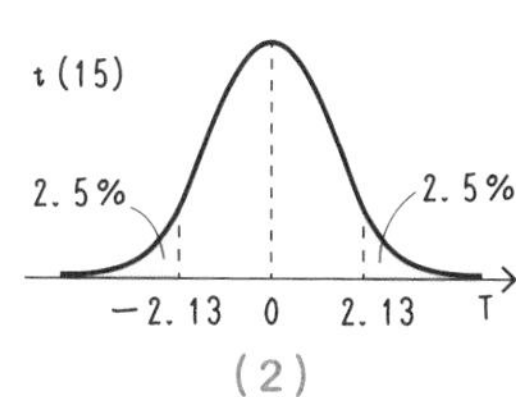

(2)

難易度 ★★　實用 ★★★　考試 ★★★★★

05 常態母體的母體變異數檢定

04節的母體平均數比較重要，參加統計檢定考試的人也要記住母體變異數。

Point

母體平均數μ已知和未知的條件下，卡方分布的自由度不同

當母體服從常態分布$N(\mu,\ \sigma^2)$時，進行母體變異數σ^2的檢定。假設樣本大小為n，抽出的樣本為X_1、X_2、……、X_n，樣本平均數為$\overline{X}$。

(1) 母體平均數μ已知時

$$T=\frac{nS^2}{\sigma^2}$$

為檢定統計量。假設

$$S^2=\frac{1}{n}\{(X_1-\mu)^2+(X_2-\mu)^2+\cdots\cdots+(X_n-\mu)^2\}$$

T服從自由度n的卡方分布$\chi^2(n)$。

(2) 母體平均數μ未知時

$$T=\frac{(n-1)U^2}{\sigma^2}\quad\left(U^2=\frac{\sum_{i=1}^{n}(X_i-\overline{X})^2}{n-1}\right)$$

為檢定統計量。T服從自由度$n-1$的卡方分布$\chi^2(n-1)$。

檢定母體變異數時的檢定統計量計算方法

將X_i標準化的$\frac{X_i-\mu}{\sigma}$服從$N(0,\ 1^2)$，所以$\frac{X_i-\mu}{\sigma}$的平方和

$$T=\left(\frac{X_1-\mu}{\sigma}\right)^2+\left(\frac{X_2-\mu}{\sigma}\right)^2+\cdots+\left(\frac{X_n-\mu}{\sigma}\right)^2=\frac{\sum_{i=1}^{n}(X_i-\mu)^2}{\sigma^2}=\frac{nS^2}{\sigma^2}$$

根據定義，服從自由度n的卡方分布$\chi^2(n)$。當母體平均數**μ已知時**，可以根據樣本值和μ計算出這個統計量。雖然使用S^2整理成如Point的公式，但也可以用**「與母體平均數的偏差」的平方和 ÷ 母體變異數**來記憶。當母體平均數**μ未知時**，

將μ替換成樣本平均數$\bar{X}$，使用不偏變異數U^2計算檢定統計量。

Business 檢定全國握力統計的變異數

問題　B同學聽說「全國中學三年級女生」的握力標準差為5.3公斤。因此，B同學根據班上16名女生的握力資料，以5%的顯著水準進行雙尾檢定，判斷全國握力的標準差是否正確。假設全國的統計服從常態分布。

(1) 已知全國平均為25.8公斤，用它來計算「與全國平均的偏差」的平方和，得到756。

(2) 由於不知道全國平均，因此計算不偏變異數，得到56。

假設全國統計的分布服從$N(\mu,\ \sigma^2)$。

虛無假設H_0：$\sigma^2=5.3^2$　　　對立假設H_1：$\sigma^2\neq 5.3^2$

(1) $\dfrac{nS^2}{\sigma^2}$服從自由度16的$\chi^2(16)$。

5%顯著水準的拒絕域為6.90以下或28.8以上。

假設$nS^2=756$、$\sigma^2=5.3^2$，$T=\dfrac{nS^2}{\sigma^2}=\dfrac{756}{5.3^2}=26.9$，沒有落入拒絕域，所以接受$H_0$。

(2) $\dfrac{(n-1)U^2}{\sigma^2}$服從自由度15的$\chi^2(15)$。

5%顯著水準的拒絕域為6.26以下或27.5以上。

$n=16$、$U^2=56$，$T=\dfrac{(n-1)U^2}{\sigma^2}=\dfrac{(16-1)\times 56}{5.3^2}=29.9$，落入拒絕域，所以拒絕$H_0$。在5%的顯著水準下，可以認為$\sigma^2\neq 5.3^2$。

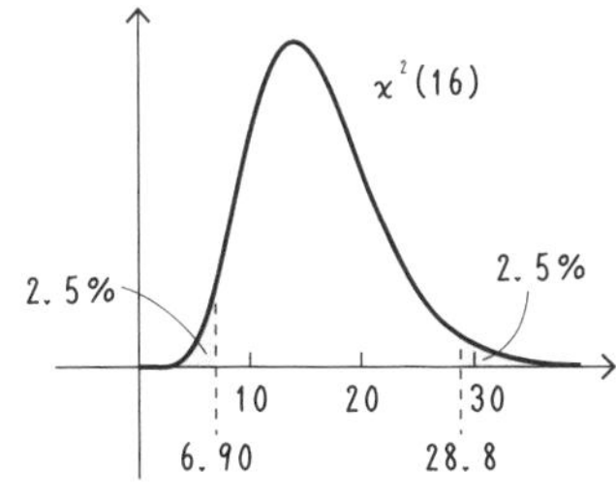

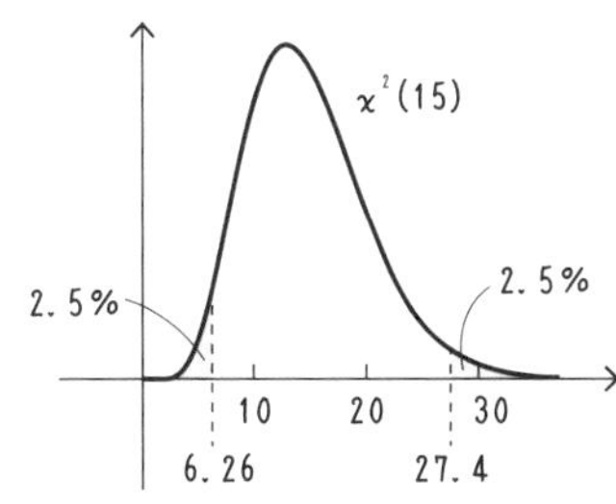

難易度 ★★　實用 ★★★　考試 ★★★★★

06 母體平均數差的檢定（1）

雖然不太實用，但日本統計檢定2級以上會考。

Point

母體變異數未知時的公式非常複雜，但只要知道步驟就能記住

兩個常態母體A、B，分別服從$N(\mu_A,\ \sigma_A{}^2)$、$N(\mu_B,\ \sigma_B{}^2)$，檢定母體平均數是否存在差異。分別從A、B中抽出樣本，假設樣本大小為n_A、n_B，樣本的平均值為$\overline{X}_A$、$\overline{X}_B$。

（1）母體變異數$\sigma_A{}^2$、$\sigma_B{}^2$已知時

$$T=\frac{\overline{X}_A-\overline{X}_B}{\sqrt{\dfrac{\sigma_A{}^2}{n_A}+\dfrac{\sigma_B{}^2}{n_B}}}$$

為檢定統計量。假設$\mu_A=\mu_B$，T服從標準常態分布$N(0,\ 1^2)$。

（2）母體變異數未知，但已知為同質性
（※homoscedasticity，樣本都取自變異數相同的母體）時

假設取自A的樣本的不偏變異數為$U_A{}^2$，取自B的樣本的不偏變異數為$U_B{}^2$。

$$T=\frac{\overline{X}_A-\overline{X}_B}{\sqrt{\left(\dfrac{1}{n_A}+\dfrac{1}{n_B}\right)\dfrac{(n_A-1)U_A{}^2+(n_B-1)U_B{}^2}{(n_A-1)+(n_B-1)}}}$$

為檢定統計量。在$\mu_A=\mu_B$的假設下，

T服從自由度n_A+n_B-2的t分布$t(n_A+n_B-2)$。

檢定母體平均數差時的檢定統計量計算方法

Point的「母體變異數$\sigma_A{}^2$、$\sigma_B{}^2$已知」和「母體變異數未知，但已知是同質性」所使用的檢定統計量是不同的。

根據05章01節，$\overline{X}_A$服從$N\left(\mu_A,\ \dfrac{\sigma_A{}^2}{n_A}\right)$、$\overline{X}_B$服從$N\left(\mu_B,\ \dfrac{\sigma_B{}^2}{n_B}\right)$。

另外，根據常態分布的再生性，$\bar{X}_A-\bar{X}_B$服從$N\left(\mu_A-\mu_B,\ \frac{{\sigma_A}^2}{n_A}+\frac{{\sigma_B}^2}{n_B}\right)$。

將其標準化，假設$\mu_A=\mu_B$，則（1）的檢定統計量為T。

試著計算（2）的檢定統計量T。假設變異數相等，因此在（1）的統計量公式中$\sigma^2={\sigma_A}^2={\sigma_B}^2$。接著，將$\sigma^2$替換為$\sigma^2$的不偏估計量（司徒頓化），得到（2）的檢定統計量公式。

Business 檢定「兩所大學的平均分數有差異」是否顯著

問題　A大學和B大學的所有學生同時參加一項滿分990分的考試。分別從A大學和B大學中隨機抽出樣本，對分數進行調查，結果如下。

	大小	平均分數	不偏變異數
樣本A	30人	760	160^2
樣本B	20人	659	200^2

在這項考試中，A大學的平均分數μ_A，和B大學的平均分數μ_B是否存在差異，分別以（1）和（2）的條件，在5%的顯著水準下，進行雙尾檢定。

（1）已知A大學的標準差為150，B大學的標準差為190

（2）只知A大學和B大學的標準差相等

（1）和（2）的虛無假設和對立假設均為

虛無假設H_0：$\mu_A=\mu_B$　　　對立假設H_1：$\mu_A\neq\mu_B$

（1）$T=\dfrac{760-659}{\sqrt{\dfrac{150^2}{30}+\dfrac{190^2}{20}}}=2.00$　$N(0,\ 1^2)$的右尾2.5%點為1.96，2.00落入拒絕域，因此拒絕H_0。在5%的顯著水準下，可以認為A大學與B大學的平均分數之間存在差異。

（2）$T=\dfrac{760-659}{\sqrt{\left(\dfrac{1}{30}+\dfrac{1}{20}\right)\left(\dfrac{29\times160^2+19\times200^2}{29+19}\right)}}=1.98$　$t(48)$的右尾2.5%點為2.01，1.98落入接受域，因此接受H_0。不能認為「A大學與B大學的平均分數之間存在差異」。

難易度 ★★　實用 ★★★★★　考試 ★★★★★

07 母體平均數差的檢定（2）

有些人認為，差的檢定都用Welch's t檢定就可以了。

Point

單一樣本時，將差視為常態分布

當母體變異數$\sigma_A{}^2$、$\sigma_B{}^2$未知，且未必是同質性時（Welch's t檢定）

假設兩個母體A、B分別服從常態分布$N(\mu_A, \sigma_A{}^2)$、$N(\mu_B, \sigma_B{}^2)$，檢定母體平均數是否存在差異。從A抽出的樣本大小為n_A，平均值為$\bar{X}_A$，不偏變異數為$U_A{}^2$；從B抽出的樣本大小為n_B，平均值為$\bar{X}_B$，不偏變異數為$U_B{}^2$。

$$T=\frac{\bar{X}_A-\bar{X}_B}{\sqrt{\dfrac{U_A{}^2}{n_A}+\dfrac{U_B{}^2}{n_B}}}$$

為檢定統計量。在$\mu_A=\mu_B$的假設下，T服從近似自由度f的t分布。f在這裡為最接近

$$\left(\frac{U_A{}^2}{n_A}+\frac{U_B{}^2}{n_B}\right)^2\Bigg/\left(\frac{1}{n_A-1}\left(\frac{U_A{}^2}{n_A}\right)^2+\frac{1}{n_B-1}\left(\frac{U_B{}^2}{n_B}\right)^2\right)$$

的整數。

單一樣本資料差的檢定

當來自兩個常態母體A、B的樣本互相獨立，以$(x_i, y_i)(i=1, 2, \cdots\cdots, n)$表示時，檢定母體平均數是否存在差異。$d_i=x_i-y_i$，假設$d_i$的平均值為$\bar{D}$，不偏變異數為$U_D{}^2$，則

$$T=\frac{\bar{D}}{\sqrt{\dfrac{U_D{}^2}{n}}}$$

對於d_i，相當於進行04節（2）的檢定。

為檢定統計量。在$\mu_A=\mu_B$的假設下，T服從自由度$n-1$的t分布$t(n-1)$。

貝倫斯－費雪問題非常棘手

當母體變異數未知且不同時，檢定母體平均數的問題，稱為**貝倫斯－費雪問題**（Behrens-Fisher problem），目前還沒有嚴密的檢定方式。因此，這裡使用**Welch's t檢定**作為近似的檢定。這種檢定不對母體變異數加上條件，可以說是萬能的檢定。但是，正因為它是萬能的，所以檢定力比起前一節的檢定還低。

檢定統計量是將前一節（1）的母體變異數$\sigma_A{}^2$、$\sigma_B{}^2$，替換成不偏估計量$U_A{}^2$、$U_B{}^2$來計算。困難的是計算自由度的公式。

針對「兩所大學的平均分數存在差異」進行Welch's t檢定

試著利用和上一節相同的問題進行Welch's t檢定。虛無假設、對立假設為：

$$H_0：\mu_A=\mu_B \qquad H_1：\mu_A\neq\mu_B$$

檢定統計量的值為$T=\dfrac{\bar{X}_A-\bar{X}_B}{\sqrt{\dfrac{U_A{}^2}{n_A}+\dfrac{U_B{}^2}{n_B}}}=\dfrac{760-659}{\sqrt{\dfrac{160^2}{30}+\dfrac{200^2}{20}}}=1.89$

T服從的t分布自由度為：

$$\left(\frac{U_A{}^2}{n_A}+\frac{U_B{}^2}{n_B}\right)^2\Bigg/\left(\frac{1}{n_A-1}\left(\frac{U_A{}^2}{n_A}\right)^2+\frac{1}{n_B-1}\left(\frac{U_B{}^2}{n_B}\right)^2\right)$$

$$=\left(\frac{160^2}{30}+\frac{200^2}{20}\right)^2\Bigg/\left(\frac{1}{30-1}\left(\frac{160^2}{30}\right)^2+\frac{1}{20-1}\left(\frac{200^2}{20}\right)^2\right)=34.55$$

最接近34.55的整數是35，所以假設檢定統計量T服從近似自由度35的t分布。$t(35)$的5%顯著水準的拒絕域為－2.03以下、2.03以上。

檢定統計量的值(1.89)沒有落入拒絕域，所以接受H_0不能認為「A大學與B大學的平均分數之間存在差異」。

利用單一樣本資料差的檢定求得減肥效果

例如，有一組50人減肥前的體重(x_i)和減肥後的體重(y_i)資料，這時使用單一樣本資料差的檢定，來調查減肥的效果如何。這種情況不能使用上一節的母體平均數差的檢定。因為x_i和y_i有相關關係，減肥效果會受到個人差異所吸收。

難易度 ★　實用 ★★★★★　考試 ★★★★★

母體比例差的檢定

屬於日本統計檢定2級的範圍。

Point

用常態分布近似二項分布取差

假設母體A、B的分布分別服從伯努利分布$Be(p_A)$、$Be(p_B)$，檢定p_A和p_B是否存在差異。

從母體A中抽出的樣本大小為n_A，樣本平均數為$\bar{X}$

從母體B中抽出的樣本大小為n_B，樣本平均數為$\bar{Y}$

則檢定統計量如下：

$$T=\bar{X}-\bar{Y}$$

在$p_A=p_B$的假設下，T近似服從下列分布：

$$N\left(0,\ p(1-p)\left(\frac{1}{n_A}+\frac{1}{n_B}\right)\right) \qquad \left(p=\frac{n_A\bar{X}+n_B\bar{Y}}{n_A+n_B}\right)$$

母體比例差的檢定原理

當母體A的分布服從伯努利分布$Be(p_A)$時，樣本平均數$\bar{X}$近似服從常態分布$N\left(p_A,\ \frac{p_A(1-p_A)}{n_A}\right)$。同樣地，樣本平均數$\bar{Y}$服從$N\left(p_B,\ \frac{p_B(1-p_B)}{n_B}\right)$。

假設$p_A=p_B(=p)$，$E[T]=p_A-p_B=0$

$$V[T]=\frac{p_A(1-p_A)}{n_A}+\frac{p_B(1-p_B)}{n_A}=p(1-p)\left(\frac{1}{n_A}+\frac{1}{n_B}\right)$$

根據常態分布的再生性，T服從常態分布$N\left(0,\ p(1-p)\left(\frac{1}{n_A}+\frac{1}{n_B}\right)\right)$。

p的估計值，使用樣本平均數的實現值$\bar{x}$、$\bar{y}$，以

$$p=\frac{n_A\bar{x}+n_B\bar{y}}{n_A+n_B}\left(=\frac{[1\text{的次數合計}]}{[\text{樣本大小合計}]}=(\text{在全體樣本中的比例})\right)$$

來檢定。

Business 檢定A市和B市汽車持有率的差異

問題　針對A市和B市的家庭汽車持有率實施問卷調查。A市的200戶家庭中有90戶持有汽車；B市的150戶家庭中有50戶持有汽車。在5%的顯著水準下，檢定A市和B市汽車持有率的差異。

假設A市和B市的汽車持有率為p_A、p_B。虛無假設和對立假設為：

虛無假設H_0：$p_A=p_B$　　對立假設H_1：$p_A \neq p_B$

$$n_A=200、\bar{x}=\frac{90}{200}=0.450、n_B=150、\bar{y}=\frac{50}{150}=0.333$$

$$n_A\bar{x}+n_B\bar{y}=90+50=140、p=\frac{n_A\bar{x}+n_B\bar{y}}{n_A+n_B}=\frac{140}{350}=0.40$$

$$p(1-p)\left(\frac{1}{n_A}+\frac{1}{n_B}\right)=0.40(1-0.40)\left(\frac{1}{200}+\frac{1}{150}\right)=0.0028$$

在$p_A=p_B$的條件下，$T=\bar{x}-\bar{y}$近似服從$N(0,\ 0.0028)$。如果將其標準化為

$Z=\dfrac{\bar{X}-\bar{Y}}{\sqrt{0.0028}}$，則$Z$近似服從$N(0,\ 1^2)$。樣本在這個情況下，因為

$Z=\dfrac{\bar{x}-\bar{y}}{\sqrt{0.0028}}=\dfrac{0.450-0.333}{\sqrt{0.0028}}=2.21>1.96$，所以拒絕$H_0$。

可以認為在5%的顯著水準下，A市和B市的汽車持有率存在差異。

母體比例差的檢定與獨立性的檢定相同

把上面的問題整理成2×2的交叉資料表，如右表所示。為了進行獨立性檢定（07章02節），計算2×2的卡方統計量T，得到：

	持有	未持有
A	90	110
B	50	100

$$T=\frac{350\times(90\cdot100-110\cdot50)^2}{140\cdot210\cdot200\cdot150}=4.86>3.84$$

可以認為在5%的顯著水準下並非獨立。在這個例子中，$Z^2 \fallingdotseq T$成立，但如果用文字式計算的話，可以確定Z^2和T總是相等。

根據定義，當$Z\sim N(0,\ 1^2)$時，$Z^2\sim\chi^2(1)$，**母體比例差的檢定和2×2的獨立性檢定皆為相同內容的檢定**。

難易度 ★ 實用 ★★★★★ 考試 ★★★★★

變異數同質性檢定

只要用F分布記住變異數比的檢定，就能涵蓋變異數分析。

Point

將不偏變異數的比值代入F分布

檢定常態母體A、B的母體變異數是否相等。假設母體變異數分別為$\sigma_A{}^2$、$\sigma_B{}^2$，從A抽出的樣本大小為m，不偏變異數為$U_A{}^2$；從B抽出的樣本大小為n，不偏變異數為$U_B{}^2$。

$$T=\frac{U_A{}^2}{U_B{}^2}$$

檢定統計量如上所示。在$\sigma_A{}^2=\sigma_B{}^2$的假設下，$T$服從自由度$(m-1,\ n-1)$的$F$分布$F(m-1,\ n-1)$。

用F分布檢定變異數比的變異數同質性檢定

當樣本服從兩個常態母體時，用**變異數同質性檢定**來檢定樣本的母體變異數是否相等。

使用05節（2）的公式，$\dfrac{(m-1)U_A{}^2}{\sigma_A{}^2}$服從自由度$m-1$、$\dfrac{(n-1)U_B{}^2}{\sigma_B{}^2}$服從自由度$n-1$的卡方分布。因此，

$$\frac{\dfrac{(m-1)U_A{}^2}{\sigma_A{}^2}\Big/(m-1)}{\dfrac{(n-1)U_B{}^2}{\sigma_B{}^2}\Big/(n-1)}=\frac{\left(\dfrac{U_A{}^2}{\sigma_A{}^2}\right)}{\left(\dfrac{U_B{}^2}{\sigma_B{}^2}\right)}$$

服從自由度$(m-1,\ n-1)$的F分布$F(m-1,\ n-1)$。

假設虛無假設、對立假設為：

$$H_0：\sigma_A{}^2=\sigma_B{}^2 \qquad H_1：\sigma_A{}^2\neq\sigma_B{}^2$$

根據H_0，$\dfrac{U_A{}^2}{U_B{}^2}$服從$F(m-1,\ n-1)$。

由此可見，**變異數（不偏變異數）的比例，可以用F分布來檢定**。

這與09章的變異數分析也息息相關。

Business 針對男女的考試結果進行變異數同質性檢定

問題　有3,000名男生和2,000名女生參加滿分為100分的考試。從參加考試的男生中隨機抽出30人，從女生中隨機抽出20人，計算男生和女生的樣本變異數，得到男生為268，女生為113。請以5%的顯著水準，檢定男女的母體變異數是否相等。

假設男生和女生的樣本變異數為$S_A{}^2$、$S_B{}^2$，不偏變異數為$U_A{}^2$、$U_B{}^2$，

$$U_A{}^2 = \frac{30S_A{}^2}{29} = \frac{30\times268}{29} \qquad U_B{}^2 = \frac{20S_B{}^2}{19} = \frac{20\times113}{19}$$

$$T = \frac{U_A{}^2}{U_B{}^2} = \frac{30\times268\times19}{29\times20\times113} = 2.33$$

男生和女生的母體變異數為$\sigma_A{}^2$、$\sigma_B{}^2$。虛無假設、對立假設為：

$$H_0 : \sigma_A{}^2 = \sigma_B{}^2 \qquad H_1 : \sigma_A{}^2 \neq \sigma_B{}^2$$

根據H_0，檢定統計量T服從$F(29, 19)$。

$F(29, 19)$的左尾2.5%點為0.448，$F(29, 19)$的右尾2.5%點為2.40。由此可知，顯著水準5%的拒絕域為0.448以下、2.40以上。T值為2.33，所以接受虛無假設H_0。「在5%的顯著水準下，不能認為男生和女生的變異數有所差異」。

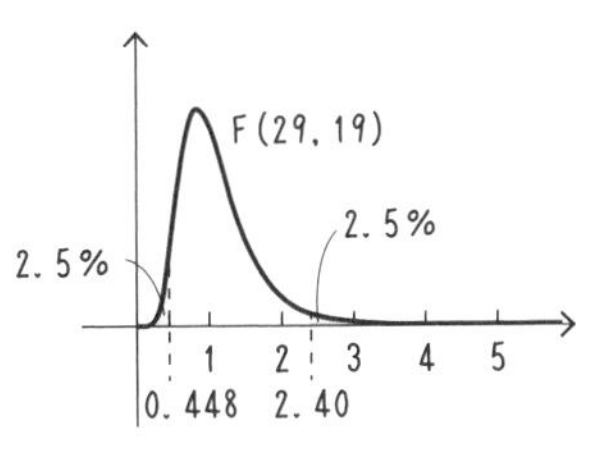

〔$F(29, 19)$的計算方法〕

在表格中找不到$F(29, 19)$的分布值，所以這裡用Excel來計算。

Excel的函數F.INV能夠針對色塊部分的機率（甲）輸出刻度（乙）。

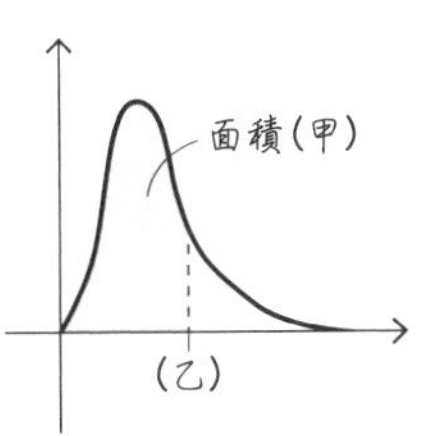

=F.INV(0.025, 29, 19)

=F.INV(0.975, 29, 19)

將這些函數輸入儲存格後按下Enter鍵，計算出左尾2.5%點和右尾2.5%點。

Column

醫療現場所進行的檢定

醫療資訊的證據就是檢定。在新藥開發的過程中，若想調查藥物的有效性，就必須收集具有相同條件的臨床試驗者，將其隨機分為服用藥物的人（實驗組）和服用安慰劑的人（對照組），以進行差異檢定。這種調查方法稱為隨機對照試驗（randomized controlled trial，RCT），常用於醫療領域和經濟領域。根據內曼－皮爾森的檢定理論，用RCT作為證據最值得信賴。其次值得信賴的證據，是基於醫療判斷，從實施治療的人和沒有實施治療的人的資料中取得的世代研究（cohort study）。因為是有目的性地選擇患者，也有可能會出現臨床試驗者的條件不完整的情況，所以作為統計資料略遜於RCT。

即使是RCT不錯的統計資料，將一組癌症患者隨機分為實施和不實施療法A的人，調查其生存機率，這樣的做法也不切實際。觀察治療過程，如果治療沒有效果，就嘗試其他治療方法；如果療法A給患者帶來身體上的負擔，有時也會中止使用療法A。

理查德・皮特（Richard Peto）主張，即使在觀察的過程中改變治療方法，也要按照最初的分類方式，統計資料並進行檢定，這種解決方法稱為ITT（intention-to-treat）分析，當目的是找出不同的治療效果時，可以使用ITT分析。只按照臨床試驗實施計劃書取出案例，進行資料整理時排除中途改變治療方法的人，這種做法稱為per-protocol分析。ITT分析和per-protocol分析可說是相輔相成的資訊。

在臨床試驗中確認癌症的新療法時，計劃實驗的目的是表示與其他標準治療方法具有相同的效果。本章的01節曾經提到一項原則，那就是即便接受虛無假設H_0，也不能強烈主張H_0，然而接受虛無假設對於臨床卻具有非常重要的意義。

Chapter 07

無母數檢定

什麼是無母數檢定？

06章04節到09節的檢定中，是假設母體服從常態分布，通過增加樣本大小，使樣本（平均值）服從常態分布來進行檢定。

然而，**假使母體不符合常態分布的假設，或者資料為質的資料時**，就無法用這種方式進行檢定。為了因應這種情況，因此設計出無母數檢定來進行檢定。

舉例來說，如果母體資料為類別資料（by名目尺度）或順序資料（by順序尺度）的話，那麼便不存在常態分布或卜瓦松分布等機率分布。只要利用無母數檢定，即使遇到這類情況，也可以檢定分布是否存在差異。

此外，無母數檢定對於**比例尺度或等距尺度這類具有離群值的資料**也有效。若存在離群值，那麼在06章介紹過的有母數檢定的檢定力就會下降，不過用無母數檢定來進行檢定的話，就沒有檢定力下降的問題。即使是比例尺度和等距尺度的資料，也必須先將資料轉換為順序資料，然後再使用無母數檢定。

習慣有母數檢定的人，可能會對於不假設分布就能計算機率的做法感到不可思議。能夠利用無母數檢定來計算機率的訣竅，就在於將母體視為順序集合。只根據順序和大小計算統計量，以計算樣本實現值發生的機率。

無母數檢定的種類

各種無母數檢定的方法，根據資料屬於類別資料或量的資料、順序資料，組的個數為兩組或多組（組個數3個以上），資料是否成對（是否為成對樣本），對無母數檢定進行整理，如下頁表格所示。

在量的資料和順序資料的表格中，用藍字填寫「檢定平均數差的有母數檢定」以作為參考。我們可以用無母數檢定來代替這些有母數檢定。這裡需要注意的是，**有母數檢定所檢定的是差的平均值是否相等，而無母數檢定所檢定的是分布是否存在差異**。

Kruskal-Wallis檢定是成對樣本的單因子變異數分析的無母數版；Friedman檢定是單一樣本的單因子變異數分析的無母數版。

類別資料

樣本 組數	成對	單一
兩組	獨立性檢定（2×2） 費雪精確檢定（小樣本）	McNemar檢定
多組	適合度檢定 獨立性檢定	Cochran的Q檢定

量的資料、順序資料

樣本 組數	成對	單一
兩組	Mann-Whitney的U檢定 母體平均數差的檢定 （06章06、07節）	Wilcoxon符號等級檢定 符號檢定 母體平均數差的檢定 （06章07節）
多組	Kruskal-Wallis檢定 單因子變異數分析 （09章02節）	Friedman檢定 單一樣本的單因子變異數分析（09章03節）

（藍字為有母數檢定）

難易度 ★ 實用 ★★★★★ 考試 ★★★★★

01 適合度檢定

不但實用，在統計檢定考試中也很常考。讓我們透過應用例子來記住其步驟和結構。

Point

檢定統計量 $\Sigma \frac{(\text{觀測次數}-\text{期望次數})^2}{\text{期望次數}}$ 服從卡方分布

母體的個體屬性分為k個，將其設為A_1、A_2、……、A_k。當樣本大小為n時，將各屬性的個數設為：

X_1、X_2、……、$X_k\left(\sum_{i=1}^{k} X_i = n\right)$。

下面的T作為檢定統計量，檢定母體的分布是否適合模型。根據母體中具有屬性A_i的個體比例p_i的假設，

$$T=\frac{(X_1-np_1)^2}{np_1}+\frac{(X_2-np_2)^2}{np_2}+\cdots\cdots+\frac{(X_k-np_k)^2}{np_k}$$

近似服從自由度$k-1$的卡方分布$\chi^2(k-1)$。

	A_1	A_2	…	A_k	總計
觀測次數	X_1	X_2	…	X_k	n
期望次數	np_1	np_2	…	np_k	n

※如果np_i小於1，或者超過20%的i（屬性）的np_i小於5，就不能使用這個檢定，因為用χ^2分布近似T時的誤差較大。

Business 檢定是否為公正的骰子

在**適合度檢定**（goodness of fit test）中，檢定是否適合以母體作為模型的分布。n個樣本中，預期屬性為A_i的個數，為以n乘以$P(A_i)=p_i$得到的np_i。np_i就是所謂的**期望次數**（expected value）。使用這個值和隨機變數X_i的**實現值**（**觀測次數**，observed value）x_i，檢定統計量T的計算如下。

$$T=\sum\frac{(\text{觀測次數}-\text{期望次數})^2}{\text{期望次數}}$$

問題　擲四面體的骰子（點數為1～4）80次，得到結果如下。用5%的顯著水準，檢定這個骰子每個點數的出現機率是否相等（是否為公正骰子）。

	1	2	3	4	總計
次數	14	23	27	16	80

假設擲出i點的機率為p_i。虛無假設H_0和對立假設H_1為：

$$H_0: p_1=p_2=p_3=p_4=\frac{1}{4} \quad H_1: p_i \neq p_j \text{（}H_1\text{為}H_0\text{的否定）}$$

根據H_0計算T值。

樣本大小n為$n=80$，$p_i=\frac{1}{4}$，所以$np_i=20$。這是根據H_0計算出來的1、2、3、4點出現次數的期望值，代表80次中各出現20次。這是基於H_0的假設下的理論值（期望次數）。**在進行手工計算時，最好把這些都填入表格內。**

	1	2	3	4	總計
次數（觀測次數）	14	23	27 (x_3)	16	80
次數（期望次數）	20	20	20 (np_3)	20	80

以點數1為例，代入式子得到：

$$\frac{(\text{觀測次數}-\text{期望次數})^2}{\text{期望次數}}=\frac{(14-20)^2}{20}$$

如果把點數1、2、3、4加總起來，則

$$T=\frac{(x_1-np_1)^2}{np_1}+\frac{(x_2-np_2)^2}{np_2}+\frac{(x_3-np_3)^2}{np_3}+\frac{(x_4-np_4)^2}{np_4}$$
$$=\frac{(14-20)^2}{20}+\frac{(23-20)^2}{20}+\frac{(27-20)^2}{20}+\frac{(16-20)^2}{20}=5.5$$

根據H_0，T服從自由度$4-1=3$的卡方分布$\chi^2(3)$。

由於觀測次數與期望次數一致時$T=0$，為了拒絕H_0，用較大的T進行單尾檢定。

當T服從$\chi^2(3)$時，$P(7.81 \leqq T)=0.05$，此時拒絕域為$7.81 \leqq T$。因為$T=5.5$，所以接受虛無假設。

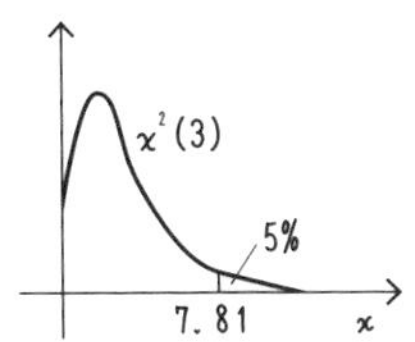

難易度 ★　實用 ★★★★★　考試 ★★★★★

02 獨立性檢定（2×2的交叉資料表）

不想背誦公式的人，可以利用次節的一般理論來解決。

Point

T的分母為四次式，分子為三次式

資料整理在2×2的交叉資料表中。

	B_1	B_2	總計
A_1	a	b	$a+b$
A_2	c	d	$c+d$
總計	$a+c$	$b+d$	n

$n=a+b+c+d$

檢定表側的屬性和表頭的屬性是否獨立。在假設獨立的前提下，

$$T=\frac{n(ad-bc)^2}{(a+c)(b+d)(a+b)(c+d)}$$

服從自由度1的卡方分布$\chi^2(1)$。

Business 檢定入學考試對性別是否公平

在東京某醫科大學的入學考試中，男女的合格者和不合格者如下表所示。試著以這個例子進行獨立性檢定。

	合格者	不合格者	總計
男生	132	541	673
女生	68	378	446
總計	200	919	1,119

男生的合格率為$132\div673=0.1961$，約19.6%

女生的合格率為$68\div446=0.1524$，約15.2%

因此可以認為男生的合格率偏高。如果參加考試的男女程度相同，那麼男女的合格率也必須相同。可是，實際的合格率卻有4.4%的差距。

這個合格率的差異，究竟是統計上的分布，抑或有其他特殊的情況，請試著進行檢定。

檢定統計量T的值為：

$$T=\frac{1119(132\cdot378-541\cdot68)^2}{200\cdot919\cdot673\cdot446}=3.49$$

虛無假設和對立假設如下。

H_0：男女的合格率沒有差異（男女的合格率是獨立的）

H_1：男女的合格率存在差異（男女的合格率並非獨立）

根據H_0（男女的合格率是獨立的）的描述，T服從自由度1的卡方分布$\chi^2(1)$。

當合格率相同時，在T的計算式中，$ad-bc=0$，因此$T=0$。如果偏離獨立，T值就會變大，所以用T較大的數字進行單尾檢定。$\chi^2(1)$的右尾5%點為3.84，因此拒絕域在3.84以上。

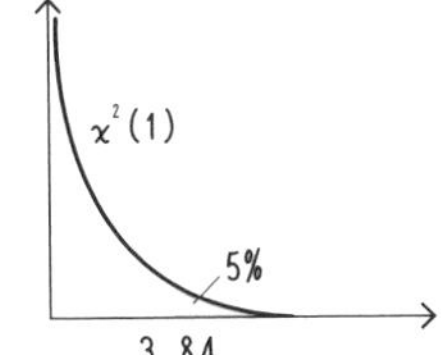

以這個考試為例，由於$T=3.49$，不拒絕H_0。換言之，這種程度的合格率差異，屬於統計上的誤差。

觀測次數較小時就修正檢定統計量

在2×2的交叉資料表中，若a、b、c、d中的任一個小於10的時候，最好將檢定統計量T設為：

$$T=\frac{n\left(|ad-bc|-\frac{n}{2}\right)^2}{(a+c)(b+d)(a+b)(c+d)}$$

來計算比較好。這是$k\times\ell$交叉資料表的獨立性檢定（本章03節），以下式計算：

$$\Sigma\frac{(\text{觀測次數}-\text{期望次數})^2}{\text{期望次數}}\text{取代}\Sigma\frac{(|\text{觀測次數}-\text{期望次數}|-0.5)^2}{\text{期望次數}}$$

此稱為**葉氏校正**（Yates's correction）。

★★★★★

★★★★★

★★★★★

03 獨立性檢定（$k \times l$的交叉資料表）

檢定統計量和適合度檢定的做法相同，只需記住自由度的計算方法。

Point

檢定統計量$\Sigma \dfrac{(\text{觀測次數}-\text{期望次數})^2}{\text{期望次數}}$服從$\chi^2$分布

資料整理在$k \times l$的交叉資料表中。

	B_1	$\cdots$	B_l	總計
A_1	x_{11}	$\cdots$	x_{1l}	a_1
$\vdots$	$\vdots$	$\ddots$	$\vdots$	$\vdots$
A_k	x_{k1}	$\cdots$	x_{kl}	a_k
總計	b_1	$\cdots$	b_l	n

表頭（$B_1 \cdots B_l$）　表側（$A_1 \cdots A_k$）

根據這些資料，設$y_{ij}=\dfrac{a_i b_j}{n}$。$x_{ij}$稱為**觀測次數**（observed value），y_{ij}稱為**期望次數**（expected value）。檢定表側的A_1、……、A_k和表頭的B_1、……、B_l是否獨立。在假設獨立的前提下，檢定統計量

$$T=\sum_{\substack{1\leq i\leq k\\1\leq j\leq l}}\frac{(x_{ij}-y_{ij})^2}{y_{ij}}\qquad\left(\Sigma\frac{(\text{觀測次數}-\text{期望次數})^2}{\text{期望次數}}\right)$$

近似服從自由度$(k-1)(l-1)$的卡方分布$\chi^2((k-1)(l-1))$。

若T以$k=2$、$l=2$來計算，與上一節的T一致。

※如果y_{ij}小於1，或者表中超過20%的y_{ij}小於5，就不能使用這個檢定，這是因為用χ^2分布近似T時的誤差較大。

Business 檢定不同世代喜歡的歌曲類型是否存在差異

	演歌	爵士樂	流行音樂	總計
年輕人	11	17	72	100
中年人	49	73	78	200
總計	60	90	150	300

試著用具體的例子來計算T。讓100名年輕人、200名中年人從演歌、爵士樂、流行歌曲中，選擇一種喜歡的歌曲類型，結果如上一頁的表格所示。試著檢定年輕人和中年人在喜歡的歌曲類型上是否存在差異。

針對資料製作期望次數的表格，例如（年輕人，演歌），就是$60\times100\div300=20$。其他項目也用相同的方式計算，結果如下。

	演歌	爵士樂	流行音樂	總計
年輕人	20	30	50	100
中年人	40	60	100	200
總計	60	90	150	300

根據表格計算T，

$$T=\frac{(11-20)^2}{20}+\frac{(17-30)^2}{30}+\frac{(72-50)^2}{50}+\frac{(49-40)^2}{40}+\frac{(73-60)^2}{60}+\frac{(78-100)^2}{100}$$

$$=29.045$$

建立虛無假設和對立假設：

H_0：年輕人和中年人對歌曲類型的喜好相同

H_1：年輕人和中年人對歌曲類型的喜好不同

在虛無假設H_0（表側和表頭獨立）的假設下，T服從自由度$(2-1)(3-1)=2$的卡方分布$\chi^2(2)$。

當已知總計欄位的值時，假設表側和表頭是獨立的，計算出表格中的值，就是期望次數。從T的式子中可以看出，**如果觀測次數大大偏離期望次數，那麼T值就會變大**。在虛無假設H_0（表側和表頭獨立）之下，T值會變小，所以取拒絕域較大的資料進行單尾檢定。

根據卷末的「χ^2分布表」（294頁），得知5%顯著水準下的$\chi^2(2)$拒絕域為5.99以上，因此拒絕H_0。換句話說，在5%的顯著水準下，年輕人和中年人對歌曲的喜好有所不同。

難易度 ★　實用 ★★★★★　考試 ★★★★★

04 費雪精確檢定

只要使用費雪精確檢定（Fisher's exact test），即使次數很小，也可以檢定交叉資料表的獨立性。

Point

使用多項係數直接計算和檢定機率

	X	*Y*	總計
Z	甲	乙	z
W	丙	丁	w
總計	x	y	n

$n=x+y=z+w$

假設在2×2的交叉資料表中，x、y、z、w、n的值固定。當n個所有組合在相同可能性的條件下分配到甲乙丙丁欄時，甲＝a、乙＝b、丙＝c、丁＝d（a、b、c、d是滿足表格條件的數）的機率P為：

$$P=\frac{x!y!z!w!}{n!a!b!c!d!}$$

在已知總計的情況下，計算交叉資料表的機率

以旅行者將各個旅行計劃分配到交叉資料表為例。假設有n人可以自由選擇甲、乙、丙、丁（例如，X＝往北、Y＝往南、Z＝早上出發、W＝晚上出發）n人中分配給X的有x人，分配給Y的有$n-x$人，這時的組合共有${}_nC_x$種；n人中分配給Z的有z人，分配給W的有$n-z$人，這時的組合共有${}_nC_z$種。

因此總計欄位為x、y、z、w時的數量為：

$${}_nC_x\times{}_nC_z=\frac{n!}{x!(n-x)!}\times\frac{n!}{z!(n-z)!}=\frac{n!\times n!}{x!y!z!w!}\quad\cdots\cdots\quad ①$$

其中甲＝a、乙＝b、丙＝c、丁＝d，將n人分成X和Y之後（到這裡有${}_nC_x$種），選擇X（往北）的人和Z（早上出發）的人，數量共有${}_xC_a$種；選擇Y（往南）和Z（早上出發）的人，數量共有${}_yC_b$種。全部共有：

$${}_nC_x \times {}_xC_a \times {}_yC_b = \frac{n!}{x!(n-x)!} \times \frac{x!}{a!(x-a)!} \times \frac{y!}{b!(y-b)!}$$

□稱為多項係數

$$= \boxed{\frac{n!}{a!c!b!d!}} \text{種} \quad \cdots\cdots \quad ②$$

$n-x=y$

$x-a=c$

$y-b=d$

由上可知，計算的機率P為：

$$P = ② \div ① = \frac{x!y!z!w!}{n!a!b!c!d!}$$

Business 根據少數對戰結果檢定力士的實力差距

力士A、B的成績如右表。

	勝	敗
A	10	2
B	3	5

使用費雪精確檢定，以5%的顯著水準來檢定A力士是否比B力士更具實力。這裡的重點在於，在不改變交叉資料表的總計欄位的情況下，計算發生相同或更極端情況的機率（下表（1)～(3)）。

(1)

	勝	負	計
A	10	2	12
B	3	5	8
計	13	7	20

(2)

	勝	負	計
A	11	1	12
B	2	6	8
計	13	7	20

(3)

	勝	負	計
A	12	0	12
B	1	7	8
計	13	7	20

在A力士和B力士實力相同的虛無假設下，發生（1)～(3）其中之一的機率P為：

$$P = \frac{13!7!8!12!}{20!10!2!3!5!} + \frac{13!7!8!12!}{20!11!1!2!6!} + \frac{13!7!8!12!}{20!12!0!1!7!}$$

$$= \frac{13!7!8!12!}{20!10!2!3!5!} \times \left(1 + \frac{2\cdot 3}{11\cdot 6} + \frac{2\cdot 1\cdot 3\cdot 2}{11\cdot 12\cdot 6\cdot 7}\right)$$

$$= \frac{7\cdot 11}{5\cdot 17\cdot 19} \times \left(1 + \frac{1}{11} + \frac{1}{11\cdot 6\cdot 7}\right) = 0.0521$$

$P > 0.05$，所以接受虛無假設（A力士和B力士的實力相同）。不能認為「在5%的顯著水準下，A力士比B力士更具實力」。

綜上所述，**當次數不多的時候，想要進行交叉資料表的獨立性檢定，可以使用以多項係數直接計算機率的費雪精確檢定**。

難易度 ★　實用 ★★★★★　考試 ★★★★★

McNemar檢定

雖為2×2的交叉資料表的檢定，但與獨立性檢定的狀況不同。

原理是二項分布→常態分布→卡方分布這樣的流程

重複兩次具有A、B兩種結果的試驗，檢定第一次和第二次發生A、B是否存在差異。

第一次＼第二次	A	B
A	a	b
B	c	d

$b+c$夠大時，$T=\dfrac{(b-c)^2}{b+c}$近似服從自由度1的卡方分布$\chi^2(1)$。

McNemar檢定是從忽略相同結果的方向來思考

式子中沒有出現a、d，這裡並沒有錯。**McNemar檢定**（McNemar's test）所檢定的是第一次和第二次是否存在差異，因此可以忽略第一次和第二次結果相同的a和d。不過，在檢定第一次和第二次是否相同時，a、d就變得特別重要。

在McNemar檢定中，$b+c$是固定的，$b+c$次以二分之一的機率分配給(A, B)和(B, A)。換言之，若將(A, B)中的個數設為X，則X服從$Bin\left(b+c,\ \dfrac{1}{2}\right)$。根據04章01節，$X$的平均值$\mu$和變異數$\sigma^2$分別為：

$\mu=E[X]=\dfrac{b+c}{2}$、$\sigma^2=V[X]=\dfrac{b+c}{4}$。

$b+c$足夠大時，$\dfrac{X-\mu}{\sigma}$近似服從$N(0,\ 1^2)$，$\left(\dfrac{X-\mu}{\sigma}\right)^2$近似服從自由度1的卡方分布$\chi^2(1)$。

假設$X=b$或$X=c$，則$\left(\dfrac{X-\mu}{\sigma}\right)^2=\dfrac{(b-c)^2}{b+c}$。

Business 檢定銷售演講是否打動聽眾的心

問題 清潔劑公司A舉辦銷售會，找來80人共襄盛舉。在銷售演講的前後，進行對商品是否有興趣的問卷調查，結果如下。從沒興趣變成有興趣的人，比從有興趣變成沒興趣的人還多。

前＼後	有興趣	沒興趣
有興趣	9	12
沒興趣	24	35

請用5%顯著水準檢定這並非偶然，銷售演講有效。

檢定統計量T為：

$$T=\frac{(24-12)^2}{24+12}=4$$

虛無假設和對立假設為：

H_0：（沒興趣，有興趣）和（有興趣，沒興趣）是以二分之一的機率分配

H_1：（沒興趣，有興趣）和（有興趣，沒興趣）不能平均分配

在虛無假設H_0的條件下，T服從自由度1的卡方分布$\chi^2(1)$。

$\chi^2(1)$的右尾5%點為3.84，因此拒絕域在3.84以上。$T=4$落入拒絕域，所以拒絕H_0，

在5%的顯著水準下，可以認為「銷售演講使得對商品不感興趣的人開始對商品產生興趣」。

$\chi^2(1)$

5%

3.84

06 Cochran的Q檢定

單一樣本多組比例差異的檢定，使用的是類別資料。

Point

Q的分母用B_i、分子用L_i建構

大小n的k維類別資料，使用二元變數$x_i, y_i, \cdots, z_i$整理成下表，檢定各組的平均值是否存在差異。

	個體1	個體2	…	個體n	總計
1組	x_1	x_2	…	x_n	B_1
2組	y_1	y_2	…	y_n	B_2
⋮		……			⋮
k組	z_1	z_2	…	z_n	B_k
總計	L_1	L_2	…	L_n	N

$N=\sum_{i=1}^{n} L_i = \sum_{i=1}^{k} B_i$

各x_i, y_i, z_i的值取0或1

假設各組的平均值（比例）沒有差異，

$\overline{B}=\frac{1}{k}\sum_{i=1}^{k} B_i$

$$Q=\frac{(k-1)\left[k\sum_{i=1}^{k}B_i^2-\left(\sum_{i=1}^{k}B_i\right)^2\right]}{k\sum_{i=1}^{n}L_i-\sum_{i=1}^{n}L_i^2}=\frac{k(k-1)\sum_{i=1}^{k}(B_i-\overline{B})^2}{k\sum_{i=1}^{n}L_i-\sum_{i=1}^{n}L_i^2}$$

近似服從自由度$k-1$的卡方分布$\chi^2(k-1)$。

Business 檢定藝人的人氣是否存在差異

對於單一樣本的多組名目資料，檢定組間是否存在差異。若將名目資料設為0和1的二進位資料，就會變成檢定比例的差異。

藝人事務所J的旗下有7位藝人，下一頁的表格是針對名為蓮、凱特、翔的藝人喜好進行問卷調查的結果。喜歡用1、討厭用0來表示。

	1	2	3	4	5	6	7	**總計**
蓮（1組）	0	1	0	1	0	0	0	2
凱特（2組）	1	1	0	1	0	0	1	4
翔（3組）	0	1	1	0	1	1	1	5
總計	1	3	1	2	1	1	2	11

將蓮、凱特、翔的問卷調查結果分別設為1組、2組、3組。編號1的人，問卷調查結果為(0, 1, 0)，統一對應到1組、2組、3組的值。像上表這種用來檢定單一樣本的多組（類別資料）組間平均（比例）差的方法，就是**Cochran的Q檢定**（Cochran's Q test）。Cochran的Q檢定是單一樣本單因子變異數分析的無母數版。

試著把Q計算出來。$n=7$、$k=3$，表格下方為L_i，表格右邊為B_i。

$$k\sum_{i=1}^{k}B_i^2-\left(\sum_{i=1}^{k}B_i\right)^2=3(2^2+4^2+5^2)-(2+4+5)^2=14$$

$$k\sum_{i=1}^{n}L_i-\sum_{i=1}^{n}L_i^2=3\cdot 11-(1^2+3^2+1^2+2^2+1^2+1^2+2^2)=12$$

$$Q=\frac{(k-1)\left[k\sum_{i=1}^{k}B_i^2-\left(\sum_{i=1}^{k}B\right)^2\right]}{k\sum_{i=1}^{n}L_i-\sum_{i=1}^{n}L_i^2}=\frac{(3-1)\cdot 14}{12}=2.33$$

虛無假設、對立假設為：

H_0：各組的平均值（這裡是各藝人的喜好比例）均相等

H_1：各組平均一對中至少有一個存在差異

在H_0的假設下，Q近似服從自由度$3-1=2$的卡方分布$\chi^2(2)$。在5%的顯著水準下，$\chi^2(2)$的拒絕域在5.99以上。

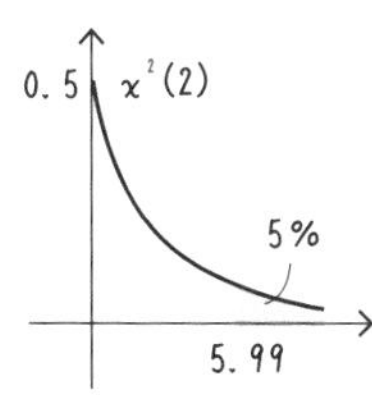

$Q=2.33<5.99$，所以接受虛無假設H_0。

換言之，不能認為「喜歡蓮、凱特、翔其中一人的比例大於其他人」。

難易度 ★　實用 ★★★★★　考試 ★★★★★

Mann-Whitney的U檢定

檢定兩組（量的資料、順序資料）成對樣本的差異。

Point
對kl個組合按大小計數

樣本A為x_1、x_2、……、x_k，樣本B為y_1、y_2、……、y_l，檢定母體是否存在差異，假設A和B沒有相同的值。

兩個樣本合在一起，由小到大依序排列。

對於各x_i，將小於x_i的y_j個數設為a_i，

$$U=\sum_{i=1}^{k}a_i$$

當$k \geqq 20$或$l \geqq 20$時，假設樣本A和樣本B是從相同母體中抽出，U近似服從$N\left(\frac{kl}{2}, \frac{kl(k+l+1)}{12}\right)$。

Business 檢定團隊的銷售業績是否存在差異

Mann-Whitney的U檢定（Mann-Whitney U test）可以處理順序資料。此外，量的資料如果離群值偏多的話，在有母數檢定（06章06、07節）中，對樣本平均數的影響較大，但**只要將資料替換成順序資料，就能像這個檢定一樣，排除離群值的影響**。試著以具體的例子來計算U。

假設團隊A的營業成績（樣本A）為5、8、14、20（件），團隊B的營業成績（樣本B）為3、9、16、17、18（件）。由小到大排列，則

3、⑤、⑧、9、⑭、16、17、18、⑳　……　①

對於5、8、14、20，分別計算樣本B中有幾個比這四個數字更小的值，將其相加為U，如下所示。

$$U=1+1+2+5=9$$

順帶一提，對於3、9、16、17、18，分別計算樣本A中有幾個比這五個數字更小的值，將其相加為U'，$U'=0+2+3+3+3=11$。9和11的和20，和樣本A

的大小4與樣本B的大小5相乘的$4 \times 5 = 20$相等。一般來說，對於每個y_j，若把比y_j還小的x_i個數設為b_j，使$U' = \sum_{j=1}^{\ell} b_j$，則$U + U' = kl$總是成立。

對於任意的i、j，當$x_i < y_j$成立時，$U=0$；對於任意的i、j，當$x_i > y_j$成立時，$U=kl$。假設樣本A、B是從相同母體中抽出，U值以$\frac{kl}{2}$為中心對稱分布。

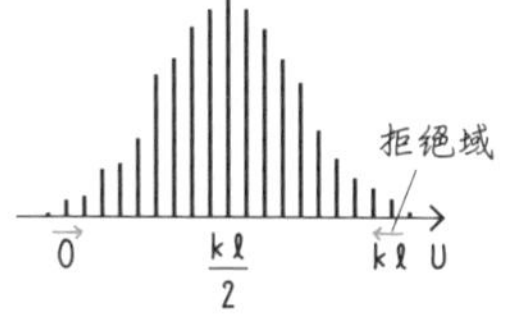

因為$U+U'=kl$，所以用U或U'來檢定都可以。

這裡簡單說明一下$U+U'=kl$成立的理由。(x_i, y_j)的組共有kl個，各組若為$x_i > y_j$，就用U計數；若為$x_i < y_j$，則用U'計數，$U+U'=kl$成立。

在$k \leqq 20$且$l \leqq 20$的情況下，用常態分布近似U時誤差會變大。這時，對於(k, l) $(k \leqq l)$的每一組，從$[0, kl]$的兩端取多大範圍作為拒絕域比較好，均整理在表格（297頁卷末的「Mann-Whitney的U檢定表」中。在雙尾機率為5%的檢定表中，樣本大小為(4, 5)時為1，因此拒絕域為1以下和19以上。$U=9$不小於1，所以可以接受兩個團隊在銷售業績上沒有差異的虛無假設。

與Wilcoxon等級和檢定的關係

Wilcoxon將①的排列順序加在樣本A（樣本B）上，得到$W(W')$的統計量。如下計算，$W=19(W'=26)$。

對於A　　$W=\underline{2}+3+5+9=19$　　①的5是從小數來第二個

實際上，這個統計量也可以用$U(U')$加上常數（從1到樣本數的和）

$U+(1+2+3+4)=9+10=19$

來計算。這樣的式子成立，因此可以說**Mann-Whitney的U檢定和Wilcoxon等級和檢定（Wilcoxon rank sum test）是同值的檢定**。另外，Wilcoxon符號等級檢定的名稱雖然相似，卻是完全不同的東西。

08 符號檢定

單一樣本的兩組（量的資料、順序資料）差異檢定中，已知有符號檢定和Wilcoxon符號等級檢定。

Point

著眼於成對的大小個數

雙變數資料(x_i, y_i)中，當樣本大小為n時，檢定x和y的母體是否存在差異。

$x_i > y_i$的i的個數設為a　　$x_i < y_i$的i的個數設為b

當n偏大時$(n > 25)$，在x_i的平均值和y_i的平均值沒有差異的假設之下，則a、b均服從$N\left(\frac{n}{2}, \frac{n}{4}\right)$。

※當n不大時$(n \leqq 25)$，這個近似誤差會變大，所以得按照下面的方式直接計算機率來檢定。

Business 利用符號檢定來檢定清潔劑的滿意度是否存在差異

符號檢定（sign test）只著眼於(x_i, y_i)的大小，因此就算是順序資料，也能進行檢定。

假設x和y的母體沒有差異，則從母體中抽出的(x, y)，$x > y$的機率為$\frac{1}{2}$，因此，a服從二項分布$Bin\left(n, \frac{1}{2}\right)$。當$n$偏大時，用常態分布$N\left(\frac{n}{2}, \frac{n}{4}\right)$來近似。

問題　針對清潔劑A、B的滿意度（5個等級），對8人進行問卷調查，得到以下結果。請以5%的顯著水準檢定A的滿意度是否較高。

回答者編號	1	2	3	4	5	6	7	8
A (x_i)	4	3	5	2	1	3	4	3
B (y_i)	3	2	3	1	2	2	2	2

根據上頁表格，假設得到第i號回答者的資料為(x_i, y_i)。

虛無假設和對立假設如下。

H_0：x和y的母體沒有差異

H_1：x比y高

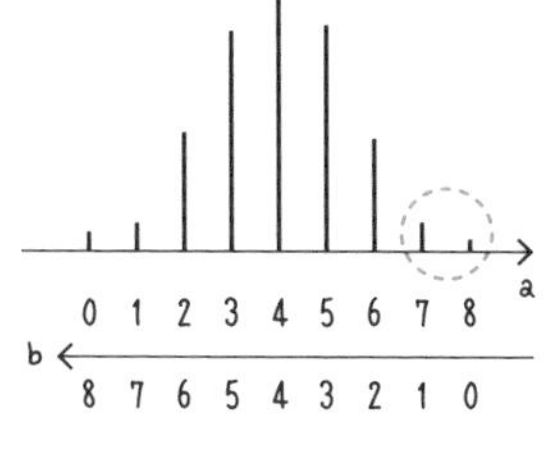

將$x_i > y_i$的i的個數設為a，$x_i < y_i$的i的個數設為b。在H_0的假設下，用a、b服從$Bin\left(8, \frac{1}{2}\right)$進行檢定。

以這個例子來說，$a=7$、$b=1$。因為$n<25$，如果用常態分布近似的話，誤差實在太大了，因此這裡直接計算機率。

當x比y高時，a比$Bin\left(n, \frac{1}{2}\right)$的期望值$\frac{n}{2}$大，$b$變小。在$H_0$的假設下，計算$a=8$、$a=7$的機率$P(a=7 \text{ or } a=8)$，和5%的顯著水準進行比較。

$$P(a=7 \text{ or } a=8) = {}_8C_7\left(\frac{1}{2}\right)^7\left(1-\frac{1}{2}\right)^{8-7} + {}_8C_8\left(\frac{1}{2}\right)^8\left(1-\frac{1}{2}\right)^{8-8}$$

$$= ({}_8C_7 + {}_8C_8)\left(\frac{1}{2}\right)^8 = \frac{9}{256} = 0.035$$

因此，在5%的顯著水準下，拒絕H_0。

換言之，在5%的顯著水準下，可以認為A的滿意度更高。

與Wilcoxon符號等級檢定的區別

符號檢定和Wilcoxon符號等級檢定，都是針對單一樣本兩組差異的無母數檢定。**分布具有對稱性，若為量的資料，就使用Wilcoxon符號等級檢定**，能夠進行準確度更佳的檢定。不過，即使是量的資料，也會根據$|x_i - y_i|$的大小來計算檢定統計量，因此若分布為非對稱時，**就算虛無假設是正確的，偏差也會變大，這時最好利用符號檢定來進行檢定**。

難易度 ★★　實用 ★★★★★　考試 ★★★

09 Wilcoxon符號等級檢定

為單一樣本兩組（量的資料、順序資料）差異的檢定，注意和符號檢定的區別。

Point

用差的絕對值取排列順序的和

雙變數資料$(x_i,\ y_i)$中，假設樣本大小為n，在所有的i，$x_i \fallingdotseq y_i$。檢定x和y的母體是否存在差異。將$|x_i - y_i|$由小到大排列為r_i。

$$a = \sum_{x_i > y_i} r_i \qquad b = \sum_{x_i < y_i} r_i$$

對正差的順序進行合計　　對負差的順序進行合計

當n偏大時($n > 25$)，在x_i的分布和y_i的分布沒有差異的假設下，a、b均服從$N\left(\frac{n(n+1)}{4},\ \frac{n(n+1)(2n+1)}{24}\right)$。

用a或b來檢定都可以

無論i值為何，$x_i > y_i$皆成立時，

$$a = \sum_{x_i > y_i} r_i = \sum_{i=1}^{n} i = \frac{n(n+1)}{2}$$

第1到第n是用a、b的其中之一相加，所以下列關係總是成立。

$$a + b = 1 + 2 + \cdots + n = \frac{n(n+1)}{2}$$

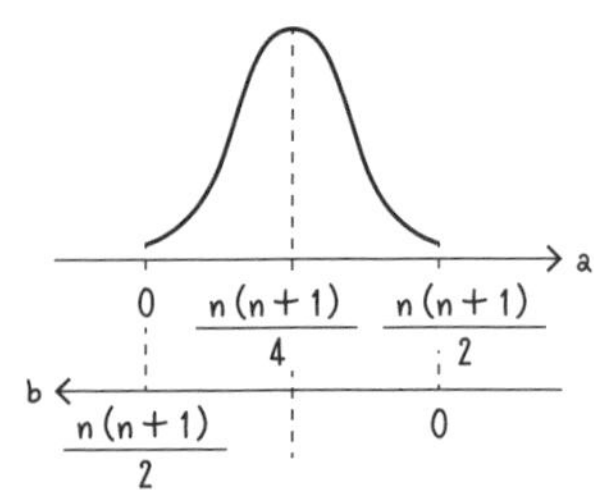

$n > 25$時，假設x的分布和y的分布沒有差異（以此作為虛無假設），a、b近似服從常態分布$N\left(\frac{n(n+1)}{4},\ \frac{n(n+1)(2n+1)}{24}\right)$（理由如下）。

a和b位於以$\frac{n(n+1)}{4}$為中心的對稱位置，所以使用a或b進行檢定都無所謂。

n愈大，代表a、b的分布就愈接近常態分布。

$x_i > y_i$時，$X_i = 1$；$x_i < y_i$時，$X_i = 0$。用隨機變數X_i來表示，則

$$a = r_1X_1 + r_2X_2 + \cdots\cdots + r_nX_n$$

X_i 服從$Be\left(\frac{1}{2}\right)$，$E[X_i] = \frac{1}{2}$，$V[X_i] = \frac{1}{4}$，因此

$$E[a] = r_1E[X_1] + r_2E[X_2] + \cdots\cdots + r_nE[X_n]$$
$$= \frac{1}{2}(1 + 2 + \cdots\cdots + n) = \frac{n(n+1)}{4}$$

$$V[a] = r_1{}^2V[X_1] + r_2{}^2V[X_2] + \cdots\cdots + r_n{}^2V[X_n] = \frac{n(n+1)(2n+1)}{24}$$ 使用平方和的公式

根據中央極限定理，當n愈大，a的分布愈接近常態分布。

Business 脈搏數在平靜下來後再測量會下降嗎？

以十分鐘為間隔，對8名受試者的脈搏跳動次數進行兩次調查。這時可以利用Wilcoxon符號等級檢定（Wilcoxon signed-rank test），檢定第一次的資料和第二次的資料是否在相同的條件下取得。**「差」是指（第一次）－（第二次）的值，「順序」是指差的絕對值由小到大排列時的順序。**

	A	B	C	D	E	F	G	H
第一次	79	96	85	69	88	75	83	88
第二次	70	88	73	74	75	79	77	81
差	+9	+8	+12	−5	+13	−4	+6	+7
順序	6	5	7	2	8	1	3	4

根據表格計算a、b，如下所示。

$$a = 3 + 4 + 5 + 6 + 7 + 8 = 33 \qquad b = 1 + 2 = 3$$

以a、b中較小的一方作為檢定統計量。

$n \leqq 25$時，由於在常態分布下近似誤差會變大，所以使用表格（298頁卷末「Wilcoxon符號等級檢定表」）來決定拒絕域。在$n = 8$的情況下，從表格查出5%顯著水準的單尾檢定拒絕域小於5。在前面的例子中，選擇a和b中較小的一方，因為$b = 3 < 5$，因此拒絕虛無假設，採納對立假設（第二次的脈搏數比第一次的脈搏數少）。

 難易度 ★★
 實用 ★★★★★
 考試 ★★★

10 Kruskal-Wallis 檢定

檢定成對樣本的多組（量的資料、順序資料）差異。

Point

修正資料在整體的等級，取等級和

在成對樣本的k組資料中，假設各組的資料大小為n_i，整個k組的資料大小為n，第i組的等級和為$R_i(1 \leqq i \leqq k)$。

等級和R_i是將k組資料由大到小排序，加上第i組資料的等級而來。

當n足夠大，假設各組服從相同的分布，

$$H = \frac{12}{n(n+1)} \sum_{i=1}^{k} \frac{R_i^2}{n_i} - 3(n+1)$$

近似服從自由度$k-1$的卡方分布$\chi^2(k-1)$。

若樣本大小在14以下，就用表格查出拒絕域

Kruskal-Wallis 檢定（Kruskal-Wallis test）是檢定多組成對樣本是否相等的**單因子變異數分析無母數版**。因為是用替換等級的方式來計算統計量，就算存在離群值也有效。

當n足夠大時，H使用服從自由度$k-1$的卡方分布$\chi^2(k-1)$進行檢定。

若為小樣本（3組n小於15以下，4組n小於14），H若以卡方分布近似，誤差會變大。下面的例子就屬於這種情況，所以要使用表示拒絕域的表格進行檢定。

另外，Kruskal-Wallis檢定兩組時，H可以用Wilcoxon等級和檢定的R來表示。由此可見，兩組的情況**與Wilcoxon等級和檢定、Mann-Whitney的U檢定為同值檢定**。

Business 檢定藝人的好感度是否存在差異

藝人事務所S針對結衣、雅美、麻理子進行好感度的問卷調查（5個等級），得到以下結果。請檢定好感度是否存在差異，試著計算H。左表的4為第3名和第4名，所以在右表為$(3+4)\div 2=3.5$。

問卷調查結果				
結衣（1組）	5	5	4	
雅美（2組）	4	3	2	
麻理子（3組）	3	2	1	1

排名			
1.5	1.5	3.5	
3.5	5.5	7.5	
5.5	7.5	9.5	9.5

結衣、雅美、麻理子的問卷調查結果，分別為1組、2組、3組，第i組的等級和R_i為$R_1=6.5$、$R_2=16.5$、$R_3=32$。

使用$n_1=3$、$n_2=3$、$n_3=4$、$n=10$來計算H，得到：

$$H=\frac{12}{n(n+1)}\sum_{i=1}^{k}\frac{R_i^2}{n_i}-3(n+1)$$

$$=\frac{12}{10(10+1)}\left(\frac{6.5^2}{3}+\frac{16.5^2}{3}+\frac{32^2}{4}\right)-3(10+1)=6.36$$

虛無假設和對立假設的設定如下。

H_0：藝人的好感度均相同

H_1：藝人的好感度有所不同

因為是小樣本，所以使用卷末的「Kruskal-Wallis檢定表」（299頁）查詢。當$n_1=3$、$n_2=3$、$n_3=4$時，5%顯著水準的拒絕域（Kruskal-Wallis檢定為單尾檢定）為5.791以上。根據藝人好感度問卷調查計算出來的H是6.36，拒絕虛無假設H_0（各藝人的好感度沒有差異）。

也就是說，在5%的顯著水準下，可以認為藝人好感度存在差異。

另外，這裡**雖然是由大到小排序，但即使由小到大排序，*H*值也相同**。

難易度 ★★★★　實用 ★★★　考試 ★

11 Friedman檢定

可用來檢定多組成對樣本（量的資料、順序資料）的差異。注意與Kruskal-Wallis檢定的排序方法的不同之處。

Point

轉換每個個體的等級，再對各成分取等級和

對於大小n的k維資料$(x_i,\ y_i,\ \cdots\cdots)$，將集合$x_i$的資料稱為第一組、集合$y_i$的資料稱為第二組、……、集合$k_i$的資料稱為第$k$組。

假設將個體$(x_i,\ y_i,\ \cdots\cdots)$的各成分替換成等級的資料$(a_i,\ b_i,\ \cdots\cdots)$。

舉例來說，$(10,\ 15,\ 7)$由大到小排序，就是$(2,\ 1,\ 3)$。也就是說，以k維資料為例，$(a_i,\ b_i,\ \cdots\cdots)$會按等級排列成1、2、……、$k$。

把第1組的等級和設為$R_1=\sum_{i=1}^{n}a_i$，第2組的等級和設為$R_2=\sum_{i=1}^{n}b_i$、……。當n足夠大時，在各組服從相同母體的假設下，

$$Q=\frac{12}{nk(k+1)}\sum_{i=1}^{k}R_i^2-3n(k+1)$$

近似服從自由度$k-1$的卡方分布$\chi^2(k-1)$。

單一樣本單因子變異數分析的無母數版

在對應單一樣本單因子變異數分析的無母數檢定中，除了這裡列舉的**Friedman檢定**（Friedman test）之外，還有稱為**Page趨勢檢定**（Page's trend test）的檢定。

Friedman檢定的對立假設為「組的平均順序的一對中存在不相等的資料」，比起Page趨勢檢定的對立假設「對於按平均順序升序排列的組，與相鄰組的平均順序的等號皆不成立」，能取得更高的檢定力。

當n足夠大時，Q使用服從自由度$k-1$的卡方分布$\chi^2(k-1)$進行檢定。若為小樣本（3組n小於9，4組n小於5），Q若以卡方分布近似，誤差會變大。因此，對於小樣本的拒絕域，分別計算並整理在表格中。

Business 旅行社針對旅行企劃檢定四季好感度

旅行社對A、B、C三人進行關於四季好感度的問卷調查（5個等級），結果如下。

	A	B	C
春（1組）	4	2	5
夏（2組）	3	5	2
秋（3組）	5	4	4
冬（4組）	1	1	3

問卷調查結果

	A	B	C	R_i（總計）
春（1組）	2	3	1	6
夏（2組）	3	1	4	8
秋（3組）	1	2	2	5
冬（4組）	4	4	3	11

排名

春、夏、秋、冬的問卷調查結果，分別設為第一組、第二組、第三組、第四組，第i組的等級和R_i為：

$$R_1 = 6、R_2 = 8、R_3 = 5、R_4 = 11$$

使用資料大小$n = 3$、組數$k = 4$來計算Q，則

$$Q = \frac{12}{nk(k+1)} \sum_{i=1}^{k} R_i^2 - 3n(k+1)$$
$$= \frac{12}{3 \times 4(4+1)} (6^2 + 8^2 + 5^2 + 11^2) - 3 \times 3(4+1) = 4.2$$

試著檢定上面舉例的四季好感度問卷結果。

H_0：對四季的好感度相同

H_1：對四季的好感度不同

根據表格（卷末「Friedman檢定表」第298頁），當有4組$n = 3$時，5%顯著水準的拒絕域為7.40以上。根據四季好感度的問卷調查計算出來的H為4.2，接受虛無假設H_0（對四季的好感度沒有差異）。換言之，不能認為「春、夏、秋、冬的好感度存在差異」。

另外，這裡**雖然是由大到小排序，但即使由小到大排序，*Q*值也相同**。

Chapter 07 無母數檢定

Column

統計學容易混淆的用語集

●一般線性模型　一般化線性模型

一般線性模型是用解釋變數的一次式來說明反應變數；一般化線性模型是用解釋變數的一次式和一般函數的合成函數進行說明。請參照08章07節。

●標準差　標準誤差

標準差是資料的分散程度，標準誤差是估計量的分散程度。請參照05章的Column。

●偏迴歸係數　偏相關係數　複相關係數

偏迴歸係數是複迴歸分析中迴歸方程式的係數。y、z的偏迴歸係數是在以y、z為反應變數的迴歸分析中，從y、z中去除其他變數影響後的殘差e_y，e_z的相關係數。y的複相關係數為y和預測值$\hat{y}$的相關係數，平方後為判定係數。順帶一提，並沒有複迴歸係數這個用語。

●殘差平方和　誤差平方和

殘差平方和主要用於迴歸分析當中。誤差平方和也稱為誤差變異，是變異數分析中的用語。有時也會將誤差平方和稱為殘差平方和，所以很容易混淆。

●概似函數　概似度

對於根據參數θ決定的機率密度（質量）函數$f(x;\theta)$，使x固定，將$f(x;\theta)$視為θ的函數，稱為概似函數或概似度。θ在最大概似法中可以變化，稱為函數比較合適。若想特別強調，也可以寫成$L(\theta;x)=f(x;\theta)$。另外，在用於貝氏更新的等式$\pi(\theta \mid D)\propto f(D \mid \theta)\pi(\theta)$的右邊，因為沒有$\theta$變化的感覺，所以多半不會將$f(D \mid \theta)$稱為概似函數，而是稱為概似度。

迴歸分析

什麼是迴歸分析？

根據父親的身高，可以在一定程度上預測兒子成年後的身高，這時就會用到迴歸分析。

假設父親的身高為x，成年兒子的身高為y，成年兒子的身高為y收集二維資料(x, y)進行分析。根據父親的身高(x)來計算兒子的身高(y)，對資料進行分析時，x稱為**解釋變數**（explanatory variable），y稱為**反應變數**（objective variable）。

如下表所示，x、y變數有許多名稱，本書是將其稱為解釋變數和反應變數。

$\boldsymbol{x}$	預測變數（predictor variable）、獨立變數（independent variable）
$\boldsymbol{y}$	反應變數（response variable）、相依變數（dependent variable）

只有一個解釋變數和一個反應變數時，稱為**單變量迴歸分析**；有兩個以上的解釋變數和一個反應變數時，稱為**複迴歸分析**。

根據父母雙方的身高來預測兒子的身高時，使用複迴歸分析。

迴歸分析是具有外在效標的多變量分析

迴歸分析是將解釋變數作為原因的變數，將反應變數作為結果的變數，用以分析變數之間的因果關係。作為結果的反應變數（相依變數）就稱為**外在效標**（external criterion）。

有很多種分析兩個以上變數資料的統計方法，這些統稱為**多變量分析**（multivariate analysis）。多變量分析的分析法根據是否存在外在效標，大致可以分為兩種。迴歸分析將觀測變數分為解釋變數和反應變數進行分析，是具有外在效標的多變量分析。在不具有外在效標的多變量分析中，觀測變數不區分解釋變數和反應變數。

具有外在效標的多變量分析，除了迴歸分析之外，還有判別分析、數量化I類、數量化II類、對數線性模式等。包括沒有外在效標的內容，將在10章Introduction中詳細介紹。

具有外在效標的多變量分析，目的是對新資料進行預測和組的判別，以及探索變數之間的因果關係。迴歸分析也是一樣，在賦予新資料時，便會根據解釋變數的值來預測反應變數的值，或是根據變數之間的偏相關係數來評價變數之間的相關關係。

只要理解單變量迴歸分析的原理，就能瞭解其他迴歸分析的原理。複迴歸分析只是增加了解釋變數，而邏輯式迴歸分析、Probit迴歸分析只是為了限制反應變數的值域，而使用函數進行變數變換。

單變量迴歸分析和複迴歸分析，是將模型設定為直線和平面（超平面），但一般的迴歸分析可以選擇將模型設定為一般曲線的一般化線性模型進行分析。相關係數只能得到線性的相關性，但一般化線性模型可以處理比它更廣泛的相關性。

迴歸分析需要設定一個包含參數的模型，這個模型在單變量迴歸分析中是平面上的直線，在複迴歸分析中是空間中的平面（超平面），在邏輯式迴歸分析、Probit迴歸分析中是從0到1變化的平滑曲線（曲面）。計算實測值和模型的誤差，使其最小化（最小平方法等），或者使實現資料的機率最大（最大概似法），以決定參數，這就是迴歸分析的共通原理。

另外，從設定模型到導出迴歸方程式的詳細計算，由於篇幅有限，本書只得省略。這裡只針對單變量迴歸分析、複迴歸分析、多重共線性的結果進行說明。

難易度 ★★　實用 ★★★　考試 ★★★

01 單變量迴歸分析

只要掌握計算方法的原理（最小平方法）就足夠了。

Point

用解釋變數（x）預測反應變數（y）

對於二維資料$(x_i,\ y_i)$，假設x、y的平均值分別為$\bar{x}$、$\bar{y}$，x的變異數為$s_x{}^2$，x和y的共變異數為s_{xy}。這時，

$$y=\frac{s_{xy}}{s_x{}^2}(x-\bar{x})+\bar{y}$$

稱為**迴歸線**（regression line）或迴歸方程式。這個式子的一階係數稱為**迴歸係數**，常數項稱為**截距**。

最小平方法是計算迴歸線式子的原理

公式列在Point中，下面將說明計算迴歸線的原理。

假設直線式為$y=ax+b$，

$$f(a,\ b)=\sum_{i=1}^{n}(y_i-ax_i-b)^2$$

當已知資料時，$(x_i,\ y_i)$為具體的數字，$f(a,\ b)$為a、b的二次式。計算使$f(a,\ b)$最小的a和b（可以用高中數學學過的配方法要領求出），$y=ax+b$就是迴歸線。這時的a和b用$(x_i,\ y_i)$來表示，則

$$a=\frac{s_{xy}}{s_x{}^2}\text{、}b=-\frac{s_{xy}}{s_x{}^2}\bar{x}+\bar{y}$$

將作為模型的直線設為$y=ax+b$時，$\hat{y}_i=ax_i+b$稱為**預測值**（predicted value）。實現值y_i和預測值$\hat{y}_i$的差e_i，稱為**殘差**（residual）（$e_i=y_i-\hat{y}_i=y_i-ax_i-b$）。**使殘差平方和最小的直線**可說是迴歸線的特徵，計算迴歸線的方法，稱為**最小平方法**（least-squares method，LSM）。

假設y的偏差平方和為$S_y{}^2$，殘差e的平方和為$S_e{}^2$，預測值$\hat{y}_i$的偏差平方和為$S_{\hat{y}}{}^2$時，$S_{\hat{y}}{}^2=S_y{}^2+S_e{}^2$成立。

$$R^2 = 1 - \frac{S_e^{\ 2}}{S_y^{\ 2}} = \frac{S_{\hat{y}}^{\ 2}}{S_y^{\ 2}}$$

R^2稱為**判定係數**（coefficient of determination）。判定係數是表示迴歸線適合度的指標。

Business 預測缺考的第7位新人的多益成績

根據x來求出y，就是迴歸分析的動機。此時的x稱為**解釋變數**，y稱為**反應變數**。利用6人參加托福和多益考試的結果（換算成10分滿分的整數），計算出迴歸線的式子。

x（TOEFL）	4	6	7	7	8	10
y（TOEIC）	2	4	6	8	7	9

因為$\bar{x}=7$、$\bar{y}=6$，

$x-\bar{x}$	−3	−1	0	0	1	3	總計	
$(x-\bar{x})^2$	9	1	0	0	1	9	20	$s_x^{\ 2}=\frac{20}{6}$
$y-\bar{y}$	−4	−2	0	2	1	3		
$(x-\bar{x})(y-\bar{y})$	12	2	0	0	1	9	24	$s_{xy}=\frac{24}{6}$

所以迴歸線的式子為：

$$y = \frac{s_{xy}}{s_x^{\ 2}}(x-\bar{x}) + \bar{y} = \frac{24}{20}(x-7) + 6 = 1.2x - 2.4 \qquad y = 1.2x - 2.4$$

將資料描繪在散佈圖上，如下圖所示。這條直線大致呈現出x和y的關係。最好記住，**迴歸線總是通過x、y的平均點（$\bar{x}, \bar{y}$）**。

當$x=5$時，$y=1.2\times5-2.4=3.6$。我們可以根據這個式子預測，如果只參加托福考試的學生，托福分數為5分時，多益分數應該會落在3.6分左右。

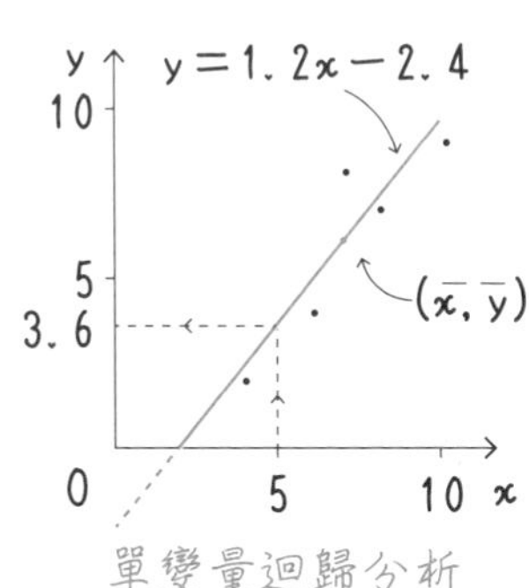

單變量迴歸分析

難易度 ★★★　實用 ★★★★　考試 ★★★★

02 複迴歸分析

調整自由度後的判定係數具有實踐性。

Point

增加解釋變數，擴張單變量迴歸分析

對於三維資料(x_i, y_i, z_i)，x、y、z的平均值分別以$\bar{x}$、$\bar{y}$、$\bar{z}$，x的變異數以s_{xx}，x和y的共變異數以s_{xy}來表示。

$$z = u(x - \bar{x}) + v(y - \bar{y}) + \bar{z}$$

$$\begin{pmatrix} u \\ v \end{pmatrix} = \begin{pmatrix} s_{xx} & s_{xy} \\ s_{xy} & s_{yy} \end{pmatrix}^{-1} \begin{pmatrix} s_{xz} \\ s_{yz} \end{pmatrix} \quad \cdots\cdots ①$$

此稱為**迴歸方程式**。式子①等號右邊的矩陣，是共變異數矩陣的逆矩陣。u稱為x的**偏迴歸係數**（partial regression coefficient），v稱為y的偏迴歸係數。

從單變量迴歸到複迴歸

與單變量迴歸分析相比，解釋變數增加了一個，解釋變數為x、y，反應變數為z。將(x_i, y_i, z_i)描繪於xyz空間時（3D散佈圖），迴歸方程式是以平面來表示。

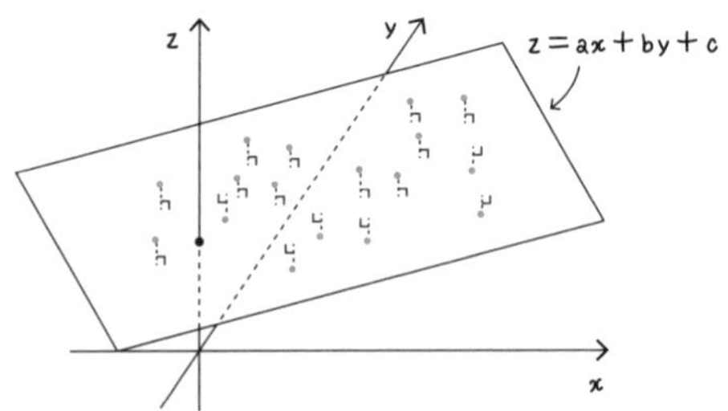

和單變量迴歸分析一樣，迴歸方程式都是使用最小平方法來計算。假設模型為$z=ax+by+c$，殘差就是$z_i-ax_i-by_i-c$。

當使殘差平方和最小的a、b、c為：

$$f(a, b, c) = \sum_{i=1}^{n} (z_i - ax_i - by_i - c)^2$$

此時迴歸方程式為$z=ax+by+c$。

為了計算$f(a, b, c)$的極值，建立偏微分為0的式子。

$$\frac{\partial f}{\partial a}=0 \quad \frac{\partial f}{\partial b}=0 \quad \frac{\partial f}{\partial c}=0$$

此稱為**正規方程式**（normal equations），解開後得到Point的公式。Point的①經過計算，迴歸方程式如下。

$$z=\frac{s_{yy}s_{xz}-s_{xy}s_{yz}}{s_{xx}s_{yy}-{s_{xy}}^2}(x-\bar{x})+\frac{s_{xx}s_{yz}-s_{xy}s_{xz}}{s_{xx}s_{yy}-{s_{xy}}^2}(y-\bar{y})+\bar{z}$$

Point代表三維資料的情況，在k維資料中，可以將$k-1$個變數作為解釋變數，1個變數作為反應變數，以此求出迴歸方程式。與①一樣，用向量和矩陣來表示偏迴歸係數。

測量迴歸方程式的準確度

複迴歸分析和單變量迴歸分析一樣，在計算判定係數R^2時，即使迴歸方程式的準確度不高，也會出現較大的值。這是因為解釋變數愈多，判定係數R^2就愈大的緣故。

因此在複迴歸分析中，為了測量分析的準確度，必須使用**調整自由度後的判定係數$\boldsymbol{R}^2$**（adjusted coefficient of determination）。假設樣本大小為n，解釋變數的個數為k，可以用

$$\bar{R}^2=1-\frac{n-1}{n-k-1}(1-R^2)$$

來計算。用p維資料進行複迴歸分析時，即使解釋變數不設為$p-1$個也沒關係。只要決定解釋變數，就能使$\bar{R}^2$變大。

Business 利用複迴歸分析來預測出租公寓的租金

房地產仲介公司E將租金設為反應變數，房間的專有面積、屋齡、距離車站徒步分鐘設為解釋變數，針對每個車站進行複迴歸分析，將結果公佈在網站上，因而大受好評。

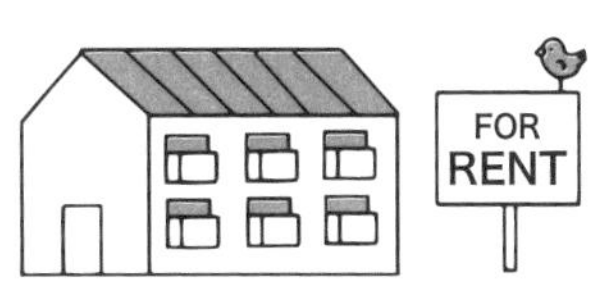

難易度 ★★★★★ 實用 ★★★★★ 考試 ★★★

03 複相關係數和偏相關係數

要仔細區分偏迴歸係數和偏相關係數。

Point

先求殘差，再計算相關係數

複相關係數（multiple correlation coefficient）

在$p+1$維資料$(x_1, \cdots\cdots, x_p, y)$中，假設$x_1$、……、$x_p$為解釋變數、$y$為反應變數，這時的迴歸方程式為：

$$y = a_1x_1 + \cdots\cdots + a_px_p + a_{p+1}$$

對於第i個資料$(x_{1i}, \cdots\cdots, x_{pi}, y_i)$

$$\hat{y}_i = a_1x_{1i} + \cdots\cdots + a_px_{pi} + a_{p+1}$$

稱為**預測值**，$e_i = y_i - \hat{y}_i$稱為**殘差**。觀測值y和預測值$\hat{y}$的相關係數$r_{y\hat{y}}$，稱為x_1，……，x_p和y的**複相關係數**，以$r_{y|1\cdots p}$來表示。

$$r_{y|1\cdots p} = r_{y\hat{y}}$$

因此$0 \leqq r_{y|1\cdots p} \leqq 1$成立。

偏相關係數（partial correlation coefficient）

在$p+2$維資料的$(x_1, \cdots\cdots, x_p, y, z)$中，假設$x_1$、……、$x_p$為解釋變數，$y$、$z$分別為反應變數，殘差分別為$e$、$e'$。$e$和$e'$的相關係數

$$r_{yz|1\cdots p} = r_{ee'}$$

稱為y、z的**偏相關係數**。

用複相關係數測量迴歸方程式的準確度

假設$s_{\hat{y}}{}^2$、$s_e{}^2$分別為預測值和殘差的樣本變異數，則下列式子成立。

$$s_y{}^2 = s_{\hat{y}}{}^2 + s_e{}^2$$

複相關係數$r_{y|1\cdots p}$和$s_y{}^2$、$s_{\hat{y}}{}^2$、$s_e{}^2$、$s_{y\hat{y}}$之間，具有

$$(r_{y\mid 1\cdots p})^2=(r_{y\hat{y}})^2=\frac{(s_{y\hat{y}})^2}{{s_y}^2{s_{\hat{y}}}^2}=\frac{{s^2}_{\hat{y}}}{{s_y}^2}=1-\frac{{s_e}^2}{{s_y}^2}$$

這樣的關係。複相關係數的平方與**判定係數**一致。複相關係數愈接近1，y值愈能以x_1、……、x_p來說明；換言之，**複相關係數愈接近1，就表示迴歸方程式的準確度愈好**。

利用偏相關係數找出偽相關

y、z的偏相關係數，為y和z排除x_1、……、x_p的影響後，y和z的相關係數，亦即y和z真正的相關關係。

x_i和y的相關係數用r_{iy}來表示，假設r_{xy}、r_{xz}為：

$$r_{xy}=\begin{pmatrix} r_{1y} \\ \vdots \\ r_{py} \end{pmatrix} \qquad r_{xz}=\begin{pmatrix} r_{1z} \\ \vdots \\ r_{pz} \end{pmatrix}$$

並且$(x_1,\ \cdots\cdots,\ x_p)$的相關矩陣為$S$，那麼當$x_1$，……，$x_p$時，$y$和$z$的偏相關係數$r_{yz\mid 1\cdots p}$可以用

$$r_{yz\mid 1\cdots p}=\frac{r_{yz}-{r_{xy}}^TS^{-1}r_{xz}}{\sqrt{1-{r_{xy}}^TS^{-1}r_{xy}}\sqrt{1-{r_{xz}}^TS^{-1}r_{xz}}}$$

來計算。尤其當$p=1$時，也就是解釋變數只有一個的時候，相關矩陣S會變成單純的數（1），計算如下。

$$r_{yz\mid x}=\frac{r_{yz}-r_{xy}r_{xz}}{\sqrt{1-{r_{xy}}^2}\sqrt{1-{r_{xz}}^2}}$$

Business 利用偏相關係數找出偽相關，重新考慮變更配置

某超市將x設為啤酒的銷售額，y設為紙尿布的銷售額，以計算相關係數，結果得到$r_{xy}=0.7$。原先考慮在啤酒賣場附近擺放紙尿布，但將z作為全店的銷售額來計算相關係數，結果得到$r_{yz}=0.8$、$r_{xz}=0.8$，而x和y的偏相關係數為$r_{xy\mid z}=0.17$。由此可知x和y的直接關係非常薄弱（偽相關），所以便維持原來賣場的配置。

難易度 ★★★　實用 ★★★★★　考試 ★★★★

04 多重共線性

在實用面非常重要。需瞭解發生多重共線性的原因。

Point

變數有冗餘

- 存在多重共線性：複迴歸分析的解釋變數之間具有強烈的相關性，會導致偏迴歸係數的值變得不可靠。

三維資料若存在多重共線性會變成什麼情況

如左下圖所示，當資料幾乎分布在3D散佈圖的平面上時，可以得到準確度較高的迴歸方程式。

另一方面，如右下圖所示，當資料幾乎分布在一條直線上時，迴歸方程式的準確度會下降。下面說明為什麼會出現這種情況。

無多重共線性

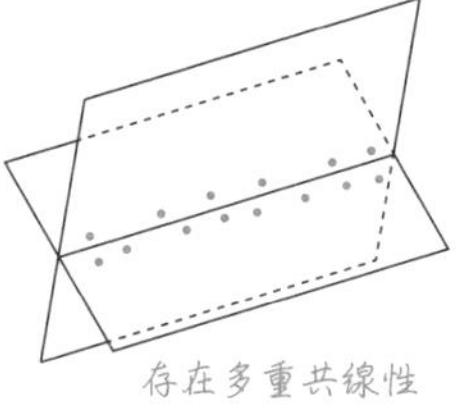

存在多重共線性

舉例來說，假設在三維資料$(x,\ y,\ z)$中，x和y的值為完全的線性關係$(y=ax+b)$。x和y的相關係數為1，02節的偏迴歸係數的分母公式$s_{xx}s_{yy}-s_{xy}{}^2$為0。即使x和y幾乎呈線性關係，$s_{xx}s_{yy}-s_{xy}{}^2$的值也接近0。計算偏迴歸係數時，若z_i值出現些微變化，$s_{yy}s_{xz}-s_{xy}s_{yz}$、$s_{xx}s_{yz}-s_{xy}s_{xz}$（偏迴歸係數的分子）的值也會產生若干變化，但由於$s_{xx}s_{yy}-s_{xy}{}^2$（偏迴歸係數的分母）的值接近0，所以偏迴歸係數的值會出現極大變化。當x和y為線性關係時，計算出來的偏迴歸係數就會變得不可靠。

複迴歸分析的解釋變數之間幾乎都存在線性關係，此稱為存在**多重共線性**（multicollinearity）。

為何稱為多重共線性呢？當三維資料(x、y、z)可以進行複迴歸分析時，如果x和y幾乎呈線性關係，那麼描繪在xyz空間中的資料形狀，就會像上一頁的右圖一樣幾乎呈一條直線。迴歸方程式$z=ax+by+c$所表示的平面（大致）包含了這條直線，但就如圖片所示，包含直線的平面呈現好幾種狀態（很多平面都以直線為共線）。在這種情況下，不能選擇單一平面；也就是說，不能決定是哪一個迴歸方程式。

用線性代數的方式來說，當解釋變數接近相依（變數存在冗餘）時，就要懷疑是多重共線性。**最好選擇接近獨立的解釋變數**。

找出多重共線性的方法和回避方法

在n維資料($x_1, x_2, \cdots\cdots, x_n$)中，將特定的$x_i$設為反應變數，使用$x_i$以外的變數（解釋變數）對$x_i$進行迴歸分析時，判定係數設為$R_i^2$。當$R_i^2$接近1時，$x_i$可以用其他的解釋變數來大致說明。當$R_i^2$接近1時，就判斷存在多重共線性，這時只要排除$x_i$即可。實際上會使用以$R_i^2$計算的$\boldsymbol{VIF_i}$（變異數膨脹因子，variance inflation factor），

$$VIF_i = \frac{1}{1-R_i^2}$$

和這個分母的$1-R_i^2$（**容許度**，tolerance）作為指標。當VIF_i超過10以上時，必須做出排除變數x_i的因應。一般認為，VIF_i值最好壓低在5以下。

若存在多重共變性，那麼就使用R_i^2、VIF_i、調整自由度後的判定係數$\bar{R}^2$、赤池訊息量準則AIC（11章09節）等標準，來選擇有效的解釋變數。並不是所有的指標都能改善，所以最好事先決定好步驟。

首先使用從所有變數的狀態開始減去的**向後消去法**（Backward Elimination），從只有常數項的狀態開始加上變數的**向前選取法**（Forward Selection），結合向前選取和向後消去的**逐步選取法**（Stepwise selection method）等，有各種不同的鎖定解釋變數的方法。

難易度 ★★★★★　實用 ★★★★★　 考試 ★★

05 單變量迴歸分析的區間估計

針對想瞭解迴歸分析模型的人進行說明。

Point

用自由度 $n-2$ 的 t 分布估計樣本迴歸係數

設定母體的線性迴歸模型，以大小 n 的樣本 $(x_i,\ y_i)$ 進行迴歸分析。x 確定時，預測值 $\hat{y}$ 的95%信賴區間為

$$\left[\hat{a}x+\hat{b}-\alpha\sqrt{\frac{\hat{\sigma}^2}{n}\left(1+\frac{(x-\bar{x})^2}{{s_x}^2}\right)},\ \hat{a}x+\hat{b}+\alpha\sqrt{\frac{\hat{\sigma}^2}{n}\left(1+\frac{(x-\bar{x})^2}{{s_x}^2}\right)}\right]$$

$$\hat{a}=\frac{s_{xy}}{{s_x}^2}、\hat{b}=-\bar{x}\frac{s_{xy}}{{s_x}^2}+\bar{y}、$$

$$\hat{\sigma}^2=\frac{1}{n-2}\sum_{i=1}^{n}(y_i-\hat{a}x_i-\hat{b})^2$$

α：$t(n-2)$ 的右尾2.5%點

y　$y=\hat{a}x+\hat{b}$（迴歸線）　x

透過迴歸分析得到y的95%信賴區間

迴歸線的區間估計結構

假設母體分布服從

$$Y_i=ax_i+b+\varepsilon_i$$

$y=ax+b$ 稱為**母體迴歸線**（population regression line），a、b 稱為**母體迴歸係數**（population regression coefficient），ε_i 稱為**誤差項**（error term）。假設 ε_i 為隨機變數，服從 $E[\varepsilon_i]=0$、$V[\varepsilon_i]=\sigma^2$（此稱為誤差變異數，error variance）、Cov $(\varepsilon_i,\ \varepsilon_j)=0\,(i\neq j)$ 的分布。這個模型稱為**線性迴歸模型**（linear regression model）。尤其當 ε 服從 $N(0,\ \sigma^2)$ 時，稱為**常態線性迴歸模型**（normal linear regression model）。這時，若從母體抽出變數 x 的值為 x_i 的個體，則個體的變數 y 的值 y_i 服從 $N(0,\ \sigma^2)$ 的分

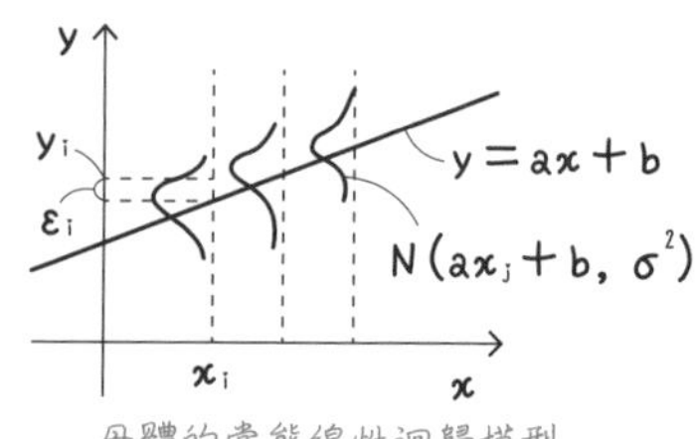

母體的常態線性迴歸模型

布，如圖所示。根據樣本$(x_i,\ y_i)$計算出來的迴歸方程式（本章01節），將y改為預測值$\hat{y}$，迴歸係數和截距的預測值改為$\hat{a}=\frac{s_{xy}}{s_x{}^2}$、$\hat{b}=-\bar{x}\frac{s_{xy}}{s_x{}^2}+\bar{y}$，則

$$\hat{y}=\frac{s_{xy}}{s_x{}^2}(x-\bar{x})+\bar{y}=\hat{a}x+\hat{b}$$

這個式子稱為**樣本迴歸線**（sample regression line）。$\hat{a}$、$\hat{b}$分別為母體迴歸係數a、b的估計量。利用常態線性迴歸模型計算$\hat{a}$、$\hat{b}$的期望值和變異數，得到：

$$E[\hat{a}]=a \quad V[\hat{a}]=\frac{\sigma^2}{ns_x{}^2} \quad E[\hat{b}]=b \quad V[\hat{b}]=\frac{\sigma^2}{n}\left(1+\frac{\bar{x}^2}{s_x{}^2}\right) \quad \mathrm{Cov}[\hat{a},\ \hat{b}]=-\frac{\sigma^2\bar{x}}{ns_x{}^2} \quad \cdots\cdots ①$$

$\hat{a}$、$\hat{b}$為不偏估計量。經過計算，y的期望值和變異數為：

$$E[\hat{y}]=ax+b \quad V[\hat{y}]=\frac{\sigma^2}{n}\left(1+\frac{(x-\bar{x})^2}{s_x{}^2}\right) \quad \cdots\cdots ②$$

在常態線性迴歸模型中，$\hat{a}$、$\hat{b}$服從平均值、變異數、共變異數如①的二維常態分布，$\hat{y}$服從平均值、變異數如②的常態分布。然而，若從這個角度來看，因為包含作為母數的誤差變異數σ^2，光從樣本並無法得知$\hat{a}$、$\hat{b}$、$\hat{y}$的分布，因此我們使用t分布（**司徒頓化**）來處理。

殘差平方和除以$n-2$，使

$$\hat{\sigma}^2=\frac{1}{n-2}\sum_{i=1}^{n}(y_i-\hat{y}_i)=\frac{1}{n-2}\sum_{i=1}^{n}(y_i-\hat{a}x_i-\hat{b})^2$$

則$E[\hat{\sigma}^2]=\sigma^2$，就得到誤差變異數的不偏估計量。利用這個不偏估計量，使

$$T_a=\frac{\hat{a}-a}{\sqrt{\dfrac{\hat{\sigma}^2}{ns_x{}^2}}} \qquad T_b=\frac{\hat{b}-b}{\sqrt{\dfrac{\hat{\sigma}^2}{n}\left(1+\dfrac{\bar{x}^2}{s_x{}^2}\right)}} \qquad T_y=\frac{\hat{y}-\hat{a}x-\hat{b}}{\sqrt{\dfrac{\hat{\sigma}^2}{n}\left(1+\dfrac{(x-\bar{x})^2}{s_x{}^2}\right)}}$$

分別服從自由度$n-2$的t分布$t(n-2)$。

由此可以得到point的信賴區間公式。

$\sqrt{\frac{\hat{\sigma}^2}{ns_x{}^2}}$、$\sqrt{\frac{\hat{\sigma}^2}{n}\left(1+\frac{\bar{x}^2}{s_x{}^2}\right)}$、$\sqrt{\frac{\hat{\sigma}^2}{n}\left(1+\frac{(x-\bar{x})^2}{s_x{}^2}\right)}$分別稱為$\hat{a}$、$\hat{b}$、$\hat{y}$的**標準誤差**（**standard error**）。

難易度 ★★　實用 ★★★★★　考試 ★★★

06 邏輯式迴歸分析、Probit迴歸分析

適用的場合很多，也很好用，理論也不難。

Point

使用值域介於0～1的函數作為模型

y_i取0、1的二維資料(x_i, y_i)，以下面的式子作為模型，進行迴歸分析。

邏輯式迴歸分析（logistic regression analysis）

$$y = f(\alpha + \beta x) = \frac{e^{\alpha+\beta x}}{1+e^{\alpha+\beta x}}$$

這裡的(x)為邏輯式函數 $f(x) = \frac{e^x}{1+e^x}$

Probit迴歸分析（probit regression analysis）

$$y = \Phi(\alpha + \beta x) = \int_{-\infty}^{\alpha+\beta x} \frac{1}{\sqrt{2\pi}} e^{-\frac{t^2}{2}} dt$$

這裡的$\Phi(x)$是標準常態分布的累積分布函數

※「probit」是設計者切斯特・布利斯（Chester Bliss）以「probability」＋「unit」來命名。

Business 針對年收入與擁有房屋的相關性進行迴歸分析

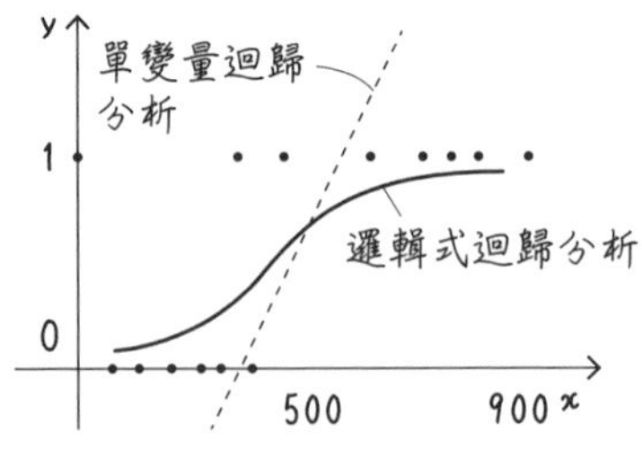

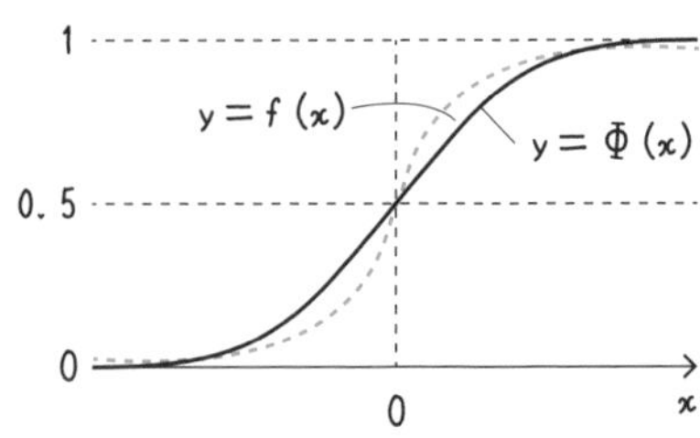

針對年收入和擁有房屋的關係進行問卷調查。將年收入設為x，擁有房屋的人設為$y=1$，沒有房屋的人設為$y=0$，得到的資料如左上的散佈圖所示。以x和y進行單變量迴歸分析，迴歸線會出現負值或1以上的值，效果不佳。因此，我們改以隨著x變大接近1、x變小接近0的函數來取代直線進行迴歸分析，也就是邏輯式迴歸分析或Probit迴歸分析。

選擇$f(x)$和$\Phi(x)$作為$x\to\infty$為1、$x\to-\infty$為0的函數，$y=f(x)$、$y=\Phi(x)$的曲線如上一頁的右圖所示。

若能取得像上頁左圖實線的曲線，那麼**y值就可以解釋為年收入為x的人擁有房屋的機率**。除了這個例子之外，這類分析也適用於毒物的攝取量和致死率、溫度和發芽率等方面。

根據取得的資料$(x_i,\ y_i)$，使用最大概似法（05章03節）。也就是說，如果利用Probit分析，就能將概似函數設為：

$$L(\alpha,\ \beta)=\prod_{y_i=1}\Phi(\alpha+\beta x_i)\prod_{y_i=0}\{1-\Phi(\alpha+\beta x_i)\}$$

和線性迴歸的情況不同，α、β的最大概似值無法使用$(x_i,\ y_i)$來明確表示，因此要透過電腦的數值計算求出。

邏輯式迴歸與對數勝算有關聯

在邏輯式迴歸式中，假設$p=\dfrac{e^{\alpha+\beta x}}{1+e^{\alpha+\beta x}}$，$1-p=\dfrac{1}{1+e^{\alpha+\beta x}}$，則

$$\log\left(\frac{p}{1-p}\right)=\alpha+\beta x$$

對於機率p，$\dfrac{p}{1-p}$稱為**勝算**（odds）、$\log\left(\dfrac{p}{1-p}\right)$稱為**對數勝算**（logarithmic odds）或p的**logit函數**。**所謂邏輯式迴歸分析，可以說就是用x的一次方程式來表示對數勝算的模型，以此進行迴歸分析**。

假設有k個解釋變數，以

$$y=f(\alpha+\beta_1x_1+\cdots\cdots+\beta_kx_k)\qquad y=\Phi(\alpha+\beta_1x_1+\cdots\cdots+\beta_kx_k)$$

為模型時，同樣也稱為**邏輯式迴歸分析、Probit迴歸分析**。

另外，$(x_1,\ x_2,\ \cdots\cdots,\ x_k,\ y)$（$y$為0或1）型也可以透過判別分析來進行預測。不過，它不像迴歸分析會以0到1的實際值返回預測值。

Chapter 08 迴歸分析

一般線性模型和一般化線性模型（GLM）

這裡對本章所介紹的迴歸分析做個總結。

Point

邏輯式迴歸、probit迴歸分析為GLM的一例

一般線性模型（general linear model）

把反應變數視為隨機變數Y_1、Y_2、……、Y_n，

$$\boldsymbol{Y}=X\boldsymbol{\beta}+\boldsymbol{\varepsilon}$$

$(\cdots\cdots)^T$ 代表行向量

$\boldsymbol{Y}=(Y_1, Y_2, \cdots\cdots, Y_n)^T$、$X=n\times k$矩陣：資料矩陣

$\boldsymbol{\beta}=(\beta_1, \beta_2, \cdots\cdots, \beta_k)^T$：係數參數

$\boldsymbol{\varepsilon}=(\varepsilon_1, \varepsilon_2, \cdots\cdots, \varepsilon_n)^T$：各$\varepsilon_i$獨立設為服從$N(0, \sigma^2)$的隨機變數模型，稱為**一般線性模型**。

一般化線性模型（generalized linear model，GLM）

假設Y_i服從屬於指數分布族的分布，使用單調可微分的函數$g(x)$，

$$g(E[\boldsymbol{Y}])=X\boldsymbol{\beta}$$

$g(E[Y])$是指$(g(E[Y_1]), \cdots\cdots, g(E[Y_n]))^T$

這樣的模型稱為**一般化線性模型**。$g(\boldsymbol{x})$稱為**連結函數**（link function），等號右邊的$X\boldsymbol{\beta}$稱為**線性預測子**（linear predictor）。

※以Y、β、ε作為矩陣，有時也會寫成$Y=X\beta+\varepsilon$。

複迴歸分析和變異數分析也是一般線性模型的一種

在複迴歸分析中，對於大小n的資料$(x_{1i}, x_{2i}, \cdots\cdots, x_{ki}, y_i)$　$(1\leqq i\leqq n)$，將各y_i視為隨機變數Y_i，設為：

$$Y_i=\beta_0+\beta_1x_{1i}+\beta_2x_{2i}+\cdots\cdots+\beta_kx_{ki}+\varepsilon_i \quad \varepsilon_i\sim N(0, \sigma^2) \quad (i.i.d.)$$

ε_i服從$N(0, \sigma^2)$

這樣的模型。在Point的公式中，

$X=$[第一列的成分為1，$(p, q+1)$成分為x_{qp}的$(n, k+1)$型矩陣]

$\boldsymbol{\beta}=(\beta_0, \beta_1, \cdots\cdots, \beta_k)^{\mathrm{T}}$

由此可知，**複迴歸分析是一般線性模型的一種**。

在單因子變異數分析中，第i組的資料（組的個數為r）

$$y_{ip} \quad (1 \leqq i \leqq r、1 \leqq p \leqq [第i組的大小])$$

均視為隨機變數Y_{ip}，將其設為：

$$Y_{ip} = \mu_i + \varepsilon_{ip} \qquad \mu_i：第i組的平均，\varepsilon_{ip} \sim N(0,\ \sigma^2) \quad (i.i.d.)$$

在Point的式子中，

$$X = \begin{bmatrix} 第1列第1組的大小設為1，從第2列的第\ [(第1組大小)+1]\ 行， \\ 到第\ [(第1組的大小)+(第2組的大小)]\ 行\cdots\cdots依序排列，其餘為 \\ 0 \qquad ([所有樣本的大小],\ r)\ 型矩陣。 \end{bmatrix}$$

$$\boldsymbol{\beta} = (\mu_1,\ \mu_2,\ \cdots\cdots,\ \mu_r)^T$$

由此可知，**變異數分析是一般線性模型的一種**。這表示**雙因子變異數分析和共變異數分析也同樣使用一般線性模型**。

擴張一般線性模型的一般化線性模型

在一般化線性模型中，Y_i服從屬於指數分布族的常態分布$N(\mu_i,\ \sigma^2)$，若$g(x) = x$，就是一般線性模型。一般化線性模型是進一步擴張一般線性模型的模型。

在二維資料$(x_i,\ y_i)$的模型中，線性預測子為$\alpha+\beta x$。當Y服從$Be(p)$時，若將連結函數設為$g(x) = \log\left(\dfrac{x}{1-x}\right)$，則

$$g(E[Y]) = g(p) = \log\left(\frac{p}{1-p}\right) = \alpha + \beta x \qquad p = \frac{e^{\alpha+\beta x}}{1+e^{\alpha+\beta x}}$$

就是**邏輯式迴歸分析**。此外，若將常態分布的累積分布函數$\Phi(x)$的反函數$\Phi^{-1}(x)$作為$g(x)$，即為$p = \Phi(\alpha + \beta x)$，就是**Probit迴歸分析**。

當Y服從卜瓦松分布$Po(\lambda)$時，若將連結函數設為$g(x) = \log x$，則

$$g(E[Y]) = g(\lambda) = \log\lambda = \alpha + \beta x \qquad \lambda = e^{\alpha+\beta x}$$

此稱為**卜瓦松迴歸模型**（Poisson regression model）。

綜上所述，**只要在連結函數中使用喜歡的函數，就可以客製化模型**。

Column

對葡萄酒價格進行複迴歸分析

迴歸分析從單變量迴歸分析開始，到變數較多的複迴歸分析，再到處理曲線、曲面模型的一般化線性模型，逐漸朝能夠因應更多現象的方向發展。與此同時，應用範圍也擴展到生物學以外的領域。在經濟學中，迴歸分析是計量經濟學的主要工具。

曾任經濟學雜誌《美國經濟評論》編輯的普林斯頓大學經濟學家奧利・亞森費特（Orley Ashenfelter），是著名的葡萄酒愛好者，他曾對葡萄酒的價格進行複迴歸分析。這個迴歸方程式被稱為「葡萄酒方程式」。

$$\log\left(\frac{\text{波爾多葡萄酒的價格}}{\text{1961年的平均價格}}\right)$$

$$\begin{aligned}&= -12.145 + 0.00117 \times \text{〔冬季（10月～3月）的降雨量〕}\\&\quad + 0.614 \times \text{〔培育期（4月～9月）的平均氣溫〕}\\&\quad - 0.00386 \times \text{〔收穫期（8、9月）的降雨量〕}\\&\quad + 0.0239 \times \text{〔葡萄酒的陳釀年數〕}\end{aligned}$$

熟悉葡萄酒的人應該都知道，若收穫前一年的冬天降雨偏多時，葡萄酒的價格就會上升；也就是說，冬天的降雨量和葡萄酒的價格呈正相關。即便如此，用迴歸方程式的形式定量化，仍不免讓人感慨萬千。

這個式子在公布之初，以品嘗上市前的葡萄酒來決定價格的葡萄酒評論家一致認為，葡萄酒的價格不可能透過公式來決定，因此對這個方程式嗤之以鼻。評論家一致認為1986年的陳年葡萄酒品質最佳，但是奧利卻以方程式主張這一年的葡萄酒平凡無奇。從結果來看，奧利的主張是正確的，這使得評論家們開始不能對這個方程式視而不見。

若存在相關關係，可以將變數定量化的話，就能像葡萄酒價格的例子一樣進行複迴歸分析，以迴歸方程式的形式來表示反應變數。

變異數分析與多重比較法

能以變異數分析和多重比較法解決的問題

在06章的06、07節中，曾介紹過兩組平均值是否相等的檢定（母體平均數差的檢定）。那麼，檢定三組的平均值是否相等的時候，應該怎麼做才好？乍看之下，有人會認為從三組中各取兩組進行檢定不就好了。**然而，這種方法會產生一些問題。**下面來詳細說明一下。

例如，我們想檢定A_1、A_2、A_3三組的平均μ_1、μ_2、μ_3是否存在差異，這時的虛無假設為H_0：$\mu_1=\mu_2=\mu_3$。

假設使用母體平均差的檢定，針對H_{12}：$\mu_1=\mu_2$、H_{13}：$\mu_1=\mu_3$、H_{23}：$\mu_2=\mu_3$進行檢定，各檢定的顯著水準為5%。若H_{12}、H_{13}、H_{23}中至少有一個被拒絕，就拒絕虛無假設H_0。當H_0正確時，H_{12}、H_{13}、H_{23}都被接受的機率是0.95^3，因此H_{12}、H_{13}、H_{23}至少有一個被拒絕的機率為$1-0.95^3=0.143$，變成顯著水準為14.3%（大於5%）的檢定。顯著水準一旦偏高，危險率也會隨之上升（型一錯誤的機率較高），使得檢定的可靠度不佳，**由此可見，重複檢定有很大的問題。**

想要解決這個問題，可以利用變異數分析和多重比較法這兩種方法。

在變異數分析中，是建立虛無假設為H_0：$\mu_1=\mu_2=\mu_3$，一次就判定是否拒絕。若資料是分別由3個不同的要素A_1、A_2、A_3獲得的結果時，**可以測量A_1和A_2等要素之間的交互作用，這就是變異數分析的優點**。可是，當拒絕虛無假設時，變異數分析也只能否定H_0：$\mu_1=\mu_2=\mu_3$，無法針對μ_1、μ_2、μ_3的個別大小進行判定。即使在樣本平均數（A_1的平均值）>（A_2的平均值）成立的情況下，也不能成為顯著主張$\mu_1>\mu_2$的根據。相較之下，多重比較法正如其名，將H_{12}、H_{13}、H_{23}建立為虛無假設，透過一次的檢定，便**可以個別判定虛無假設**。

多重比較法大致可以分為三種方針。

第一種方法是，若為顯著水準5%的檢定，就把每次檢定的顯著水準壓低，將整體的顯著水準控制在5%。以上面的例子來看，就是將H_{12}、H_{13}、H_{23}的檢定顯著水準分別設定得比5%還要小。**Bonferroni法**、**Holm法**、**Shaffer法**等，皆屬於這種方法。

第二種方法是減少每次檢定的檢定統計量，使整體的顯著水準保持在5%。**Scheffé 法**就屬於這種方法。

第三種方法是，創造出即使反覆進行檢定，整體的顯著水準也不會變大的特殊機率分布，以此進行檢定。這種方法包括 **Tukey-Kramer 法**、**Dunnett 法**、**Williams 法**等。

單因子變異數分析和多重比較法儘管相似，兩者卻完全不同，所以通常不會在進行多重比較法之前進行變異數分析。至於Scheffé法，因為它算是包含變異數分析的多重比較，所以不受到這個限制。

利用多重比較法思考虛無假設族

接著試著思考一下四個母體平均數μ_1、μ_2、μ_3、μ_4是否相等的檢定。在變異數分析中，我們建立了$H_{\{1,2,3,4\}}: \mu_1=\mu_2=\mu_3=\mu_4$的**總體虛無假設**（overall null hypothesis）。與此相比，在多重比較法中，以

$$H_{\{2,3\}}: \mu_2=\mu_3 \quad H_{\{1,2\}\{3,4\}}: \mu_1=\mu_2 \text{且} \mu_3=\mu_4$$

來表示複數的**子集合虛無假設**（subset null hypothesis）進行一次檢定。例如，在Tukey-Kramer法的多重比較法中，將

$$\mathcal{F}=\{H_{\{1,2\}}, H_{\{1,3\}}, H_{\{1,4\}}, H_{\{2,3\}}, H_{\{2,4\}}, H_{\{3,4\}}\}$$

設為子集合虛無假設的集合。這樣的集合稱為**族**或**虛無假設族**（family of subset null hypothesis）。多重比較法中的顯著水準 ，是針對這個族所設定的危險率，這點請各位留意一下。

難易度 ★★★　實用 ★★★★★　考試 ★★★

01 變異數分析（概述）

本節是針對整個變異數分析進行說明。在02節以後會分開討論，以便讓實務者能夠看懂各種變異數分析表。

Point

建立變異數比，用F分布檢定

變異數分析（analysis of variance，ANOVA）

建立數組平均值均相等的虛無假設，將**變異數比**（F值）設為檢定統計量，用F分布進行檢定的方法。

根據變異（平方和）建立變異數比

變異數分析是費雪在羅森斯得農業實驗場（Rothamsted Experimental Station）工作時，為了研究適合農作物的生長條件（肥料、日照、氣溫、土壤等），而開發的統計方法。比較不同條件下的收穫量，檢定是否存在效果上的差異。

有A_1、A_2、A_3三組，平均值分別是μ_1、μ_2、μ_3。根據從A_1、A_2、A_3抽出的樣本，檢定虛無假設H_0：$\mu_1 = \mu_2 = \mu_3$，即為變異數分析的基本型態。在Introduction中已經說明不能重複對兩組差來檢定μ_1、μ_2、μ_3是否存在差異的原因，所以這裡就不再複述。

為了檢定虛無假設，在變異數分析中，將變異數比作為檢定統計量。全體樣本的偏差平方和S_T，在變異數分析中稱為**總變異**（total variation）或**總平方和**（sum of squares total，SST）。為了建立變異數比，可以將其分為數個變異的和。

例如，在03節的雙因子變異數分析（無重複試驗）中，

（總變異）＝（A組間變異）＋（B組間變異）＋（誤差變異）

各變異都計算自由度，再以變異除以自由度，得到變異數，組合成變異數比，這就是檢定統計量。**利用F分布檢定變異數比，是變異數分析的共同手法**。因為要進行F檢定，所以變異數比也稱為F值。

想把這個概要牢牢記住，從實例開始上手或許比較好。若是只想利用統計學的

人，那麼只要能看懂下面的變異數分析表就足夠了。

變異數分析是假設各組內的變異數彼此相等，但要注意的是，如果這個前提條件不成立，就無法進行變異數分析。

雙因子變異數分析（重複）不僅可以檢定組的平均值是否相等，還可以檢定各要素之間的**交互作用**（相乘效果或抵消效果），這是它特別有意思的地方。

Business 哪個地方的汽車配件銷售較佳？

經營汽車配件公司的H先生，以全球六大地區（亞洲、非洲、大洋洲、歐洲、南美洲、北美洲）的83個國家、每千位國民的平均汽車持有數的資料，針對汽車的平均持有數是否存在地區差異進行變異數分析。統計軟體的計算結果（變異數分析表）如下所示。

輸出結果

Analysis of Variance Table

Response : car

	自由度	變異（平方和）	變異數（平方平均）	變異數比	p值
	Df	Sum Sq	Mean Sq	F value	Pr(>F)
region	5	2785835	557167	27.568	6.898e-16
Residuals	77	1556194	20210		

用自由度(5, 77)的F分布進行檢定。變異數比（F value）為27.568，p值為6.89×10^{-16}，在1%的顯著水準下拒絕虛無假設，也就是汽車的平均持有數存在地區差異。觀察變異數分析表的關鍵就在於Pr(>F)的值。若這個值小於顯著水準，就拒絕虛無假設；若大於顯著水準，就接受虛無假設。這些就是變異數分析的概要。

※無法假設同質性的變異數分析不在本書的討論範圍。

難易度 ★　實用 ★★★★★　考試 ★★★★★

02 單因子變異數分析

變異數分析的基本型態，本節會介紹變異數分析的原理。

Point

根據（組間變異數）÷（組內變異數）的大小來判斷

1	$x_{11}, x_{12}, \cdots, x_{1n_1}$
2	$x_{21}, x_{22}, \cdots, x_{2n_2}$
⋮	……
k	$x_{k1}, x_{k2}, \cdots, x_{kn_k}$

有k組樣本。

假設第1組大小為n_1，資料的值為x_{1j}，第2組大小為n_2，資料的值為x_{2j}……。

全體樣本的大小為$n=\sum_{i=1}^{k} n_i$

第i組的平均值為m_i，整個k組的平均值為m。則資料可以用

$$x_{ij}=m+\underset{\text{（組間偏差）}}{(m_i-m)}+\underset{\text{（組內偏差）}}{(x_{ij}-m_i)}$$

來表示。在這個式子中，

m_i-m稱為**組間偏差**（deviation between group, intergroup deviation）、

$x_{ij}-m_j$稱為**組內偏差**（deviation within group, intragroup deviation）。

根據這些資訊，其他名詞如下。

- 總變異（total variation）：

$$S_T=\sum_{i,j}(x_{ij}-m)^2 \quad（自由度n-1）$$

- 組間變異（between-group variation）：

$$S_B=\sum_{i=1}^{k} n_i(m_i-m)^2 \quad（自由度k-1）$$

- 組內變異（within-group variation）：

自由度是根據定義式計算求出。

$$S_W=\sum_{i=1}^{k}\left(\sum_{j=1}^{n_i}(x_{ij}-m_i)^2\right) \quad（自由度n-k）$$

$$=\sum_{j=1}^{n_1}(x_{1j}-m_1)^2+\sum_{j=1}^{n_2}(x_{2j}-m_2)^2+\cdots+\sum_{j=1}^{n_k}(x_{kj}-m_k)^2$$

在S_T、S_B、S_W之間，下列式子總是成立。

$$S_T=S_B+S_W$$

各組的母體平均數和母體變異數相等（$x_{i1}, x_{i2}, \cdots, x_{in_i}$獨立服從相同的

$N(\mu_i, \sigma^2)$、$\mu_1 = \cdots = \mu_k$)，在這個假設下，檢定統計量：

$$F = \frac{\dfrac{S_B}{k-1}}{\dfrac{S_W}{n-k}} \qquad \frac{\dfrac{(\text{組間變異})}{(\text{組的個數})-1}}{\dfrac{(\text{組內變異})}{(\text{全體樣本大小})-(\text{組的個數})}}$$

服從自由度$(k-1, n-k)$的F分布$(k-1, n-k)$。

※S_T稱為總平方和（sum of squares total，SST），S_B稱為組間平方和（sum of squares between，SSB），S_W稱為組內平方和（sum of squares within，SSW）。

Business 利用變異數分析檢定肥料效果的差異

S化學公司正在進行肥料的研發。某作物在不施肥的情況下種植3株，使用肥料A種植4株，使用肥料B種植3株，每株的收穫量如下所示。試著利用變異數分析，檢驗肥料A、B是否有效果。

不施肥	4	5	3	
肥料A	8	9	8	7
肥料B	7	5	9	

和這個例子一樣，**單因子**（one way layout）的**變異數分析**（analysis of variance，ANOVA），是在不同的條件下進行實驗觀察，按照條件分成不同的群，這裡的群在Point是用組來表示。

在變異數分析中，對結果產生影響的原因（本例中為肥料），稱為**因子**（factor），構成因子的條件（本例中為無、A、B）稱為**水準**（level）。因此這個例子為1因子3水準。

不施肥、肥料A、肥料B的平均值分別為4、8、7，全體平均值為6.5，將上表中的值替換為組間偏差和組內偏差。

不施肥	−2.5	−2.5	−2.5	
肥料A	1.5	1.5	1.5	1.5
肥料B	0.5	0.5	0.5	

組間偏差

不施肥	0	1	−1	
肥料A	0	1	0	−1
肥料B	0	−2	2	

組內偏差

根據這些資料，計算組間偏差S_B，組內偏差S_W，得到：

$$S_B = 3 \times (-2.5)^2 + 4 \times 1.5^2 + 3 \times 0.5^2 = 28.5$$

$$S_W = 0^2 + 1^2 + (-1)^2 + 0^2 + 1^2 + 0^2 + (-1)^2 + 0^2 + (-2)^2 + 2^2 = 12$$

S_B使用Point的定義式（乘以n_i倍）來計算，取左上表數值的平方和，得到：

$$S_B = (-2.5)^2 + (-2.5)^2 + (-2.5)^2 + 1.5^2 + 1.5^2 + 1.5^2 + 1.5^2 + 0.5^2 + 0.5^2 + 0.5^2 = 28.5$$

兩種計算結果一樣。因此檢定統計量F的值為：

$$F = \frac{\frac{28.5}{3-1}}{\frac{12}{10-3}} = 8.31$$

據此建立虛無假設和對立假設：

H_0：各組的平均值相等（各x_{ij}服從相同的常態分布）

H_1：各組的平均值有差異（x_{ij}中有些服從不同的常態分布）

在H_0的條件下，F為自由度(2, 7)的F分布，服從$F(2, 7)$，5%顯著水準的拒絕域為4.74以上。以這個例子為例，$F = 8.31 > 4.74$，因此拒絕H_0。也就是說，在5%的顯著水準下，可以認為有無施肥或使用不同種類的肥料，會對收穫量造成差異。

〔確認$S_T = S_B + S_W$〕

也計算一下總變異S_T。

不施肥	−2.5	−1.5	−3.5	
肥料A	1.5	2.5	1.5	0.5
肥料B	0.5	−1.5	2.5	

偏差

根據上表，得到：

$$S_T = (-2.5)^2 + (-1.5)^2 + (-3.5)^2 + 1.5^2 + 2.5^2 + 1.5^2 + 0.5^2 + 0.5^2 + (-1.5)^2 + 2.5^2 = 40.5$$

$S_B + S_W = 40.5$，因此可以確認$S_T = S_B + S_W$成立。

整理成變異數分析表

包括總變異，變異數分析可以整理成下列的**變異數分析表**。有些統計軟體會以變異數分析表的形式輸出分析結果。

	變異	自由度	變異數	F(變異數比)	5%點
組間	28.5	2	14.25	8.31	4.74
組內	12.0	7	1.714		
總	40.5	9			

變異數分析表

變異數的欄位為（變異）÷（自由度）。F（變異數比）是以

$$(\text{組間變異數}) \div (\text{組內變異數}) = 14.25 \div 1.714 = 8.31$$

來計算。這時的5%點為自由度(7, 2)的F分布右尾5%點。可以比較F（變異數比）的值和5%點的值進行檢定。

這裡的F（變異數比）的值大於5%點，因此落入拒絕域。

確認變異數分析的模型

以3組為例，對變異數分析的模型進行說明。將各組資料化為：

第一組i號的資料為$X_i = \mu_1 + \varepsilon_{1i}$

第二組i號的資料為$Y_i = \mu_2 + \varepsilon_{2i}$

第三組i號的資料為$Z_i = \mu_3 + \varepsilon_{3i}$

等模型。這裡的μ_1、μ_2、μ_3為常數，X_i、Y_i、Z_i、ε_{1i}、ε_{2i}、ε_{3i}為隨機變數。假設ε_{1i}、ε_{2i}、ε_{3i}獨立，服從$N(0, \sigma^2)$。

變異數分析的虛無假設和對立假設為：

$H_0：\mu_1 = \mu_2 = \mu_3$

$H_1：\mu_1 = \mu_2$、$\mu_2 = \mu_3$、$\mu_1 = \mu_3$中，至少有一個不成立。

基於H_0的假設，利用組間變異服從自由度[(組個數) − 1]的卡方分布，組內變異服從自由度[(全體樣本大小) − (組個數)]的卡方分布，來製作檢定統計量F。

變異數分析時，H_1通常會作為H_0的否定，但在多重比較上卻顯得更加複雜。**從H_1的假設來思考，即使H_0被拒絕，也不能認為肥料A和不施肥之間存在差異**，這點還請特別注意。

Chapter 09 變異數分析與多重比較法

難易度 ★　實用 ★★★★★　考試 ★★★★★

雙因子變異數分析（無重複試驗）

確認無重複試驗和下一節有重複試驗的區別。

Point

分解成平均值＋A組間偏差＋B組間偏差＋誤差四個部分

	B_1	$\cdots$	B_l
A_1	x_{11}	$\cdots$	x_{1l}
$\vdots$	$\vdots$		$\vdots$
A_k	x_{k1}	$\cdots$	x_{kl}

因子A的k個水準A_1、……、A_k，因子B的l個水準B_1、……、B_l，水準(A_i, B_j)的觀測值為x_{ij}。

假設水準A_i的平均值為$m_{Ai}\left(=\frac{1}{l}\sum_{j=1}^{l}x_{ij}\right)$、

水準B_j的平均值為$m_{Bj}\left(=\frac{1}{k}\sum_{i=1}^{k}x_{ij}\right)$、

全體的平均值為$m\left(=\frac{1}{kl}\sum_{i,j}x_{ij}\right)$。

$$x_{ij}=m+\underset{(A\text{組間偏差})}{(m_{Ai}-m)}+\underset{(B\text{組間偏差})}{(m_{Bj}-m)}+\underset{(\text{誤差})}{(x_{ij}-m_{Ai}-m_{Bj}+m)}$$

在這個式子中，$m_{Ai}-m$是因子A的組間偏差，$m_{Bj}-m$是因子B的組間偏差，$x_{ij}-m_{Ai}-m_{Bj}+m$是誤差。

根據這些資訊，得到下面資料。

- 總變異：　$S_T=\sum_{i,j}(x_{ij}-m)^2$　（自由度$kl-1$）
- A組間變異：$S_A=l\sum_{i=1}^{k}(m_{Ai}-m)^2$　（自由度$k-1$）
- B組間變異：$S_B=k\sum_{j=1}^{l}(m_{Bj}-m)^2$　（自由度$l-1$）
- 誤差變異：　$S_E=\sum_{i,j}(x_{ij}-m_{Ai}-m_{Bj}+m)^2$　（自由度$(k-1)(l-1)$）

此時，以下式子成立。

$$S_T=S_A+S_B+S_E$$

α_i、β_j滿足$\sum_{i=1}^{k}\alpha_i=0$、$\sum_{j=1}^{l}\beta_j=0$，x_{ij}服從$N(\mu+\alpha_i+\beta_j,\ \sigma^2)$，這時在各水準$\mathrm{A}_i$ 的母體平均數均相等$(\alpha_1=\cdots=\alpha_k=0)$的假設下，檢定統計量

$$F=\frac{\frac{S_A}{k-1}}{\frac{S_E}{(k-1)(l-1)}} \qquad \frac{\frac{（A組間變異）}{（A組間變異的自由度）}}{\frac{（誤差變異）}{（誤差變異的自由度）}}$$

服從自由度$(k-1,\ (k-1)(l-1))$的F分布$F(k-1,\ (k-1)(l-1))$。就算將A換成B也同樣成立。

Business 利用雙因子變異數分析（無重複試驗）尋找最佳日照和肥料的條件

Y農業法人的D農業試驗場，正在尋找能使收穫量最大化的日照條件和肥料。

關於某作物，假設日照的條件為A_1、A_2、A_3，肥料的條件為B_1、B_2、B_3、B_4，共3×4的12種組合進行栽培，將收穫量記錄如下。請將它製作成**雙因子變異數分析（無重複試驗）**（two way layout analysis of variance without replication）的變異數分析表。

日照＼肥料	B_1	B_2	B_3	B_4	平均
A_1	4	5	7	8	6
A_2	3	7	8	10	7
A_3	5	6	9	12	8
平均	4	6	8	10	7

全體的平均值為7，日照A_1、A_2、A_3的平均值分別為6、7、8，肥料B_1、B_2、B_3、B_4的平均值分別為4、6、8、10，將表中數值換成A組間偏差、B組間偏差，結果如下。

	B_1	B_2	B_3	B_4
A_1	−1	−1	−1	−1
A_2	0	0	0	0
A_3	1	1	1	1

A組間偏差（$m_{Ai}-m$）

	B_1	B_2	B_3	B_4
A_1	−3	−1	1	3
A_2	−3	−1	1	3
A_3	−3	−1	1	3

B組間偏差（$m_{Bi}-m$）

誤差和偏差也做成如下表。

Chapter 09 變異數分析與多重比較法

	B_1	B_2	B_3	B_4
A_1	1	0	0	−1
A_2	−1	1	0	0
A_3	0	−1	0	1

誤差（$x_{ij}-m_{Ai}-m_{Bj}+m$）

	B_1	B_2	B_3	B_4
A_1	−3	−2	0	1
A_2	−4	0	1	3
A_3	−2	−1	2	5

偏差（$x_{ij}-m$）

以上一頁的表格為基礎，試著計算變異，S_A、S_B用Point的定義式來計算。**事實上，各變異與各表的平方和一致**。因為有這樣的事實，所以這裡特意製作出上面的表格。根據這個計算，想必就能實際感受到定義式的含義。

$$S_A=4\{(-1)^2+0^2+1^2\}=8$$

$$S_B=3\{(-3)^2+(-1)^2+1^2+3^2\}=60$$

$$S_E=1^2+0^2+0^2+(-1)^2+(-1)^2+1^2+0^2+0^2+0^2+(-1)^2+0^2+1^2=6$$

$$S_T=(-3)^2+(-2)^2+0^2+1^2+(-4)^2+0^2+1^2+3^2+(-2)^2+(-1)^2+2^2+5^2=74$$

根據這些資料製作變異數分析表。

	變異	自由度	變異數	F	5%點
A組間	8	2	4	4	5.14
B組間	60	3	20	20	4.76
誤差	6	6	1		
合計	74	11			

變異數分析表

變異的合計為S_T的值，可以用來確認Point的式子$S_T=S_A+S_B+S_E$，順便確認自由度的合計也和S_T的自由度一致。

F表示變異數比。A組間的F是以

（A組間的變異數）÷（誤差變異數）$=4\div1=4$

來計算。在A組間的5%點的欄位中，當顯著水準為5%時，表示$F(2, 6)$的拒絕域值為5.14。

利用變異數分析檢定三組的平均值是否一致

試著檢定日照的各水準A_1、A_2、A_3之間是否存在收穫量的差異。建立虛無假設、對立假設為：

H_0：A_1、A_2、A_3之間收穫量沒有差異

H_1：A_1、A_2、A_3之間收穫量存在差異

當因子A沒有差異，且各水準組合的變異數相等時，A組間的F值服從自由度(2, 6)的F分布$F(2, 6)$。在5%的顯著水準下，$F(2, 6)$的拒絕域為5.14以上。

A組間的F為4，沒有落入拒絕域，不拒絕H_0。不能認為日照A_1、A_2、A_3之間存在收穫量的差異。

結果，比較變異數分析表中的F和5%的欄位的數值，可以判斷：

（F的數值）≧（5%的數值）的話，在5%的顯著水準下存在差異

（F的數值）＜（5%的數值）的話，不能認為存在差異

B組間的F欄位，和5%的欄位的數值相比，因為20＞4.76，可以認為在5%的顯著水準下，B_1、B_2、B_3、B_4存在差異。

在Excel「資料分析」的「分析工具」中就有變異數分析，**使用Excel就能輕鬆地製作變異數分析表**。只要記住上面的觀點，就能一眼看出檢定得出的結論。

也可以視為單一樣本的單因子變異數分析

例如，對40位受試進行不投藥、投一顆藥、投兩顆藥這三種條件的實驗時，可以使用受驗者A_1、……、A_{40}，投藥（因子）的三個水準B_1、B_2、B_3，作為雙因子變異數分析的框架。這種變異數分析，稱為**單一樣本的單因子變異數分析**。即便存在個體差（A_i的差），也可以對B_i的效果進行更準確的分析。

難易度 ★　實用 ★★★★★　考試 ★★★★★

雙因子變異數分析（有重複試驗）

在有重複試驗的情況下，可以檢定因子之間的交互作用。

Point

因為有重複試驗，取 (A_i, B_j) 的平均

因子A的k個因子A_1、……、A_k，

因子B的l個因子B_1、……、B_l的

水準(A_i, B_j)的第r次觀測值為

$x_{ijr}(r=1, 2, \cdots\cdots, n)$。

	…	B_j	…
⋮			
A_i		$x_{ij1}, \cdots$ $\cdots, x_{ijn}$	
⋮		n個	

水準A_i的平均值為$m_{Ai}\left(=\frac{1}{ln}\sum_{j,r}x_{ijr}\right)$、

水準B_j的平均值為$m_{Bj}\left(=\frac{1}{kn}\sum_{i,r}x_{ijr}\right)$、

水準(A_i, B_j)的平均值為$m_{ij}\left(=\frac{1}{n}\sum_{r=1}^{n}x_{ijr}\right)$、

全體的平均值為$m\left(=\frac{1}{kln}\sum_{i,j,r}x_{ijr}\right)$。

$$x_{ijr}=m+\underbrace{(m_{Ai}-m)}_{\text{(A組間偏差)}}+\underbrace{(m_{Bj}-m)}_{\text{(B組間偏差)}}+\underbrace{(m_{ij}-m_{Ai}-m_{Bj}+m)}_{\text{(交互作用)}}+\underbrace{(x_{ij}-m_{ij})}_{\text{(誤差)}}$$

$m_{Ai}-m$是因子A的組間偏差，$m_{Bj}-m$是因子B的組間偏差，$m_{ij}-m_{Ai}-m_{Bj}-m$是交互作用，$x_{ij}-m_{ij}$是誤差。

根據這些資訊，其他名詞如下。

- 總變異：　$S_T=\sum_{i,j,r}(x_{ijr}-m)^2$　（自由度$kln-1$）
- A組間變異：　$S_A=ln\sum_{i=1}^{k}(m_{Ai}-m)^2$　（自由度$k-1$）
- B組間變異：　$S_B=kn\sum_{j=1}^{l}(m_{Bj}-m)^2$　（自由度$l-1$）
- 交互作用變異：　$S_{A\times B}=n\sum_{i,j}(m_{ij}-m_{Ai}-m_{Bj}+m)^2$　（自由度$(k-1)(l-1)$）
- 誤差變異動：$S_E=\sum_{i,j,r}(x_{ijr}-m_{ij})^2$　（自由度$kl(n-1)$）

各變動之間，下列公式成立。

$$S_T=S_A+S_B+S_{A\times B}+S_E$$

$\sum_{i=1}^{k}\alpha_i=0$、$\sum_{j=1}^{l}\beta_j=0$、$\sum_{i,j}\gamma_{ij}=0$滿足α_i、β_j、γ_{ij}，當x_{ijr}服從$N(\mu+\alpha_i+\beta_j+\gamma_{ij},\ \sigma^2)$時，在沒有交互作用$\gamma_{ij}=0(1\leqq i\leqq k、1\leqq j\leqq l)$的假設下，檢定統計量：

$$F=\frac{\dfrac{S_{A\times B}}{(k-1)(l-1)}}{\dfrac{S_E}{kl(n-1)}} \qquad \frac{\dfrac{（交互作用）}{（交互作用變異的自由度）}}{\dfrac{（誤差變異）}{（誤差變異的自由度）}}$$

服從$F((k-1)(l-1),\ kl(n-1))$。

Business 可以調查肥料和日照有無交互作用

在**雙因子變異數分析（有重複試驗）**（two way layout analysis of variance with replication）※下**交互作用**（interaction effect），與沒有重複試驗的情況不同。

為了勝過競爭對手Y農業法人，Z農業法人希望找到最大收穫量的日照條件和肥料，於是在同樣的條件下反覆進行兩次實驗

將因子A設為不施肥、有施肥，因子B設為陰暗處和陽光下，反覆進行兩次實驗，結果收穫量如下表1所示。在各水準的組合下，兩次實驗的平均值(m_{ij})，如表2的粗框所示。另外，表2的粗框外為各因子的平均值（無肥料的平均值$m_{A1}=4$）。

A \ B	陰暗處	陽光下
不施肥	0、2	6、8
有施肥	7、11	10、12

表1

A \ B	陰暗處	陽光下	平均
不施肥	1	7	4
有施肥	9	11	10
平均	5	9	7

表2

根據表2，將因子A和因子B組合後的平均值做成圖表，如下圖1所示。

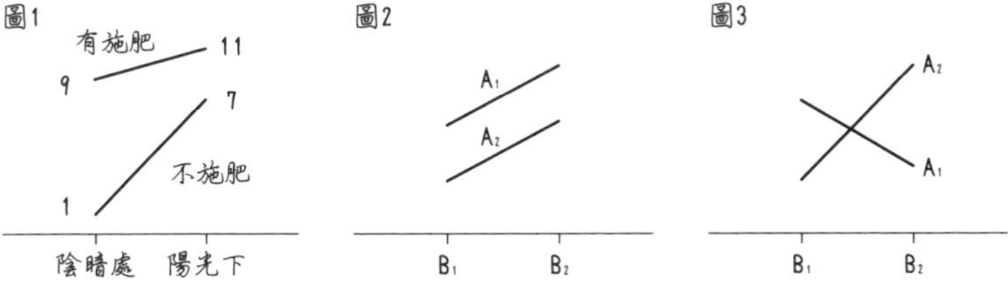

※ 有時稱為重複測量變異數分析。

已知無論是陰暗處或陽光下，有施肥比沒施肥的平均收穫量要多。肥料的效果在陰暗處尤為顯著，可見日照條件和肥料條件存在交互作用。

如圖2所示，以水準A_1、A_2和水準B_1、B_2描繪同樣的曲線時，若兩者呈平行線，即可認為因子A和因子B沒有交互作用。相較之下，若不像圖1、圖3那樣平行，就表示因子之間存在交互作用。

在有重複試驗的雙因子變異數分析中，可以檢定有無交互作用。

Business 填寫變異數分析表，檢定有無交互作用

使用表2，針對表1的各值，以A組間偏差、B組間偏差、交互作用、誤差來進行替換。

A組間偏差（$m_{Ai}-m$）

A＼B	陰暗處	陽光下
不施肥	−3、−3	−3、−3
有施肥	3、3	3、3

表3

B組間偏差（$m_{Bj}-m$）

A＼B	陰暗處	陽光下
不施肥	−2、−2	2、2
有施肥	−2、−2	2、2

表4

交互作用（$m_{ij}-m_{Ai}-m_{Bj}+m$）

A＼B	陰暗處	陽光下
不施肥	−1、−1	1、1
有施肥	1、1	−1、−1

表5

誤差（$x_{ijr}-m_{ij}$）

A＼B	陰暗處	陽光下
不施肥	−1、1	−1、1
有施肥	−2、2	−1、1

表6

※確認表3、4、5、6中相同位置的數字相加起來為偏差$x_{ijr}-m$。

想要求出變異，只要計算出每個表格的平方和即可，這裡使用Point的定義式。

$$S_A=2\cdot 2\{(-3)^2+3^2\}=72 \qquad S_B=2\cdot 2\{(-2)^2+2^2\}=32$$

$$S_{A\times B}=2\{(-1)^2+1^2+1^2+(-1)^2\}=8$$

$$S_E=(-1)^2+1^2+(-1)^2+1^2+(-2)^2+2^2+(-1)^2+1^2=14$$

將其整理成變異數分析表。

	變異	自由度	變異數	F	5%
A	72	1	72	20.6	7.71
B	32	1	32	9.1	7.71
$A\times B$	8	1	8	2.3	7.71
誤差	14	4	3.5		
合計	126	7			

試著以變異數分析檢查A和B是否存在交互作用。

建立虛無假設、對立假設：

H_0：A，B沒有交互作用（所有的i、j，$\gamma_{ij}=0$）

H_1：A，B有交互作用（某個i、j，$\gamma_{ij}\neq 0$）

在沒有交互作用的假設下，$A\times B$的F服從自由度(1, 4)的F分布$F(1, 4)$。

在5%的顯著水準下，$F(1, 4)$的拒絕域為7.71以上。因為$F=2.3<7.71$，所以不拒絕H_0。結論為「不能認為存在交互作用」。

接著順便也對因子A和因子B進行變異數分析。雖然在Point中沒有提到，但我們可以根據變異數分析表進行變異數分析，以確認因子A、因子B各自水準間是否存在差異。

$F=20.6>7.71$，在5%的顯著水準下，可以認為無施肥和有施肥的收穫量存在差異。

$F=9.1>7.71$，在5%的顯著水準下，可以認為陰暗處和陽光下的收穫量存在差異。

試著計算一下總變異S_T。

A \ B	陰暗處	陽光下
不施肥	−7、−5	−1、1
有施肥	0、4	3、5

$$S_T=(-7)^2+(-5)^2+(-1)^2+1^2+0^2+4^2+3^2+5^2=126$$

因此，可以確認$S_T=S_A+S_B+S_{A\times B}+S_E$成立。

另外，有重複試驗的二元配置法也可以進一步變成三元配置。

★ 實用 ★★★★

★★

費雪三原則

所有使用統計方法進行因果推論的人的都要牢記在心。

Point

實驗計劃法的三原則

在實驗研究中有效獲取高度可靠資料的三個重要因素

（1） 局部管理

（2） 隨機化

（3） 重複

用費雪三原則進行農業實驗

這裡將以「農場調查肥料效果」的情況為例，來說明費雪三原則。假設有A、B、C三種肥料，在室外農場進行栽培實驗，觀察這些肥料對某種作物的收穫量造成什麼樣的影響。

這個栽培實驗在設計上，並非採一年一種，花三年的時間進行調查，而是利用一年的時間，一次對三種肥料進行實驗。這是因為不同年分的自然條件（日照、降雨）不同，若再加上不同肥料這一個因素，會對收穫量造成更大的影響。另外也必須避免將A、B、C分別放在不同的地方進行實驗。因為地點不同，日照、土壤條件也可能有所差異。

為了準確地調查因子效果，必須擬定不同肥料以外的因子在相同條件下進行實驗的計劃。為了達到這一點，最重要的是在時間和空間受限的範圍內進行實驗，這就是**局部管理的原則**。

根據局部管理的原則，我們在3平方公尺的農地裡試驗三種肥料的效果。此時，與下頁左圖那樣縱向劃分為A、B、C施肥相比，右圖這種劃分為1平方公尺的A、B、C施肥的實驗更加可靠。

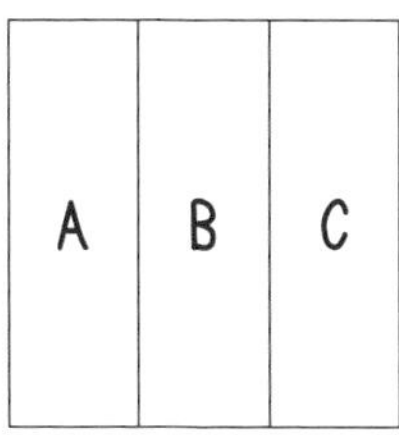

C	B	A
B	A	C
A	C	B

因為即使是3平方公尺的農地，仔細觀察的話，日照、土壤成分、排水條件也有所不同。例如，這塊農地的西邊可能有大片樹林，東邊可能是連作，南邊可能是斜坡，這些都是無法控制的因素。因此，我們可以將其分割成數個小塊隨機分配，用偶然誤差來取代實驗條件的影響，這就是空間誤差的隨機化，此外還必須做到時間誤差的隨機化。雖然不是施肥實驗的例子，但在以同樣的測量器進行實驗的時候，實驗的順序必須以隨機進行，這就是**隨機化原則**。

局部化、隨機化的實驗，只進行一次仍然不夠。因為即使在不同水準間取得不同的資料值，也無法判斷這是因子產生的效果，抑或偶然造成的誤差。為了評價偶然誤差的大小，必須在相同條件下重複兩次以上的實驗，此稱為**重複原則**。

滿足局部管理、隨機化、重複的實驗法，稱為**隨機區組設計**（randomized block design）；滿足隨機化、重複的實驗法，稱為**完全隨機法**（completely randomized method）。

Business 預防安慰劑效應的檢定法

就算不是醫藥品的錠劑，只要認為它具有效果，服用也會產生功效，此稱為**安慰劑效應**。在研發醫藥品的臨床試驗中，將受試者隨機分為兩組，使其服用含有藥品成分的錠劑和沒有藥品成分的錠劑（安慰劑），進行兩組平均差的檢定※。這時由第三者管理藥劑和安慰劑的分配，讓投藥的醫生在不知情的情況下進行試驗的方法，就稱為**雙盲試驗**（double blind test）。這是為了避免醫生的想法對受試者造成影響。

※通常會分為試驗組（新藥）、對照組（標準治療）、安慰組這三組。

難易度 ★★★　實用 ★★★★★　考試 ★★★

06 正交陣列表

弄清楚結構的話一定會很感動，不過就算不懂結構也可以使用。

Point

正交是指向量的正交

正交陣列表（orthogonal array table）

正交陣列表 $L_8(2^7)$

實驗 \ 因子	1	2	3	4	5	6	7
水準①	1	1	1	1	1	1	1
水準②	1	1	1	2	2	2	2
水準③	1	2	2	1	1	2	2
水準④	1	2	2	2	2	1	1
水準⑤	2	1	2	1	2	1	2
水準⑥	2	1	2	2	1	2	1
水準⑦	2	2	1	1	2	2	1
水準⑧	2	2	1	2	1	1	2

使用正交陣列表可以有效地進行實驗

當7種因子各有兩個水準(1、2)的時候，所有水準的組合就有2^7種。但只要使用這張表，就能有效率地在八次實驗中對七個因子的所有效果進行變異數分析。

在上表中，無論選擇哪兩個因子，八次實驗中(1, 1)、(1, 2)、(2, 1)、(2, 2)各出現兩次。例如，關於因子2和因子4的水準組合有2×2＝4種，分別如表1所示分配實驗。

要因2 \ 要因4		水準 1	水準 2
水準	1	①, ⑤	②, ⑥
水準	2	③, ⑦	④, ⑧

表1　（表中為實驗編號）

這就是有重複試驗的雙因子變異數分析。此時在相同水準組合的實驗（例如水準(2, 1)，實驗③和實驗⑦）中，除了2和4以外的因子，請確認水準1和2為均等出現。**根據表1進行變異數分析的話，會對其他因子的水準相互抵消，只能得出因子2和因子4的效果**。

Point的正交陣列表中，是將水準用1和2來表示，試著思考看看把1換成 -1、2換成1的表。這時，把分配給實驗①～⑧的因子j的水準視為8維的行向量，設為$\boldsymbol{a}_j$。另外，所有成分為1的8維行向量設為$\boldsymbol{a}_0$。如此一來，$\boldsymbol{a}_i\cdot\boldsymbol{a}_j=0(i\neq j)$成立，8個向量$\boldsymbol{a}_0$、$\boldsymbol{a}_1$、……、$\boldsymbol{a}_7$任意兩個正交，這就是正交陣列表的由來。

在不考慮交互作用的情況下，用正交陣列表制定實驗計劃

試著對因子2和因子4進行雙因子變異數平均值分析，將結果的平均值設為m。假設因子2各水準的平均值和因子4各水準的平均值就如同表2所示。因子2各水準的組間偏差用d_2表示。

要因4 ＼ 要因2		水準 1	水準 2	平均
水準	1	①, ⑤	②, ⑥	$m-d_2$
	2	③, ⑦	④, ⑧	$m+d_2$
平均		$m-d_4$	$m+d_4$	m

表2　（表中為實驗編號）

將8次實驗結果設為8維行向量$\boldsymbol{x}=(x_1,\ x_2,\ \cdots\cdots,\ x_8)^T$。這裡假設因子2和因子4沒有明顯的交互作用。若將實驗i的組內偏差（誤差）設為e_i，8維行向量設為$\boldsymbol{e}=(e_1,\ e_2,\ \cdots\cdots,\ e_8)^T$，實驗①〔水準為(1, 1)〕的結果$x_1$的交互作用為0，因此

$$x_1=m-d_2-d_4+e_1$$

成立。將實驗①～⑧的結果用向量來表示，則

$$\boldsymbol{x}=m\boldsymbol{a}_0+d_2\boldsymbol{a}_2+d_4\boldsymbol{a}_4+\boldsymbol{e}$$

成立。取其絕對值的平方：

$$|\boldsymbol{x}|^2=(m\boldsymbol{a}_0+d_2\boldsymbol{a}_2+d_4\boldsymbol{a}_4+\boldsymbol{e})\cdot(m\boldsymbol{a}_0+d_2\boldsymbol{a}_2+d_4\boldsymbol{a}_4+\boldsymbol{e})$$

$\boldsymbol{a}_i$和$\boldsymbol{e}$正交，所以$\boldsymbol{a}_j\cdot\boldsymbol{e}=0(j=0,\ 2,\ 4)$。

$$=m^2|\boldsymbol{a}_0|^2+d_2^{\,2}|\boldsymbol{a}_2|^2+d_4^{\,2}|\boldsymbol{a}_4|^2+|\boldsymbol{e}|^2$$

$$=8m^2+8d_2^{\,2}+8d_4^{\,2}+|\boldsymbol{e}|^2$$

這裡將因子2的組間變異設為S_2等，可以得到下面的式子：

$$\underline{|x|^2-8m^2}=8d_2^{\,2}+8d_4^{\,2}+|\boldsymbol{e}|^2$$

變成變異數的8倍。↑　$S_T=S_2+S_4+S_e$

把S_T、S_2、S_4、S_e的自由度設為7、1、1、7－1－1＝5，**製作變異數分析表，與F分布的值進行比較，就可以檢定因子2、因子4的效果**。

上面是針對兩個因子進行變異數分析，再增加因子也可以。

例如，因子若有1，2、4、7，則$\boldsymbol{x}$用

$$\boldsymbol{x}=m\boldsymbol{a}_0+d_1\boldsymbol{a}_1+d_2\boldsymbol{a}_2+d_4\boldsymbol{a}_4+d_7\boldsymbol{a}_7+\boldsymbol{e}$$

來表示。如果賦予$\boldsymbol{x}$，就會決定m、d_1、d_2、d_4、d_7，$\boldsymbol{e}$也利用這個式子來決定。假設沒有交互作用，這時與兩因子的情況一樣，得到變異的式子為：

$$\text{變異}\quad S_T=S_1+S_2+S_4+S_7+S_e$$

$$\text{自由度}\quad 7=1+1+1+1+3$$

只需根據這些資料製作變異數分析表即可。

利用正交陣列表考慮交互作用，制定實驗計劃

這裡介紹在考慮交互作用的情況下，正交陣列表的使用方法。

我們從兩因子實驗的情況來思考。假設將因子A和因子B分配給正交陣列表的因子1（第1列）和因子2（第2列），按照表的水準陣列進行8次實驗。這裡使用第3列來說明交互作用。

假設因子A和因子B有交互作用。如本章04節的表5所示，在2因子2水準中，因子A和因子B的水準(1, 1)和(2, 2)的交互作用值相同，水準(1, 2)和(2, 1)的交互作用值相同。交互作用如右表所示。

交互作用

$A(1)$ \ $B(2)$		水準 1	水準 2
水準	1	$-d, -d$ (①), (②)	d, d (③), (④)
	2	d, d (⑤), (⑥)	$-d, -d$ (⑦), (⑧)

水準(1, 1)、(2, 2)的實驗在①、②、⑦、⑧為$-d$，水準(1, 2)、(2, 1)的實驗在③、④、⑤、⑥為d，所以交互作用可以用向量表示為$d\boldsymbol{a}_3$。

對於8次實驗結果$\boldsymbol{x}$，可以用下列式子來表示：

$$\boldsymbol{x}=m\boldsymbol{a}_0+d_A\boldsymbol{a}_1+d_B\boldsymbol{a}_2+d\boldsymbol{a}_3+\boldsymbol{e}$$

與此對應的變異成立。

$$\text{變異}\quad S_T=S_A+S_B+S_{A\times B}+S_e$$

$$\text{自由度}\quad 7=1+1+1+4$$

根據這些資料製作變異數分析表。

如果將因子A分配到第3列、因子B分配到第5列的話，那麼交互作用$A \times B$就會使用第6列。因為$\boldsymbol{a}_3$和$\boldsymbol{a}_5$計算同成分的乘積，向量為$-\boldsymbol{a}_6$的緣故。

在上一頁中，我們選擇了第1、2、4、7列，作為將因子增加到4個的範例。但實際上，無論選擇1、2、4、7中的哪兩個，對應其交互作用的列，可以發現都不在1、2、4、7當中，選擇得正恰到好處。第1、2、3、4列中，3無法充分對應1和2的交互作用。

Point列舉了正交陣列表$L_8(2^7)$。兩個水準的正交陣列表有$L_4(2^3)$、$L_8(2^7)$、$L_{16}(2^{15})$、$L_{32}(2^{31})$、……。三個水準的正交陣列表則有$L_9(3^4)$［$(9-1) \div 2 = 4$］、$L_{27}(3^{13})$、$L_{81}(3^{40})$、……。

Business 利用正交陣列表輕鬆製作工讀生的排班表

家庭餐廳的店長S先生，正在煩惱該如何製作A～G七位工讀生的排班表。

- 一天所需的工讀生人數正好為4人
- 每人一週正好上班4天
- 不管排哪兩個人都正好有兩天會一起工作

S先生心想這樣的排班表難道做不出來嗎？

只要使用正交陣列表$L_8(2^7)$就能完成。這裡只需將因子1～7設為7名工讀生，實驗編號②～⑧設為一週，水準2設為上班日即可。

難易度 ★★★ 實用 ★★★★★ 考試 ★

07 Bonferroni法和Holm法

最簡單的多重比較法，只要懂得這些就能避免出錯。

Point

減少每次檢定的顯著水準

將部分虛無假設的集合（族）定義如下。

$$\mathcal{F}=\{H_1,\ H_2,\ \cdots\cdots,\ H_k\}$$

Bonferroni法

為了對$\mathcal{F}$進行顯著水準α的檢定，針對虛無假設H_i進行k次顯著水準α/k（$\alpha \div k$的意思）的檢定。

Holm法

為了檢定虛無假設H_i，假設檢定統計量為T_i。

從樣本中求T_i的實現值t_i，計算H_i的p值，$p_i=P(T_i \geqq t_i)$。

p_1、p_2、……、p_k由小到大排列，重新編號，則

$$p_{(1)}<p_{(2)}<\cdots\cdots<p_{(k)}$$

虛無假設也隨之重新命名為$H_{(1)}$、$H_{(2)}$、……、$H_{(k)}$

（1） 設$i=1$

（2） 若$p_{(i)}>\dfrac{\alpha}{k-i+1}$，則保留$H_{(i)}$、$H_{(i+1)}$、……、$H_{(k)}$，檢定結束

若$p_{(i)}\leqq\dfrac{\alpha}{k-i+1}$，則拒絕$H_{(i)}$，進到（3）

（3） i加1，回到(2)

重複k次時將每次的顯著水準都設為k分之1的Bonferroni法

用A_i來表示拒絕H_i的事件。以顯著水準α/k來檢定虛無假設H_i，是為了使$P(A_i) \leqq \alpha/k$成立，因此對檢定統計量、拒絕域進行調整。

$\mathcal{F}$被拒絕的事件B，用$A_1 \cup A_2 \cup \cdots\cdots \cup A_k$來表示，則

$$P(B)=P(A_1 \cup A_2 \cup \cdots\cdots \cup A_k) \leqq P(A_1)+P(A_2)+\cdots\cdots+P(A_k) \leqq (\alpha/k) \times k=\alpha$$

成立，因此當對虛無假設H_i進行$i=1, 2, \cdots, k$的k次顯著水準α/k的檢定時，代表$\mathcal{F}$是在顯著水準α（以下）進行檢定。

Bonferroni法只需將每次的顯著水準設為k分之1，重複k次檢定即可。重複的檢定有很多種類型，無論是有母數或無母數都無所謂。

舉例來說，假設有k組樣本，若想檢定各組的平均值是否相等的話，就要重複對兩組的母體平均數差進行檢定（06章06、07節）。另外，當有$k \times l$（k行、l列）的交叉資料表時，若要檢定從k行中選出的兩行是否獨立的話，則需要重複使用$2 \times l$的交叉資料表的卡方統計量進行獨立性檢定（07章03節）。

從上面的不等式（第2行）可以看出，**Bonferroni法的缺點在於檢定力太小**。尤其當k愈大，每次檢定的顯著水準α/k就愈小，使得檢定力下降。

彌補Bonferroni缺點的Holm法、Shaffer法

因此，Holm設計了一種方法，將虛無假設按照容易被拒絕的順序排列，從容易被拒絕的虛無假設開始依序進行檢定。當虛無假設被拒絕時，通過對尚未被拒絕的其餘虛無假設（i個）使用Bonferroni法，就能將每次的顯著水準提高到α/i。**Holm法就是利用這種方式，使檢定力變得比Bonferroni法還高**。

此外，Shaffer認為在拒絕虛無假設的過程中，如果著眼於同時建立邏輯上的虛無假設個數，就能進一步提高顯著水準。例如，檢定$\mu_0=\mu_1=\mu_2=\mu_3$的時候，將$\mathcal{F}$族設為：

$$\mathcal{F}=\{H_{\{1,2\}}, H_{\{1,3\}}, H_{\{1,4\}}, H_{\{2,3\}}, H_{\{2,4\}}, H_{\{3,4\}}\}$$

假設第一個$H_{\{1,2\}}$被拒絕。Bonferroni法是利用顯著水準$\alpha/6$進行下一個檢定，而Holm法是以顯著水準$\alpha/5$進行檢定。

在**Shaffer法**中，邏輯上同時成立的虛無假設，最大的是$H_{\{2,3\}}$、$H_{\{2,4\}}$、$H_{\{3,4\}}$這三個，因此以顯著水準$\alpha/3$進行檢定。

難易度 ★★★ 實用 ★★★★★ 考試 ★

08 Scheffé 法

透過調整檢定統計量來降低每次檢定危險率的多重比較法。覺得很難的讀者跳過也沒關係。

Point

用平均值的一次式作為族

假設k組A_1、A_2、……、A_k分別服從常態分布$N(\mu_1, \sigma^2)$、$N(\mu_2, \sigma^2)$、……、$N(\mu_k, \sigma^2)$〔假設變異數相等〕。

A_i組的樣本大小為n_i，平均值為m_i，不偏變異數為V_i。

因為$N=\sum_{i=1}^{k} n_i$，假設誤差自由度ϕ_e、誤差變異數V_e分別為：

$$\phi_e = N - k \qquad V_e = \frac{\sum_{i=1}^{k}(n_i - 1)V_i}{\phi_e}$$

將$\mathcal{F}$族設為：

$$\mathcal{F} = \left\{ H_{\boldsymbol{c}}：\sum_{i=1}^{k} c_i \mu_i = 0 \mid \text{，其中} \sum_{i=1}^{k} c_i = 0 \right\}$$

想要檢定以$\boldsymbol{c}=(c_1, c_2, \cdots\cdots, c_k)$來表示的部分虛無假設$H_{\boldsymbol{c}}$，以下列式子

$$F = \frac{\left\{\sum_{i=1}^{k} c_i m_i\right\}^2 \Big/ (k-1)}{V_e \sum_{i=1}^{k} (c_i^2 / n_i)}$$

來計算檢定統計量，並且和自由度$(k-1, \phi_e)$的F分布右尾α點$F_{k-1,\phi e}(\alpha)$相比較。

當$F \geqq F_{k-1,\phi e}(\alpha)$的時候，拒絕（reject）$H_{\boldsymbol{c}}$

當$F < F_{k-1,\phi e}(\alpha)$的時候，保留（retain）$H_{\boldsymbol{c}}$

可以客製化虛無假設的 Scheffé 法

Scheffé 法的族對於滿足$\sum_{i=1}^{k} c_i = 0$的無數個$\boldsymbol{c}=(c_1, c_2, \cdots\cdots, c_k)$，以

$$H_{\boldsymbol{c}}：\sum_{i=1}^{k} c_i \mu_i = 0$$

來表示**部分虛無假設的集合**。對於至少一個$\boldsymbol{c}$，H_c被拒絕的機率為α。一般而言，在$(c_1, c_2, \cdots\cdots, c_k)$放入具體數值進行檢定，這種情況下的危險率遠比$\alpha$還小。

如果$c_1=1$、$c_2=-1$、$c_3=0$、……、$c_k=0$的話，則虛無假設H_c為：

$$H_c : \mu_1=\mu_2 \; (\mu_1-\mu_2=0)$$

檢定統計量為：

$$F=\frac{(m_1-m_2)^2 / (k-1)}{V_e\left(\frac{1}{n_1}+\frac{1}{n_2}\right)}$$

如果$c_1=\frac{1}{2}$、$c_2=\frac{1}{2}$、$c_3=-1$、$c_4=0$、……、$c_k=0$的話，則虛無假設H_c如下所示。

$$H_c : \frac{\mu_1+\mu_2}{2}=\mu_3 \quad \left(\frac{\mu_1+\mu_2}{2}-\mu_3=0\right)$$

只要在變異數分析被拒絕時使用即可

假設全體的平均值為m，則

$$\left\{\sum_{i=1}^{k} c_i m_i\right\}^2=\left\{\sum_{i=1}^{k} c_i(m_i-m)\right\}^2=\left\{\sum_{i=1}^{k} \frac{c_i}{\sqrt{n_i}}\times\sqrt{n_i}(m_i-m)\right\}^2$$

$$\leqq\left(\sum_{i=1}^{k}\frac{c_i^2}{n_i}\right)\times\left(\sum_{i=1}^{k} n_i(m_i-m)^2\right) \quad \text{（柯西・施瓦茲不等式）}$$

因此，當Scheffé法的檢定統計量為：

$$F=\frac{\left\{\sum_{i=1}^{k} c_i m_i\right\}^2 \Big/ (k-1)}{V_e \sum_{i=1}^{k}(c_i^2/n_i)} \leqq \frac{\sum_{i=1}^{k} n_i(m_i-m)^2 \Big/ (k-1)}{V_e} \qquad \frac{\dfrac{\text{（組間變異）}}{\text{（組的個數）}-1}}{\dfrac{\text{（組內變異）}}{\text{（全體樣本大小）}-\text{（組的個數）}}}$$

（將此設為F_o）

單因子變異數分析的檢定統計量F_o就能從上而下抑制。

當單因子變異數分析在顯著水準α下被接受時，

$$F\leqq F_o<F_{k-1,\ \phi e}(\alpha)$$

成立，也保留Scheffé法任意的部分虛無假設。Scheffé法只要在單因子變異數分析被拒絕時進行檢定即可。

難易度 ★★★　實用 ★★★　考試 ★

09 Tukey-Kramer法

用軟體計算的人最好也瞭解一下結構。

Point

模擬兩組同質性的母體平均數差的檢定量，製作${}_kC_2$個檢定量

假設k組A_1、A_2、……、A_k分別服從常態分布$N(\mu_1, \sigma^2)$、$N(\mu_2, \sigma^2)$、……、$N(\mu_k, \sigma^2)$〔假設變異數相等〕。

A_i組的樣本大小為n_i，平均值為$\bar{x}_i$，不偏變異數為V_i。

因為$N=\sum_{i=1}^{k} n_i$，假設誤差自由度ϕ_e、誤差變異數V_e分別為：

$$\phi_e = N - k \qquad V_e = \frac{\sum_{i=1}^{k}(n_i - 1)V_i}{\phi_e}$$

虛無假設為$H_{\{i,\ j\}}$：$\mu_i = \mu_j$，對立假設為$H'_{\{i,\ j\}}$：$\mu_i \neq \mu_j$。

將${}_kC_2$個（從1、2、……、k中取出兩個）的部分虛無假設的集合$\mathcal{F}$（族）設為：

$$\mathcal{F} = \{H_{\{1,\ 2\}},\ H_{\{1,\ 3\}},\ \cdots,\ H_{\{k-2,\ k\}},\ H_{\{k-1,\ k\}}\}$$

對$\mathcal{F}$進行顯著水準α的檢定時，針對所有的i、j組，計算出下面的檢定統計量。

$$t_{ij} = \frac{\bar{x}_i - \bar{x}_j}{\sqrt{V_e\left(\frac{1}{n_1} + \frac{1}{n_2}\right)}}$$

根據這個值，可以得知：

當$|t_{ij}| \geqq \frac{q(k,\ \phi_e,\ \alpha)}{\sqrt{2}}$的時候，拒絕$H_{\{i,\ j\}}$

當$|t_{ij}| < \frac{q(k,\ \phi_e,\ \alpha)}{\sqrt{2}}$的時候，保留$H_{\{i,\ j\}}$

這裡的$q(k,\ \phi_e,\ \alpha)$為「司徒頓化的範圍分布」的右尾α點。

查詢300頁的表格得出。

一次檢定哪兩個工廠存在差異

多重比較法可以一次建立多個虛無假設。**Tukey-Kramer法**可以在k組時建立${}_kC_2$個虛無假設，一次檢定一個。

檢定統計量的計算方法，與檢定具有同樣變異數的兩組母體平均數差時的檢定統計量（06章06節）的方法相似。只要將分母平方根中的兩組不偏變異數換成k組不偏變異數即可。

G糖果公司的4個工廠（A_1～A_4）都生產同樣的商品，請檢定商品的內容量是否存在差異。A_1、A_2、A_3、A_4的大小都為10，t_{ij}經過計算，如右表所示；請試著以5%的顯著水準進行檢定。

t_{ij}	2	3	4
1	1.91	2.99	2.67
2		2.31	1.56
3			3.04

組的個數$k=4$，誤差自由度$\phi_e=10\times4-4=36$，以司徒頓化的範圍分布表（右尾5%點）（300頁）來調查q值。

$$q(k,\ \phi_e,\ \alpha)=q(4,\ 36,\ 0.05)=3.809 \quad \frac{q(4,\ 36,\ 0.05)}{\sqrt{2}}=\frac{3.809}{1.414}=2.69$$

t_{ij}比2.69還大，因此拒絕$H_{\{1,\ 3\}}$、$H_{\{3,\ 4\}}$。

換言之，可以認為工廠A_1和A_3、A_3和A_4的內容量上存在差異。

當組的大小相等($n=n_1=n_2=\cdots\cdots=n_k$)時，特別稱之為**Tukey法**。從歷史來看，是**先有Tukey法，才發展為組的大小不相等的Tukey-Kramer法**。

Tukey法針對所有i、j組，計算出：

$$t'_{ij}=\frac{\bar{x}_i-\bar{x}_j}{\sqrt{\frac{V_e}{n}}}$$

由此可以判斷，

當$|t'_{ij}|\geqq q(k,\ \phi_e,\ \alpha)$的時候，拒絕$H_{\{i,\ j\}}$

當$|t'_{ij}|<q(k,\ \phi_e,\ \alpha)$的時候，保留$H_{\{i,\ j\}}$

Column

現代推論統計學的始祖——費雪

貝氏統計之前的推論統計學理論，大部分都是由羅納德・愛爾默・費雪（Ronald Aylmer Fisher）所構建。這些理論當然是用費雪的名字來命名，除此之外也包括變異數分析、實驗設計、估計量的基準（不偏性、一致性）、最大概似法、自由度、……，有費雪之名的方法可以說不勝枚舉。

小樣本理論中不可或缺的t分布，是由曾為健力士啤酒技師的威廉・戈塞所發明。因為戈塞是以學生（Student）這個筆名來投稿論文，所以便稱為司徒頓（Student）t分布。然而，t分布也是費雪從數學的角度賦予嚴密的證明，費雪可以稱得上是統計學的「教父」。

費雪出生於1890年，是著名拍賣公司的合夥人喬治・費雪生下的8位子女中的老么。他從小就有過人的數學天分，雖在劍橋大學主修數學，後來卻成為高爾頓優生學的支持者，對於遺傳學也頗富興趣。費雪由於視力不佳而無法從軍，後來在1915年到1919年間，於公立學校教授數學和物理。

自1919年起，費雪開始在羅森斯德農業試驗所工作。在羅森斯德的這段期間，有很多來自農業試驗所以外的研究人員，向費雪討教實驗設計、統計的分析法等內容。費雪將這些經驗，歸納為費雪三原則。這就是費雪三原則為何與農場實驗的親和性很高的原因。

費雪不擅長與他人進行情感上的交流，他屬於一旦自己被否定，就會變得具有攻擊性而衝動暴怒的人。也因為如此，他和其他統計學家之間經常爭論不斷，即使是一段時間保持良好關係的人，也很快地就鬧得不歡而散。推論統計學的基礎就是由這樣的孤高天才所建立起來的。

Chapter

10

多變量分析

Introduction

什麼是多變量分析？

分析二維以上的資料、多變量資料的方法，統稱為多變量分析。本章將介紹迴歸分析以外的多變量分析方法。

多變量分析的分析法，根據是否存在外在效標（參照08章Introduction），大致可以分為兩種。沒有外在效標的分析法，主要分析目的是針對資料進行歸納和分類；有外在效標的分析法，主要分析目的是預測變量和判別新資料的分組。

A　以歸納、分類資料為目的的方法（沒有外在效標）

B　以預測變量、判別新資料為目的的方法（有外在效標）

本章介紹以對A資料進行歸納和分類為目的的多變量分析，根據所處理的資料種類（主要處理量的資料或主要處理質的資料），可以進一步再分為兩類。整理成表格如下。

量的資料	主成分分析（10章01、02節）　因子分析（10章08節） 共變異數結構分析（10章09節） 階層式集群分析（10章第10節） 多元尺度法（計量）（10章11節）
質的資料	數量化Ⅲ類、對應分析（10章07節）、 多元尺度法（非計量）（10章11節）

對資料進行歸納和分類的多變量分析（無外在效標）

B　以預測變量和判別資料分組為目的的多變量分析，是根據解釋變數（預測變數、獨立變數）來預測反應變數（相依變數）的值，或根據解釋變數導出反應變數的值，以此判別所屬的分組。本書所介紹的多變量分析，根據解釋變數、反應變數是量的資料或質的資料進行歸納分類，如下頁表格所示。

反應變數 / 解釋變數	量的資料	質的資料
量的資料	單變量迴歸分析（08章01節） 複迴歸分析（08章02節）	判別分析（10章03節） 邏輯式迴歸分析 Probit迴歸分析（08章06節）
質的資料	數量化Ⅰ類（10章06節）	數量化Ⅱ類（10章06節） 對數線性模型

用於預測、判別的多變量分析（有外在效標）

迴歸分析和變異數分析屬於一般線性模型（08章07節）的一種，雖然包含在多變量分析中，但會另外放在其他章節介紹。

主成分分析和因子分析的方法完全相反

主成分分析和因子分析雖然**都是以歸納多維資料為目的**，但其根本動機和分析結果卻截然不同。

主成分分析是**根據用來表示資料的變量生成歸納用的新變量，並壓縮維度**。分析的演算法是固定的，無論由誰來做都會得到相同的結果，可以說是一種客觀的分析方法。

另一方面，因子分析會**準備新變量來表示資料的變量，並透過新變量的線性組合來表示資料的變量**。因子分析是與主成分分析相反的方法，這往往會導致未知數的個數比條件表達式的個數還多，使得分析結果不只一個。在因子分析中，從一開始就對新變量賦予意義進行分析，分析者不但可以事先擁有自己的模型，還能針對模型調整相應的係數。因子分析可說是一種具有自由度的主觀分析方法。

主成分分析（概述）

本節會透過例子讓讀者掌握主成分分析的感覺。

將高維資料壓縮成低維資料的方法

使用座標轉換，將標準化的n維資料$\boldsymbol{x}=(x_1, x_2, \cdots, x_n)$※壓縮為$k$維資料$\boldsymbol{a}=(a_1, a_2, \cdots, a_k)$，使其盡可能地不遺漏資訊量，這個方法稱為**主成分分析**（principal component analysis）。

尋找使陰影長度的平方和最大的平面

下面利用把三維資料壓縮為二維資料的主成分分析來說明原理。

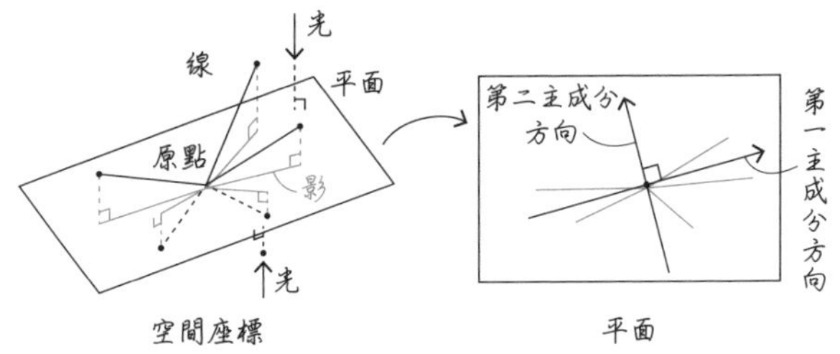

在三維空間座標上描繪資料，用線將資料與空間座標的原點連接起來。準備一個通過原點的平面，用垂直方向的光（有兩個方向）照射這個平面。此時在平面上形成的線的影子長度，取其平方和最大的平面。

接著在這個平面上設定使第一成分平方和最大的座標軸。在這個座標軸上，影子前端的座標值為（第一主成分, 第二主成分），這就是壓縮後的二維資料。

（影子長度的平方和）÷（線長度的平方和）稱為**貢獻率**。可以說，這個值愈高，愈能充分反映資訊，這就是主成分分析。Point的「資訊量」就是指資料的平方和。

※第i號的資料，為$x_i=(x_{i1}、x_{i2}、\cdots、x_{in})$。

Business 把咖啡豆品牌化

咖啡師針對5種咖啡豆的酸味、苦味、濃郁度，以5個等級進行評價（左下表）。我們對其進行主成分分析，將各種咖啡豆呈現在座標平面上。此為樣本大小5、$n=3$、$k=2$的主成分分析。

分別對酸味、苦味、濃郁度標準化，再進行主成分分析，如右下表所示。第i主成分的值，稱為第i主成分分數。

	酸味	苦味	濃郁度
A	3	1	2
B	2	3	3
C	5	2	1
D	1	5	5
E	4	4	4

	第一主成分	第二主成分
A	1.134	−0.800
B	−0.327	−0.518
C	1.816	0.481
D	−2.184	−0.133
E	−0.438	0.970

※標準化使用了不偏變異數。

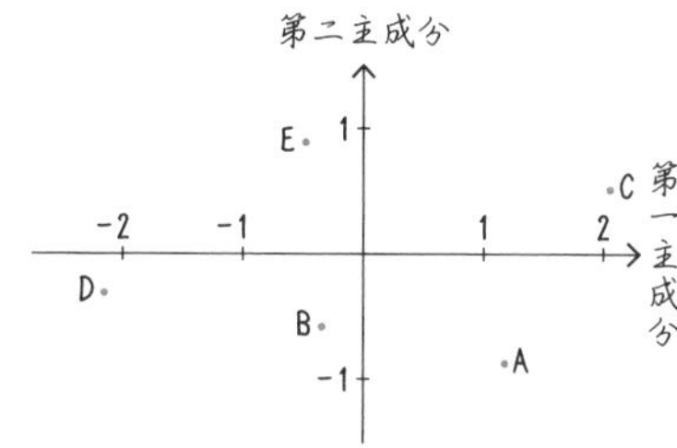

第一主成分方向為（酸味，苦味，濃郁度）＝(−0.517, 0.583, 0.627)，假設將軸命名為「芳醇」。第二主成分方向為(0.819, 0.550, 0.164)，假設命名為「馥郁」。因為是將三維壓縮成二維，所以不會出現新的方向性，但從維度大的資料（例如15維）壓縮成二維的時候，取個統一、能得到共識的名稱會比較好，這方面需要命名的品味。

經過計算，此時的貢獻率為0.979。從三維壓縮到二維，可以說幾乎沒有資訊量的遺漏。

02 主成分分析（詳述）

用下圖來掌握整個輪廓，這裡需要線性代數的知識。

Point

依特徵值的大小順序排列特徵向量以展開空間

假設標準化的n維資料$\boldsymbol{x}=(x_1,\ x_2,\ \cdots\cdots,\ x_n)$的共變異數矩陣為$V$，$V$的特徵值由大到小排列為$\lambda_1$、$\lambda_2$、……、$\lambda_n$，其大小為1的特徵向量為$\boldsymbol{p}_1$、$\boldsymbol{p}_2$、……、$\boldsymbol{p}_n$。個別資料$\boldsymbol{x}$以

$$\boldsymbol{x}=a_1\boldsymbol{p}_1+a_2\boldsymbol{p}_2+\cdots\cdots+a_n\boldsymbol{p}_n$$

表示時，$\boldsymbol{p}_1$為第一主成分、$\boldsymbol{p}_2$為第二主成分……，a_1為第一主成分的主成分分數，$\sqrt{\lambda_1}\boldsymbol{p}_1$的各成分稱為第一主成分的**主成分負荷量**（principal component loading）或**因素負荷量**（factor loading）。像這樣通過座標轉換來改寫資料的方法，就稱為主成分分析（principal component analysis）。只要將資料$\boldsymbol{x}$用$\boldsymbol{a}=(a_1,\ \cdots\cdots,\ a_k)$來表示，那麼$n$維資料就會壓縮為$k$維資料。

二維資料的主成分分析

讓我們以二維為例來解釋主成分分析，假設用下圖的散佈圖來表示二維資料。由於表示個體資料的點幾乎呈直線狀排列，只要重新設定座標軸ℓ_1，用ℓ_1軸的座標值來取代$(x,\ y)$，就可以大致理解。原本是二維的資料，但我們可以根據資料的特徵將其壓縮成一維。

接著針對座標軸ℓ_1的基準進行說明。ℓ_1是在通過原點的直線中，選擇從點落下的垂直線長度平方和最小的直線，這個ℓ_1軸方向的成分就是第一主成分。這時的特徵向量$\boldsymbol{p}_1$，就是ℓ_1軸方向的向量。特徵向量$\boldsymbol{p}_2$，與ℓ_1軸方向正交。以「身高、體重資料（已標準化）」為例，可以解釋成ℓ_1軸成分代表身體大小、ℓ_2軸成分代表

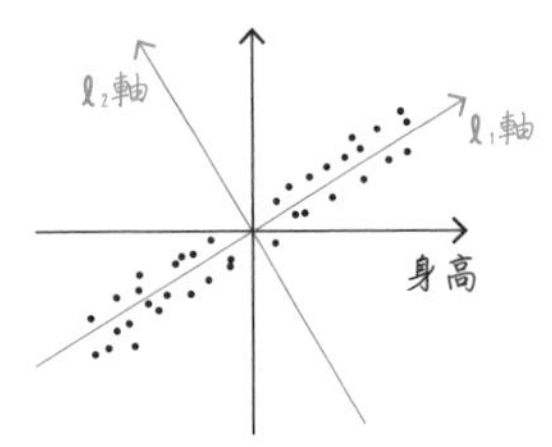

肥胖度。

即使維度變高，原理也一樣；若為n維資料，當選擇主成分方向為k維的向量$\boldsymbol{p}_1$、……、$\boldsymbol{p}_k$時，可以用下面的方法來求出第$k+1$個主成分方向$\boldsymbol{p}_{k+1}$。只要在由$k+1$個向量$\boldsymbol{p}_1$、……、$\boldsymbol{p}_{k+1}$展開的n維空間中的$(k+1)$維超平面上，選擇垂直線長度的平方和最小的$\boldsymbol{p}_{k+1}$即可。

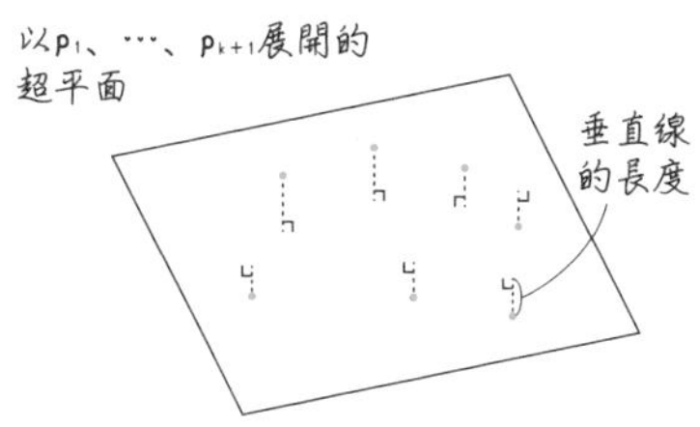

實際上，若用這種方式選擇n個向量的話，從線性代數的理論來看，$\boldsymbol{p}_1$、……、$\boldsymbol{p}_n$就是依特徵值由大到小的順序排列的共變異數矩陣V的特徵向量（大小為1）。我們可以將其歸納成Point的內容。

另外，由於共變異數矩陣V是半正定值對稱矩陣，根據線性代數的一般理論，特徵值λ_1、λ_2、……、λ_n皆在0以上，特徵向量$\boldsymbol{p}_1$、……、$\boldsymbol{p}_n$相互正交。$\boldsymbol{p}_1$、……、$\boldsymbol{p}_n$是標準正交基。

在變量的單位相同的情況下，有時也會在標準化之前，於資料尚未整理、替換成偏差的階段進行主成分分析。在這種情況下，得到的結果與通過標準化資料得到的結果不同。即使資料沒有標準化，只要用相關係數矩陣R代替共變異數矩陣V，也能得到與標準化時相同的結果。

貢獻率可說是資料的活用度

如Point所示，$\boldsymbol{x}$用$\boldsymbol{a}=(a_1, \cdots\cdots, a_k)$來表示，就是忽略了$a_{k+1}$到$a_n$的成分，$|\boldsymbol{x}|>|\boldsymbol{a}|$成立。$k$愈大，$|\boldsymbol{x}|$和$|\boldsymbol{a}|$的差就愈小，可以詳細地呈現$\boldsymbol{x}$的資訊。以極端的例子來看，若$k=n$是完全的，這樣就不能壓縮資料。

決定k值時，我們可以參考**累計貢獻率**。

$$(\text{累計貢獻率})=\frac{\lambda_1+\cdots\cdots+\lambda_k}{\lambda_1+\cdots\cdots+\lambda_n}=\frac{\sum|\boldsymbol{a}|^2}{\sum|\boldsymbol{x}|^2}$$

$\sum$為所有資料的總和。

如等號右邊所示，這是$\boldsymbol{a}$的大小平方和與$\boldsymbol{x}$的大小平方和之比。換言之，這是衡量資訊活用程度的標準。

難易度 ★　實用 ★★★★★　考試 ★

03 判別分析（概述）

本節會透過例子讓讀者掌握判別分析的感覺。

判斷屬於A，B中的哪一個

n維資料$\boldsymbol{x}=(x_1, x_2, \cdots, x_n)$可以分為A、B兩組。

產生判別未知資料屬於A、B哪一組的$\boldsymbol{x}$函數，此稱為**判別分析**（discriminant analysis），$\boldsymbol{x}$函數稱為**判別函數**（discriminant function）。

產生函數來判斷未知資料屬於哪一組

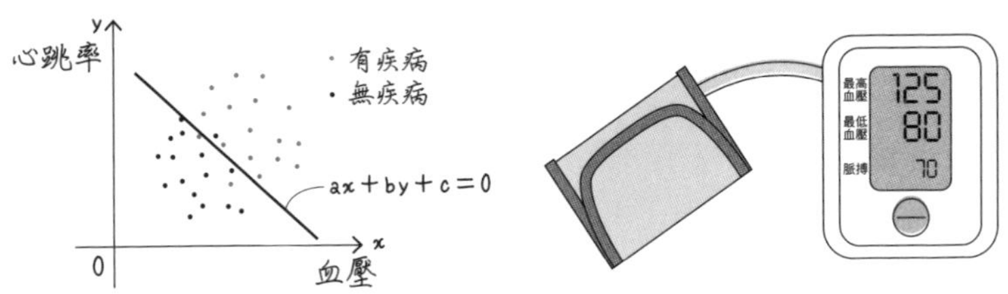

這裡舉個$n=2$的例子。

上圖是某臨床現場測量的血壓和心跳率的散佈圖，圖中的點代表每位患者，有疾病的患者用藍點表示，沒有疾病的患者用黑點表示。想根據血壓和心跳率來判斷新來的患者是否有疾病的時候，判別分析的結果就是一種標準。

下面用統計學的說法再重新說明一次。假設血壓是x，心跳率是y，對於血壓和心跳率(x, y)，用x和y的一次式製作成$z=ax+by+c$（a、b、c為常數）的函數。

如果新患者的血壓和心跳率是(x_p, y_p)，就將值代入z_p，以計算出$z_p=ax_p+by_p+c$。若$z_p>0$，則判斷具有疾病，$z_p<0$則判斷沒有疾病，決定函

數（根據資料計算出a、b、c）就是判別分析所做的事。這時的z是用x、y的一次式所表示的函數，所以稱為**線性判別函數**（linear discriminant function）。資料已知時，a、b、c的具體計算方法將在下一節中說明。

當a、b、c為常數時，$ax+by+c=0$在xy座標平面上為一條直線。因此，在$z=ax+by+c$的函數中，$z=0$的點(x, y)為直線上的點。

散佈圖中，用$ax+by+c=0$表示的直線，將座標平面分為兩塊區域，一邊的區域$z>0$成立，另一邊的區域$z<0$成立。

散佈圖上的點是通過位於$ax+by+c=0$所表示的直線的哪一邊來進行判別。從散佈圖可以看出，直線無法準確地區分疾病的有無。因此，這條計算出來的直線（線性判別函數），只是用來判斷有無疾病的大致標準。

有時用曲線代替直線，可以更好地進行分類，05節的**馬哈拉諾比斯距離**（Mahalanobis distance）就是計算函數的方法之一。

迴歸分析的解釋變數和反應變數皆為量的資料。在判別分析中，解釋變數是量的資料，而反應變數為

A（有疾病）or B（無疾病），所以是質的資料。

Business 下個破產的信用合作社在哪裡！

K綜合研究所針對日本的信用合作社業界進行研究。在1998年到2003年這段期間，有很多信用合作社都破產了。根據這段期間破產和存續的信用合作社的財務資料，計算判別函數的常數a、b、c、d、e、f。

$$a\times(\text{資本金})+b\times(\text{貸款餘額})+c\times(\text{存款餘額})$$
$$+d\times(\text{淨利潤})+e\times(\text{不良債權})+f$$

只要利用這個式子，就能預測即將破產的信用合作社。a、b、c、d、e、f屬於企業機密，所以不便在這裡透露出來。

04 判別分析（詳述）

根據多維的量的資料，導出質的資料的多變量分析。

Point

區分A組和B組

p維資料$\boldsymbol{x}=(x_1,\ x_2,\ \cdots\cdots,\ x_p)$，可以分為A、B兩組。

對於$\boldsymbol{x}=(x_1,\ x_2,\ \cdots\cdots,\ x_p)$，

$$y=a_1x_1+a_2x_2+\cdots\cdots+a_px_p+a_{p+1}$$

希望能用來**判斷$\boldsymbol{y}>0$時$\boldsymbol{x}$屬於$\boldsymbol{A}$，$\boldsymbol{y}<0$時$\boldsymbol{x}$屬於$\boldsymbol{B}$**。這裡的y稱為**線性判別函數**。

線性判別函數的計算方式

線性判別函數可以利用下列標準計算出來。假設$p=2$。

A組的資料為$(x_1,\ y_1)$、……、$(x_n,\ y_n)$，A的x成分、y成分的平均值為$\bar{x}_A$、$\bar{y}_A$；B組的資料為$(x_{n+1},\ y_{n+1})$、……、$(x_{n+m},\ y_{n+m})$，B的x成分、y成分的平均值為$\bar{x}_B$、$\bar{y}_B$，$(\bar{x}_A,\ \bar{y}_A)$和$(\bar{x}_B,\ \bar{y}_B)$的中點為$(x_0,\ y_0)$。

建立使z對應於$(x,\ y)$的線性判別函數，當線性判別函數為$(x,\ y)=(x_0,\ y_0)$時，$z=0$，代表如果位於A組和B組各自平均點的正中央時為0。直線的法線方向，使用滿足$a^2+b^2=1$的a、b作為$(a,\ b)$，則z為：

$$z=a(x-x_0)+b(y-y_0)\quad\cdots\cdots①$$

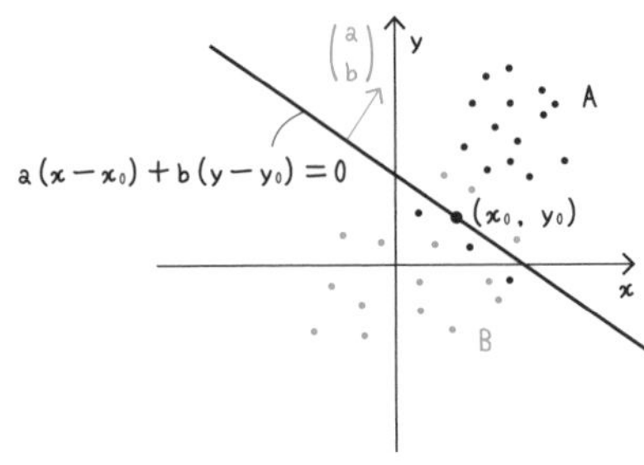

對於(x_i, y_i)、$(\bar{x}_A, \bar{y}_A)$，假設z_i、$\bar{z}$、$\bar{z}_A$為：

$$z_i = a(x_i - x_0) + b(y_i - y_0) \qquad \bar{z} = \frac{1}{n+m}\sum_{i=1}^{n+m} z_i$$

$$\bar{z}_A = a(\bar{x}_A - x_0) + b(\bar{y}_A - y_0)$$

針對z計算總變異S_T、組間變異S_B。

$$S_T = \sum_{i=1}^{n+m}(z_i - \bar{z})^2 = \sum_{i=1}^{n+m}\{a(x_i - \bar{x}) + b(y_i - \bar{y})\}^2$$

$$S_B = n(\bar{z}_A - \bar{z})^2 + m(\bar{z}_B - \bar{z})^2$$

$$= n\{a(\bar{x}_A - \bar{x}) + b(\bar{y}_A - \bar{y})\}^2 + m\{a(\bar{x}_B - \bar{x}) + b(\bar{y}_B - \bar{y})\}^2$$

這裡選擇使$\frac{S_B}{S_T}$的值最大的(a, b)。

$\bar{z}_A$是$\begin{pmatrix}\bar{x}_A - \bar{x}\\ \bar{y}_A - \bar{y}\end{pmatrix}$在$\begin{pmatrix}a\\ b\end{pmatrix}$方向的正射影長度，所以當①能充分區分A、B的方向時，$\bar{z}_A - \bar{z}$、$\bar{z}_B - \bar{z}$的絕對值就會變大。當組間變異S_B占總變異S_T的比例較大時，就表示A和B可以充分地區分開來。將(a, b)代入①式，就能得到線性判別函數。這時(a, b)的方向，可以用下列式子來計算：

$$\begin{pmatrix}a\\ b\end{pmatrix} /\!/ \begin{pmatrix}s_{xx} & s_{xy}\\ s_{xy} & s_{yy}\end{pmatrix}^{-1}\begin{pmatrix}\bar{x}_A - \bar{x}_B\\ \bar{y}_A - \bar{y}_B\end{pmatrix}$$

// 代表平行。

式子①如下所示。

$$z = (x - x_0 \quad y - y_0)\begin{pmatrix}s_{xx} & s_{xy}\\ s_{xy} & s_{yy}\end{pmatrix}^{-1}\begin{pmatrix}\bar{x}_A - \bar{x}_B\\ \bar{y}_A - \bar{y}_B\end{pmatrix}$$

由於(a, b)滿足條件時，$(-a, -b)$也滿足條件，因此當$z > 0$時，我們可以透過選擇(a, b)或$(-a, -b)$，來調整(x, y)以成為A組。

難易度 ★★★★　實用 ★★　考試 ★★★★

05 馬哈拉諾比斯距離

要記住它是判別分析的發展形。

Point

建立非線性判別函數的方式

關於二維資料$(x,\ y)$，以下列式子

$$D^2 = (x-\bar{x},\ y-\bar{y})\begin{pmatrix} s_{xx} & s_{xy} \\ s_{xy} & s_{yy} \end{pmatrix}^{-1}\begin{pmatrix} x-\bar{x} \\ y-\bar{y} \end{pmatrix}$$

決定的$D(>0)$，稱為**馬哈拉諾比斯距離**（Mahalanobis distance）。

假設A組計算出來的馬哈拉諾比斯距離為$D_A(x,\ y)$，B組計算出來的馬哈拉諾比斯距離為$D_B(x,\ y)$，

當$D_A(x,\ y) < D_B(x,\ y)$時，$(x,\ y)$屬於A組

當$D_A(x,\ y) > D_B(x,\ y)$時，$(x,\ y)$屬於B組

以上述方式進行判別，就叫作**根據馬哈拉諾比斯距離的判別**。

根據馬哈拉諾比斯距離來判別的機制

利用一維資料，根據馬哈拉諾比斯距離進行判別。假設A組的資料服從$N(\mu_A,\ {\sigma_A}^2)$，B組的資料服從$N(\mu_B,\ {\sigma_B}^2)$。這時該如何判別x屬於哪一組才好？

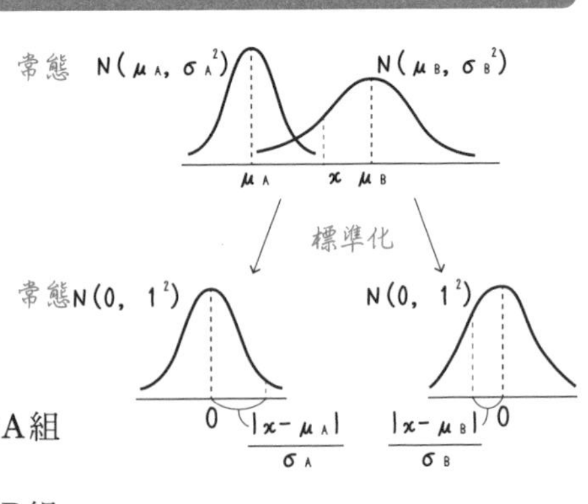

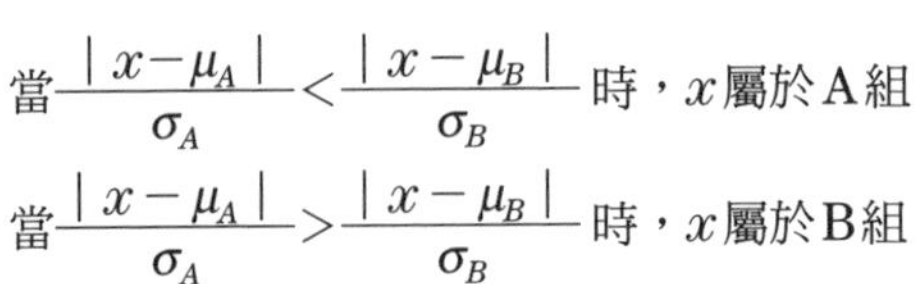

當$\dfrac{|x-\mu_A|}{\sigma_A} < \dfrac{|x-\mu_B|}{\sigma_B}$時，$x$屬於A組

當$\dfrac{|x-\mu_A|}{\sigma_A} > \dfrac{|x-\mu_B|}{\sigma_B}$時，$x$屬於B組

用這種方式進行判別比較妥當。

用A、B的平均值和標準差進行標準化，選擇絕對值較小的組別。可以說絕對值較小的組，相對來說更接近平均值。

這表示在常態分布的機率密度函數$f(x)=\frac{1}{\sqrt{2\pi}\sigma}e^{-\frac{(x-\mu)^2}{2\sigma^2}}$中，選擇$e$的指數部分較大的一方。

二維資料的判定，也可以只比較兩組資料

二維也是同樣的思考方式。對於二維資料(x, y)，假設A組的平均值為$(\bar{x}_A, \bar{y}_A)$，變異數和共變異數為s_{xx}、s_{yy}、s_{xy}，相關係數為ρ。若A組的資料服從二維常態分布，分布的形式為$N(\bar{x}_A, \bar{y}_A, s_{xx}, s_{yy}, \rho)$。這個分布的機率密度函數$e$的指數為：

$$-\frac{1}{2}(x-\bar{x}_A, y-\bar{y}_A)\begin{pmatrix} s_{xx} & s_{xy} \\ s_{xy} & s_{yy} \end{pmatrix}^{-1}\begin{pmatrix} x-\bar{x}_A \\ y-\bar{y}_A \end{pmatrix} = -\frac{1}{2}D_A{}^2$$

在D_A較小的地方，(x, y)屬於A組的機率較大；在D_A較大的地方，屬於A組的機率較小。

只要比較D_A（x, y）和D_B（x, y），就能得知屬於哪一組的機率較大。

$D=$（常數）的曲線始終呈橢圓形。在上一節的線性判別分析中，判別函數為x和y的一次式，但在一般情況下，使用馬哈拉諾比斯距離的判別函數得出的分界線卻是二次曲線（僅限於二維）。如果A、B的共變異數矩陣一致，則分界線呈一條直線（線性判別函數的直線）。

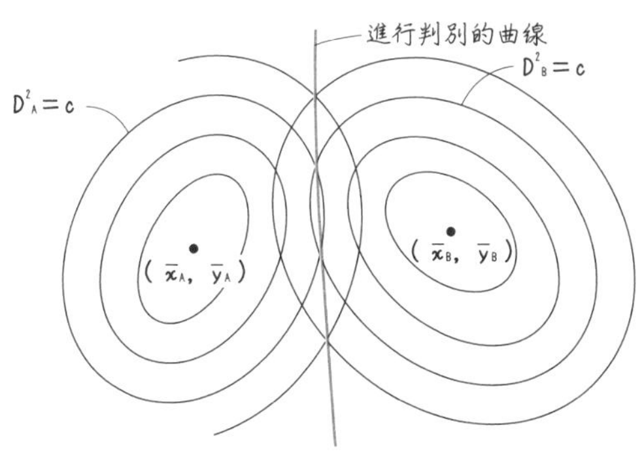

難易度 ★　實用 ★★★★★　考試 ★★★★★

06 數量化 I 類、II 類

源自日本的多變量分析。將虛擬變數的使用方法運用自如吧。

Point

將解釋變數的值設為0、1

- **數量化 I 類**：用質的資料作為解釋變數，用量的資料作為反應變數的迴歸分析。
- **數量化 II 類**： 用質的資料作為解釋變數，用量的資料作為反應變數的判別分析。

使用質的資料作為解釋變數的數量化理論

對質的資料進行多變量分析的理論，稱為**數量化理論**。數量化理論共有 I 類到Ⅳ類。

迴歸分析和判別分析的解釋變數均為量的資料。**解釋變數作為質的資料時，為數量化 I 類、數量化 II 類**。迴歸分析和判別分析都有反應變數，有了反應變數，可以說也就**存在外在效標**。

舉例來說，數量化 I 類所使用的資料，就如下表的資料。這是針對A到E的5人「有沒有戀人、是否和父母同住、一個月的零用錢是多少」的調查結果，整理而成的表格。

	戀人	與父母同住	零用錢（萬元）
A	有	是	3
B	沒有	是	2
C	沒有	否	1
D	有	否	1.5
E	沒有	是	2.5

	x	y	z
A	1	1	3
B	0	1	2
C	0	0	1
D	1	0	1.5
E	0	1	2.5

相對於左表，右表是將有戀人改為$x=1$，沒有戀人改為$x=0$，同住改為$y=1$，沒有同住改為$y=0$，零用錢的金額改為z，此時的0和1稱為**虛擬變數**。數量化 I 類等同於以右表的x、y作為解釋變數，z作為反應變數，進行複迴歸分析。經過計算，得到迴歸式為$z=0.64x+1.35y+0.92$。這個時候，把「戀人」這樣的質的變數稱為**項目**，「有」、「沒有」戀人稱為類目，0.64為（有）戀人時的**類目分數**或**類目權重**。因為**類目被賦予數量進行分析**，所以稱為數量化理論。

此外，**即使有3個以上的類目，只要準備2個以上的虛擬變數，也可以用0和1的虛擬變數進行分析**。

用反應變數進行判別的數量化 II 類

舉例來說，數量化 II 類所使用的資料，就如下表的資料。這是對A到E的5人進行「有刷牙的習慣嗎？喜歡甜食嗎？有沒有蛀牙？」的調查結果。對於刷牙的習慣、是否喜歡甜食、有無蛀牙，把「有」或「是」設為1，「沒有」或「否」設為0，如右表所示。

	刷牙習慣	喜歡甜食	蛀牙
A	有	是	沒有
B	沒有	否	有
C	沒有	是	有
D	有	否	沒有
E	沒有	否	沒有

	x	y	z
A	1	1	0
B	0	0	1
C	0	1	1
D	1	0	0
E	0	0	0

根據上表，以z作為反應變數，x、y作為解釋變數進行迴歸分析，得到函數$z=-0.71x+0.28y+0.57$。有蛀牙組的平均$(0,\ 0.5)$和沒有蛀牙組的平均$(0.67,\ 0.33)$之間的中點為$(x_0,\ y_0)=(0.33,\ 0.42)$，所以在$(x,\ y)=(x_0,\ y_0)$時，使$z=0$來決定截距，假設$z=-0.71x+0.28y+0.12$，就**能以$z$的正負來判別有無蛀牙**。$z$是用本章02節的方法計算的判別函數常數倍，可以作為判別函數使用。

07 數量化Ⅲ類、對應分析

沒有外在效標的數量化手法，在市場行銷中有很多應用例子。

Point

粗略主成分分析的數量化版

- **數量化Ⅲ類**：對於表中數量為0、1的交叉資料表，為了使相關係數達到最大，將類目數量化的分析法。
- **對應分析**：對於交叉資料表，為了使相關係數達到最大，將類目數量化的分析法。

※僅把主成分分析作為虛擬變數，並不能成為數量化Ⅲ類。

斜向排列1

對A、B、C、D四人進行早、中、晚的好惡問卷調查（喜歡＝1，討厭＝0），結果如表1所示。將表側、表頭的類目重新排列，盡量把1排列在對角線上，如表2所示。表2中相鄰的人，可以說有著類似的喜好。**以此為基礎，就能進行分組和定位等分析**。以這個例子為例，以A和C之間來區分，將B、A命名為早晚派，C、D命名為中午派。

表1

	早	午	晚
A	0	0	1
B	1	0	1
C	0	1	1
D	0	1	0

表2

	早	午	晚
B	1	1	0
A	0	1	0
C	0	1	1
D	0	0	1

數量化後重新排列

前面用目視的方式進行排列，接下來試著以數量化的方式排列。

將A、B、C、D設為x_1、x_2、x_3、x_4，早午晚設為y_1、y_2、y_3。

以此為基礎，假設有6個資料(x_1, y_1)、……如下表所示。

		朝 y_1	y_2	夜 y_3
A	x_1			(x_1, y_3)
B	x_2	(x_2, y_1)		(x_2, y_3)
C	x_3		(x_3, y_2)	(x_3, y_3)
D	x_4		(x_4, y_2)	

決定x_i和y_i，使這個資料的相關係數最大。相關係數在變數的線性變換中是不變的，所以x_i和y_i都可以被標準化。換言之，

$\bar{x}=0$、$s_x{}^2=1$、$\bar{y}=0$、$s_y{}^2=1$

寫成x_i、y_i，假設滿足：

$$x_1+2x_2+2x_3+x_4=0 \qquad x_1{}^2+2x_2{}^2+2x_3{}^2+x_4{}^2=1$$

$$y_1+2y_2+3y_3=0 \qquad y_1{}^2+2y_2{}^2+3y_3{}^2=1$$

在這個條件下，計算使共變異數

$$s_{xy}=x_1y_3+x_2y_1+x_2y_3+x_3y_2+x_3y_3+x_4y_2$$

取最大的x_i和y_i即可。

利用在大學學過的微積分和線性代數的知識（拉格朗日乘子法、特徵值和特徵向量），計算x_i、y_i，結果如下。

$$(x_1, x_2, x_3, x_4)=\frac{1}{10}(-\sqrt{5}, -2\sqrt{5}, \sqrt{5}, 3\sqrt{5})$$

$$(y_1, y_2, y_3)=\frac{1}{30}(-3\sqrt{30}, 3\sqrt{30}, -\sqrt{30})$$

由小到大排列x_i和y_j，則

$$x_2<x_1<x_3<x_4 \qquad y_1<y_3<y_2$$

以此為基礎，替換A、B、C、D和早、午、晚，如表2所示。

Business 中階管理職因為工作壓力太大而抽煙

數量化Ⅲ類使用的是表中數字為0和1的交叉資料表；對應分析使用的是填入0和1以外的數字的交叉資料表。對應分析的原理與數量化Ⅱ類相同，為了使相關係數最大，給類目賦予數值。

舉個例子，我們接著利用Greenacre公司的職種和抽煙習慣的相關資料，進行對應分析。

職種＼抽煙習慣	不抽	少抽	普通	常抽	總計
高級管理職	4	2	3	2	11
中階管理職	4	3	7	4	18
資深員工	25	10	12	4	51
菜鳥員工	18	24	33	13	88
祕書	10	6	7	2	25
總計	61	45	62	25	193

出處：Greenacre（1984）的資料

職種與抽煙習慣的關係

計算方法**和數量化Ⅲ類一樣，只要在標準化的類目權重中，選擇共變異數s_{xy}最大的即可**。

假設職種的類目權重為x_i、抽煙習慣的類目權重為y_i，那麼標準化的條件就是：

$\bar{x}=0 \Rightarrow 11x_1+18x_2+51x_3+88x_4+25x_5=0$

$S_x^2=0 \Rightarrow 11x_1^2+18x_2^2+51x_3^2+88x_4^2+25x_5^2=1$

$\bar{y}=0 \Rightarrow 61y_1+45y_2+62y_3+25y_4=0$

$S_y^2=0 \Rightarrow 61y_1^2+45y_2^2+62y_3^2+25y_4^2=1$

這時，只要選擇使共變異數

$$s_{xy}=4x_1y_1+2x_1y_2+\cdots\cdots+7x_5y_3+2x_5y_4$$

最大化的x_i、y_i即可。在上面的數量化Ⅲ類例子中，因為只計算了對應第二大特徵值的類目權重，所以結果是一維的。在這個對應分析的例子中，也計算第二個、第三個特徵值的類別權重，作為第一成分、第二成分。實際上，有很多軟體都是將結果描繪在座標平面上輸出。

職種(x_i)和抽煙習慣(y_i)的類目權重如下所示。

	高級管理職	中階管理職	資深員工	菜鳥員工	祕書
第一成分	−0.241	0.947	−1.393	0.853	−0.736
第二成分	1.935	2.431	0.108	−0.579	−0.787

	不抽	少抽	普通	常抽
第一成分	−1.438	0.363	0.717	1.075
第二成分	0.304	−1.410	−0.070	1.976

將這些資料呈現在座標平面上，如下所示。

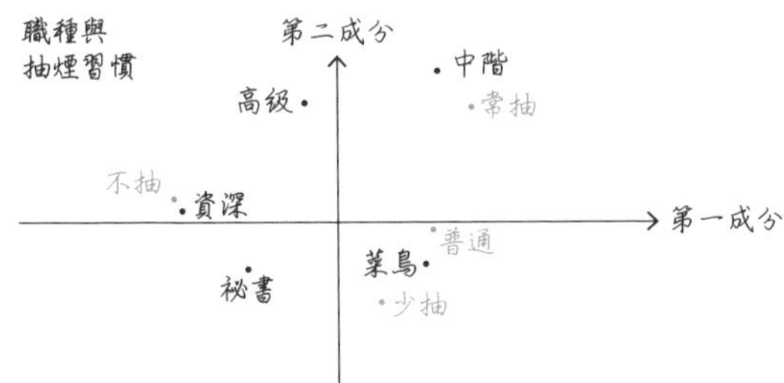

我們可以認為，中階管理職比較有抽煙的習慣，資深員工比較沒有抽煙的習慣。此外，有些軟體會使用特徵值的平方根來取代$s_x{}^2=1$、$s_y{}^2=1$的1，因此有時會出現與此不同的結果。

難易度 ★★★★　實用 ★★★　考試 ★★

08 因子分析

用於心理學、市場行銷等領域。

Point

以（因子的一次式）+（獨立因子）來表示變量

對於各成分x_j被標準化的p維變量$(x_1, x_2, \cdots\cdots, x_p)$，假設第$i$號的資料為$(x_{1i}, x_{2i}, \cdots\cdots, x_{pi})$。準備常數$a_1$、$b_1$、……、$a_p$、$b_p$與二維變量$(f_1, f_2)$和$p$個一維變量$e_1$、$e_2$、……、$e_p$，以

$$x_{1i}=a_1f_{1i}+b_1f_{2i}+e_{1i}$$
$$x_{2i}=a_2f_{1i}+b_2f_{2i}+e_{2i}$$
$$\cdots\cdots$$
$$x_{pi}=a_pf_{1i}+b_pf_{2i}+e_{pi}$$

來表示，此稱為**因子分析（雙因子模型）**。

這裡的f_1和f_2都經過標準化，因此，

$$E[f_1]=0 \quad V[f_1]=1 \quad E[f_2]=0 \quad V[f_2]=1 \quad \cdots\cdots ①$$

另外，對於(f_1, f_2)、e_1、e_2、……、e_p，必須符合下列式子。

$$\left.\begin{array}{l}\mathrm{Cov}[f_1, e_1]=0、\mathrm{Cov}[f_1, e_2]=0、\cdots\cdots、\mathrm{Cov}[f_1, e_p]=0\\ \mathrm{Cov}[f_2, e_1]=0、\mathrm{Cov}[f_2, e_2]=0、\cdots\cdots、\mathrm{Cov}[f_2, e_p]=0\\ E[e_i]=0、\mathrm{Cov}[e_i, e_j]=0(i\neq j)、V(e_i)=1\end{array}\right\}\cdots\cdots ②$$

- **因素負荷量**（factor loading）：a_1、b_1、……、a_p、b_p
- **共同因素**（common factor）：f_1、f_2
- **獨立因子**：e_1、e_2、……、e_p
- 第i號資料的**因素分數**（factor score）：(f_{1i}, f_{2i})

$\mathrm{Cov}[f_1, f_2]=0$時稱為**正交模型**，$\mathrm{Cov}[f_1, f_2]\neq 0$時稱為**斜交模型**。

因子分析的使用方法

用雙因子來說明四個科目的考試資料模型，以解釋因子分析（相當於$p=4$的情況）。實施國語、算術、理科、社會四個科目的考試，假設國語的分數為x_1，算術的分數為x_2，理科的分數為x_3，社會的分數為x_4。對此，我們準備兩個共同因素f_1、f_2，四個獨立因素e_1、e_2、e_3、e_4，假設：

$$x_1=a_1f_1+b_1f_2+e_1$$
$$x_2=a_2f_1+b_2f_2+e_2$$
$$x_3=a_3f_1+b_3f_2+e_3$$
$$x_4=a_4f_1+b_4f_2+e_4$$

為了滿足Point的①、②，利用已知的資料，計算常數a_1、b_1、……、b_4，這就是因子分析。以（因子的一次式）+（獨立因子）來表示觀測變數的式子，稱為**測度方程式**（measurement equation）。以模式畫出觀測變數和因子的關係，這樣的圖稱為**路徑圖**。假設根據資料和①、②的條件，計算常數a_1、b_1、……、b_4，結果如下。

$$x_1=0.8f_1+0.2f_2+e_1$$
$$x_2=0.5f_1+0.9f_2+e_2$$
$$x_3=0.2f_1+0.8f_2+e_3$$
$$x_4=0.9f_1+0.1f_2+e_4$$

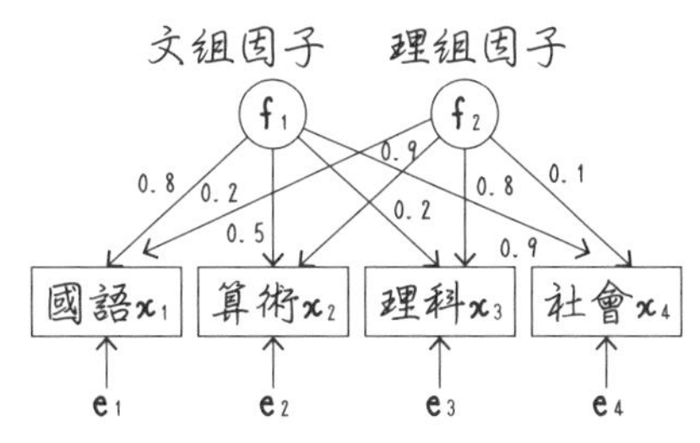

根據因素負荷量（從0.8到0.1的8個）的情況（對於f_1，文組科目的因素負荷量大，理組科目的因素負荷量小），只要將f_1命名為文組因子、f_2命名為理組因子即可。對於(x_1, x_2, x_3, x_4)的觀測值，決定文組、理組的因素分數(f_1, f_2)和各科目的獨立因子(e_1, e_2, e_3, e_4)。

這個例子是把共同因素設為f_1、f_2這兩個，即使共同因素有三個以上，也同樣可以進行因子分析。

Business 對國外品牌進行因子分析

下表是針對著名海外品牌，從「人氣度」到「廣告吸睛度」等9個項目，對454人進行○、×問卷調查的資料。這在Point中相當於$p=9$的情況。

品牌名	人氣度	認知度	持有率	高級感	自豪度	品質可靠度	品味度	親近度	廣告吸睛度
Chanel	159	377	209	318	136	150	123	36	86
Hermès	145	327	136	245	104	154	127	27	41
Tiffany	145	327	136	182	86	136	136	77	59
Louis Vuitton	136	359	186	177	77	186	82	109	18
Gucci	123	350	154	163	73	141	114	68	32
Ralph Lauren	114	295	200	54	27	114	91	154	36
Cartier	109	291	109	232	95	150	95	14	23
Ferragamo	109	286	68	159	64	109	77	32	18
Prada	104	245	45	104	50	77	82	59	18
Calvin Klein	100	263	123	32	23	64	118	132	54
Benetton	86	327	241	18	5	54	59	227	95

出處：《日經流通新聞》1996年8月31日；上田太一郎《資料探勘事例集》，共立出版（1998）

進行雙因子分析，因素負荷量a_1、b_1、……、a_9、b_9如左下表所示。各資料共同因素f_1、f_2的因素分數如右表所示。

	因素負荷量	
	a_i	b_i
人氣度	.812	.360
認知度	.466	.801
持有率	−.170	.955
高級感	.990	.102
自豪度	.994	.095
品質可靠度	.774	.242
品味度	.556	.062
親近度	−.866	.488
廣告吸睛度	−.133	.691

品牌名	f_1	f_2
Chanel	1.810	1.057
Hermès	0.953	−0.202
Tiffany	0.433	0.199
Louis Vuitton	0.298	0.874
Gucci	0.168	−0.015
Ralph Lauren	0.996	0.560
Cartier	0.697	−0.847
Ferragamo	0.101	−1.352
Prada	0.567	−1.497
Calvin Klein	−1.207	−0.385
Benetton	−1.489	1.607

第一因子的人氣度、高級感、自豪感、品質可靠度、品味度的因素負荷量較大，所以命名為「高雅」；第二因子的認知度、持有率、親近度、廣告的因子負荷量較大，所以命名為「熟悉」。大家可以憑自身的感覺來命名。

因素負荷量不止一種

當變量(f_1, f_2)滿足$V[f_1]=1$、$V[f_2]=1$、$\mathrm{Cov}[f_1, f_2]=0$時，若將(f'_1, f'_2)設為：

$$\begin{pmatrix} f'_1 \\ f'_2 \end{pmatrix} = \begin{pmatrix} \cos\theta & -\sin\theta \\ \sin\theta & \cos\theta \end{pmatrix} \begin{pmatrix} f_1 \\ f_2 \end{pmatrix}$$

則$V[f'_1]=1$、$V[f'_2]=1$、$\mathrm{Cov}[f'_1, f'_2]=0$成立。因為也滿足其他因子分析的條件，所以只要有一個滿足因子分析條件的(f_1, f_2)，就會有無數個解。另外，即使是三因子以上的模型，只要將共同因素向量乘以旋轉矩陣，其結果也滿足因子分析的條件。

因此，**因子分析可以用任意的方式呈現**。因子分析原本用於心理學方面。首先建立假設，之後找出符合這個假設的共同因素。

因為有無數個解，所以也有好幾種發現共同因素的方法。

在主成分因子分析法中，取$\boldsymbol{a}=(a_1, \cdots\cdots, a_p)$、$\boldsymbol{b}=(b_1, \cdots\cdots, b_p)$作為主成分分析的第一主成分、第二主成分，這時是以$\mathrm{Cov}(e_i, e_j)=0$的條件作為代價。

當找到一個因子分析的解時，從旋轉的因素負荷量中，將「因素負荷量平方的變異數」最大化的旋轉，稱為**方差極大化旋轉**（varimax rotation）。

順帶一提，前面提到的品牌調查並沒有旋轉。

難易度 ★　實用 ★★★★★　考試 ★★★★★

09 共變異數結構分析

共變異數結構分析是靠自己設計結構模型進行分析。

Point

「客製化路徑圖的因子分析」＋「迴歸分析」

共變異數結構分析（covariance structure analysis）

根據觀測變數的共變異數，確定觀測變數、潛在變數、誤差變數的結構模型的方法，又稱為**結構方程式模型**（structural equation model）。

設計路徑圖

共變異數結構分析首先要設定路徑圖，就是所謂的分析設計圖。

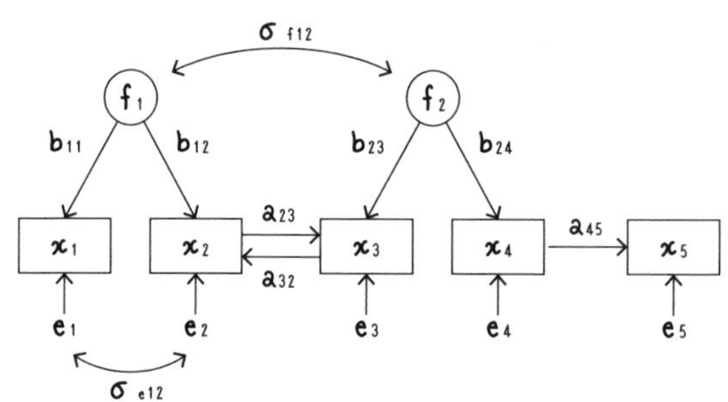

上面的路徑圖用式子來表示，則

$$x_1 = b_{11}f_1 + e_1$$

$$x_2 = b_{12}f_1 + a_{32}x_3 + e_2$$

$$x_3 = b_{23}f_2 + a_{23}x_2 + e_3$$

$$x_4 = b_{24}f_2 + e_4$$

$$x_5 = a_{45}x_4 + e_5$$

$\mathrm{Cov}[f_1, f_2] = \sigma_{f12}$　　$\mathrm{Cov}[e_1, e_2] = \sigma_{e12}$※　……①

由此可知，路徑圖是以→來表示係數，以↔來表示共變異數和相關係數。

可觀測的變數稱為**觀測變數**(x_i)，因子分析中的共同因素稱為**潛在變數**(f_i)，獨立因子稱為**誤差變數**(e_i)。

用潛在變數f_i來表示觀測變數x_i的式子$(x_1$到$x_4)$稱為測度方程式，表示觀測變數之間關係的式子(x_5)稱為**結構方程式**。測度方程式可以視為因子分析，結構方程式可以視為迴歸分析，因此共變異數結構分析可以概括成「結合迴歸分析和因子分析的分析方法」。

共變異數結構分析的優點在於，分析人員可以自由地建構模型。比方f_2到x_1、x_2可以沒有路徑，x_2和x_3可以有線性關係，潛在變數之間或誤差變數之間也可以有相關關係。

觀測資料$x=(x_1, x_2, x_3, x_4, x_5)$，以各成分的期望值為0為中心（用$x_i$來替換$x_i-\bar{x}$來替換$x_i$）。目標是根據$x$來決定

未知數 { 係數 b_{11}、b_{12}、b_{23}、b_{24}、a_{23}、a_{32}、a_{45}
共變異數σ_{f12}、σ_{e12}　誤差變數 e_1、e_2、e_3、e_4、e_5的變異數 }

Business 透過共變異數結構分析使人才適得其所

人事部長F先生為了建立兼具團隊合作與專業技能的組織而苦惱不已。利用某項調查的共變異數結構分析結果，根據每個人的協調性、年齡、專業知識、積極性的問卷調查，找出團隊合作和專業技能，進行人才配置，最終成功地打造出最合適的組織。

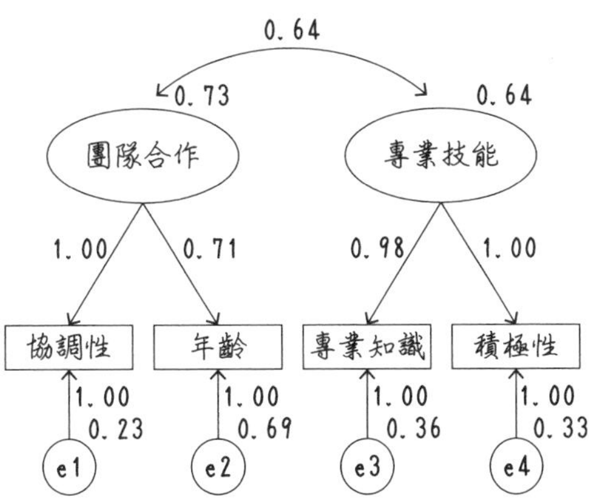

Chapter 10 多變量分析

※誤差變數之間有假設相關和不相關的情況。

難易度 ★　實用 ★★★★　考試 ★★

10 階層式集群分析

集群分析的距離計算方法，選擇組的結合基準進行分析。

Point

把相近的歸納在一起

階層式集群分析（hierarchical cluster analysis）※

設定多變量樣本個體之間的距離，以此為基礎建立分組（集群），結果整理成**樹形結構關係圖**（dendrogram）。

繪製樹形結構關係圖

針對個體1～5，計算兩個體之間的距離，結果如右表所示。以此為基礎，進行集群分析。集群的製作方法包括**最短距離法**、**最長距離法**、**群平均法**等。

	1	2	3	4	5
1	–				
2	3	–			
3	5	4	–		
4	9	8	5	–	
5	8	6	6	2	–

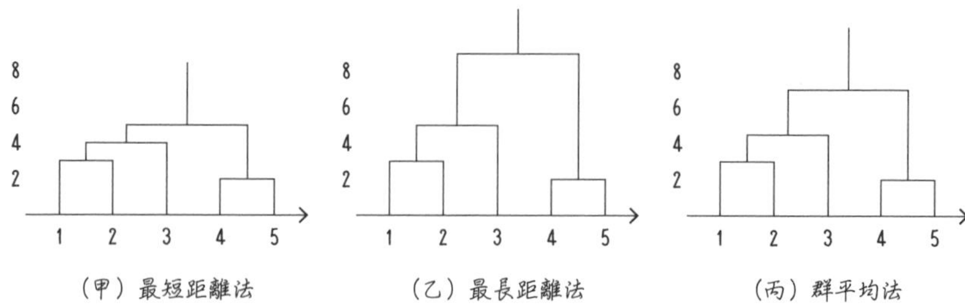

（甲）最短距離法　（乙）最長距離法　（丙）群平均法

（甲）（乙）（丙）的樹形結構關係圖，4和5都以距離2的水準、1和2都以距離3的水準形成集群。對於由兩個個體構成的集群，三種方法都是以相同的距離水準合

※非階層式集群分析中，還有k平均法。

成一群。將兩個集群（一個是個體也可以）合併為一個集群時，三種方法會產生差異。

下面讓我們著眼於(1，2)和3合併為一個集群的部分。1和3的距離為5，2和3的距離為4。在最短距離法中，(1，2)和3的個體之間，最短的距離是4，所以在4的水準下，(1，2)和3為一個集群；而在最長距離法中，最長的距離是5，所以在5的水準下(1，2)和3是一個集群。群平均法是以$(4+5)\div 2=4.5$的水準合併。在群平均法中，(1，2，3)和(4，5)之所以合併，是因為4和1、4和2、4和3、5和1、5和2、5和3的距離平均值$(9+8+5+8+6+6)\div 6=7$，為距離7的水準。

若樹形結構關係圖如右圖，就不能形成集群，這樣的狀態就稱為**連鎖效應**。建立集群時，從變異數最小的部分開始結合的**華德法**（Ward's method），被認為是有效避免連鎖效應的方法。

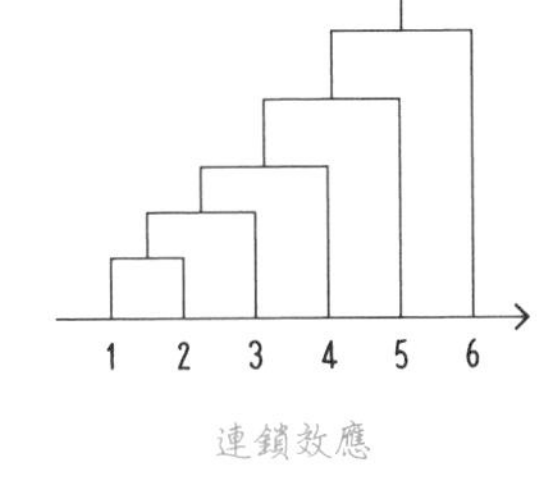

連鎖效應

兩個個體$(x_1, x_2, \cdots\cdots, x_k)$和$(y_1, y_2, \cdots\cdots, y_k)$的距離計算方法包括：

$$\textbf{明可夫斯基距離} \quad d=\left(\sum_{i=1}^{k} |x_i-y_i|^p\right)^{\frac{1}{p}}、$$

歐幾里得距離（Euclidean distance，上式中$p=2$時）、**曼哈頓距離**（Manhattan distance，上式中$p=1$時）、**馬哈拉諾比斯距離**（05節）等。集群分析可以選擇並分析群組個數、群組的建立方法、距離的計算方法，是一種具有自由度的探索性分析法。

Business 相似的人歸類在一起分配工作

人事部長H先生對六名新進員工的性格測試結果進行集群分析，形成A～C、D～F這樣的整齊集群。H先生正在研究該把這兩組分配給企劃，還是銷售部門。

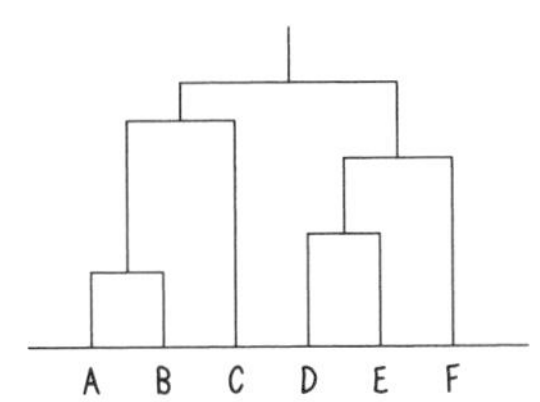

難易度 ★　實用 ★★★★★　考試 ★★★★★

11 多元尺度法（MDS）

主要在心理學和社會科學中使用的方法。

Point

希望在盡可能低的維度上大致實現距離關係

多元尺度法（multi-dimensional scaling，MDS）

對個體i和個體j賦予值s_{ij}時，將個體描繪於座標空間，使s_{ij}作為兩點間的距離來實現，以呈現個體之間的位置關係。

簡潔表示個體間非相似度的多元尺度法

假設對於A、B、C、D，個體之間不相似時為大數值、相似時為小數值的**非相似度**如下表所示。

	A	B	C	D
A	—			
B	4	—		
C	3	5	—	
D	7	6	5	—

非相似度s_{ij}表

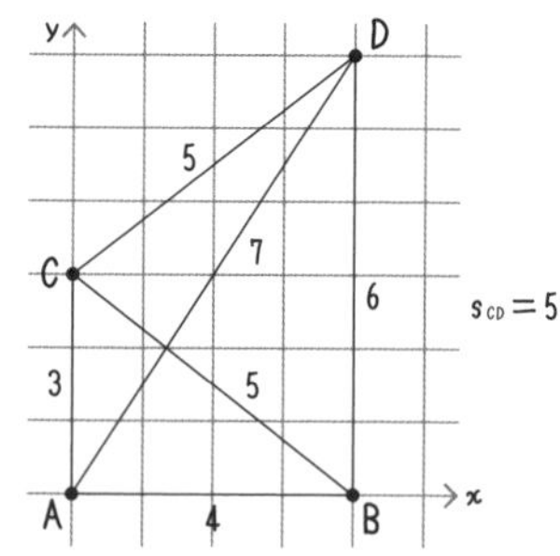

此時，將A、B、C、D在座標平面上繪製成A(0, 0)、B(4, 0)、C(0, 3)、D(4, 6)，則個體間的非相似度和個體間的距離基本一致。只有A和D的非相似度為7，距離為$\sqrt{52}=7.2$，略有偏差，其餘一致。上面A、B、C、D的非相似度，基本上可以用二維來呈現。在這種情況下，若以三維來呈現，就可以正確地實現A和D，但**盡可能在較低的維度上進行一定程度的正確呈現，仍有其價值**。

MDS可大致分為**計量MDS**（metric MDS）和**非計量MDS**（nonmetric MDS）兩種※。

計量MDS主要處理距離和時間等量的資料；非計量MDS主要處理以順序尺度測量的親近性和非相似度。

無論是哪種MDS，個體i和個體j賦予的s_{ij}，作為描繪在座標空間的個體i和個體j之間的距離d_{ij}，在實現上是不變的。

以計量MDS來看，若不執著於維度的話，我們可以使用線性代數中著名的**Young-Householder定理**所使用的方法，計算出將s_{ij}作為距離d_{ij}基本在座標空間中實現的表示。用低維呈現時，必須觀察**適合度**（相當於主成分分析的貢獻率），同時選擇維度。

對於非計量MDS，我們的目標是實現d_{ij}，以便盡可能維持s_{ij}的順序關係。此時，使其介入$f(d_{ij})$（稱為**距離（disparity）**，滿足$s_{ij} < s_{kl} \Leftrightarrow f(d_{ij}) < f(d_{kl})$），以完全保留$s_{ij}$的順序。通過梯度下降法（Gradient descent）等演算法，找出$f(d_{ij})$和d_{ij}所規定的座標空間的表現，使有**壓力**之稱的指標S（下式）最小。

$$S=\sqrt{\frac{\sum_{i<j}(d_{ij}-f(d_{ij}))^2}{\sum_{i<j}{d_{ij}}^2}}$$

大致來說，計量MDS是作為s_{ij}的「距離」的性質，非計量MDS是以保留s_{ij}順序關係的座標空間的表現為目標。

Business 用多元尺度法找出新的品牌定位

飲料公司的企劃科科長J先生，針對綠茶、咖啡、紅茶、礦泉水這四種飲料，實施買不到綠茶時改買什麼、買不到咖啡時改買什麼……這類有關飲料相似性的問卷調查。具有相似性時就把距離縮小，沒有相似性時就把距離放大即可，所以多元尺度法在整理這類問卷調查時很有幫助。

※也有將數量化Ⅳ類作為準計量多元尺度法的觀點。

Column

製作定位圖的方法

多變量分析有各式各樣的分析法，我想應該有不少人都不知道該用哪種方法才好。特別是主成分分析、因子分析、數量化Ⅲ類、對應分析、多元尺度法，都是將多維資料壓縮成低維的分析法。因子分析、多元尺度法在其中也有好幾種選擇，並非一成不變。

主成分分析、數量化Ⅲ類、對應分析使用座標轉換，因子分析通過設定因子，多元尺度法著眼於座標之間的距離，將高維資料壓縮為低維。雖然著眼點不同，但如果將其壓縮為二維的話，所有的結果都是用座標平面來呈現。所以若只看結果的話，就不知道是用什麼來分析。

從事商品行銷工作的人，想必都認識下圖這種定位圖吧。從結論來看，根據商品的問卷調查結果（交叉資料表）製作定位圖時，使用上面列舉的哪種分析法都可以。哪種分析法最值得信賴是個愚蠢的問題，各種分析法都有其優點。我個人比較偏好數學上固定一個結果的主成分分析和對應分析。

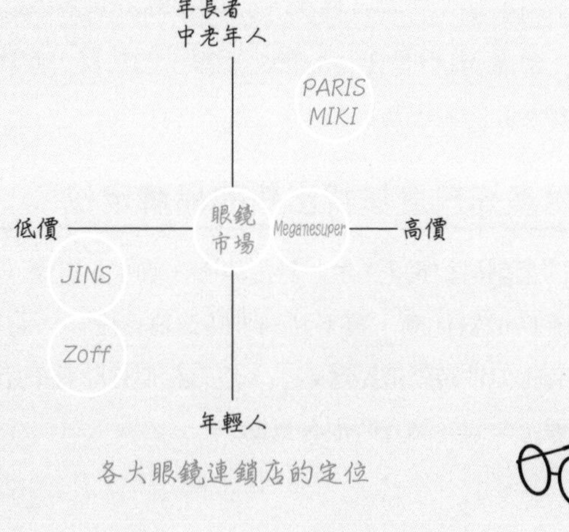

各大眼鏡連鎖店的定位

Chapter 11

貝氏統計

與我們的思考方式相近的貝氏統計

現在，貝氏統計已被應用於日常生活中的各種大小事上。例如，過濾垃圾郵件的過濾器、Windows的help說明、外語翻譯、語音辨識等，用途不勝枚舉。最近，貝氏統計理論也滲透到取得驚人發展的機器學習和人工智慧當中。

從歷史來看，曾為牧師的貝葉斯（Thomas Bayes，1701－1761），在思考**原因機率**（根據結果計算A、B哪個是原因的比例，又稱為**逆機率**）問題的過程中，得到有關條件機率定理的靈感。後來，數學家拉普拉斯在《機率哲學隨筆》（*Essai philosophique sur les probabilites*）中將這個構想公式化，並整理成任何人都能應用的理論，這使得在數學以外的領域，也開始有人使用貝氏統計的觀念進行計算。

貝氏統計或許給人一種新穎現代化的印象，但其基礎觀念，其實是我們平時自然就在做的事情。

貝氏統計中，對於未知的分布，首先設定機率分布（稱為**事前分布**）（等機率，如果有自信的話，也可以設定臨界點）。這個機率是**主觀機率**（用算式來表示預期），而不是用03章的分數計算出來的**頻率主義機率**（發生次數÷整體次數）。儘管只是單純的臆測，但使用貝氏定理，就能夠反映出資料的實測值，並改寫機率分布（稱為**貝氏更新**），改寫後的分布稱為**事後分布**。即使最初的事前分布是用亂猜的方式設定偏離實際機率分布的分布，但只要反覆進行貝氏更新的話，事後分布也會趨於穩定，使得事後機率的值接近一定的值。

當必須用較少的資訊進行判斷時，貝氏統計就能發揮其真正的價值。例如，想掌握小學老師A先生的性格，就要事先設想「小學老師」都具有共同的性格，就算說這是先入為主的成見也無妨。然而，在實際與A先生來往的過程中，我們會逐漸瞭解A先生的性格。也就是修正一開始的「小學老師」性格，逐漸掌握A先生的實際性格。

直到貝氏統計得到學術上的認可

雖然貝氏統計非常實用，但要得到學術界的認可，還得再繞一段遠路。卡爾・皮爾森和凱因斯對於貝氏統計抱持懷疑態度，雖然心不甘情不願地承認其效果，但由於**只承認頻率機率的費雪和內曼對於使用主觀機率進行嚴厲的批判**，以至於貝氏統計曾一度在1930年代遭到棄用。

即便如此，在資料不足的情況下必須迅速做出決策的現場，貝氏統計的觀點依然受到廣泛運用。例如，數學家伯特蘭（Joseph Bertrand）所率領的法國軍隊，為了有效地命中目標，就是使用貝氏統計進行計算來發射大砲。另外，美國電話公司AT&T的工程師莫里納（Edward Molina），就是運用貝氏統計的觀念，建構出高性價比的電話系統。沒有累積數據的美國勞動局統計學家，也是使用貝氏統計來決定勞災保險的保險費。在第二次世界大戰中，英國的艾倫・圖靈（Alan Turing）為了擊沉德國的U型潛艇，於是便利用貝氏統計破譯**恩尼格瑪密碼系統**（Enigma），這堪稱是貝氏統計最著名的成果。儘管有如此多的應用，但貝氏統計在學術上依然沒能大方地攤在陽光下。

到了1950年代，圖靈的弟子古德（I. J. Good）出版了《機率與證據的權重》（*Probability and the Weighing of Evidence*，1950）、薩維奇（Leonard Jimmie Savage）出版了《統計學的基礎》（*The Foundations of Statistics*，1954），這才使貝氏統計逐漸獲得學術界的認可。薩維奇在書中將主觀機率作為公理來論述，並用數學的方式對貝氏統計進行理論分析。

貝氏統計除了設定保險費、解譯密碼之外，也逐漸擴展其應用範圍。在安全保障領域，美國人利用貝氏統計計算了核武器事故發生的機率，因為是計算沒有實際發生過的機率，所以頻率主義無法與之抗衡，致使這個領域變成貝氏統計的獨角戲。

貝氏統計已成為現代統計學中不可或缺的一部分。

條件機率

理解貝氏統計的第一步，就是從條件機率開始。

Point

用條件限縮全事件時的機率

● **條件機率（conditional probability）：**

對於事件A、B，B發生時A發生的機率，用$P(A \mid B)$表示。日本的高中教科書中是用$P(A \mid B)$來表示$P_B(A)$。以下列式子計算。

$$P(A \mid B) = \frac{P(A \cap B)}{P(B)} \quad \cdots\cdots ①$$

利用A和B的對等性來改寫分子，則下列式子成立。

$$P(A \mid B) = \frac{P(B \mid A)P(A)}{P(B)} \quad \cdots\cdots ②$$

用文氏圖來理解條件機率

從文氏圖來看，$P(A \mid B)$是將藍線部分(B)設為1時，色塊部分$(A \cap B)$的比例，也就是$P(B)$設為1時，$P(A \cap B)$的比例。在普通的機率中，是將全事件Ω作為1來計算機率，而在條件機率$P(A \mid B)$中，是將B作為所謂的「全事件」來計算機率。

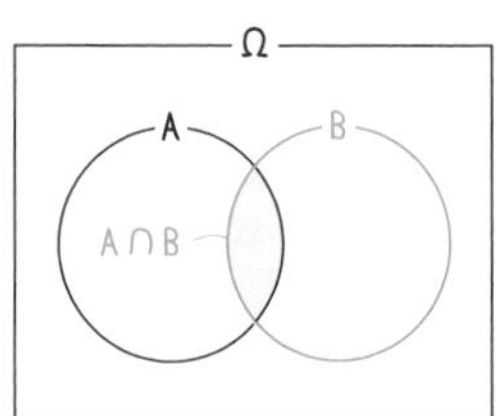

〔條件機率的另一種計算方法〕

根據①，$P(A \mid B)P(B) = P(A \cap B)$。$A$、$B$是對等的，因此若將等號左邊的$AB$互換，則$P(B \mid A)P(A) = P(A \cap B)$。把它代入①的分子，就可以導出②。

Business 計算通勤方法的條件機率

在男女共計40人的部門實施關於通勤方法的問卷調查。

思考從這40人中選出1人時的情況。

	男性	女性	總計
徒步	8	3	11
公車	17	12	29
總計	25	15	40

被選中的人徒步通勤的機率，可以從表側的總計欄位看出是 $\frac{11}{40}$ 如果我們獲得的資訊是被選中的人為男性，那麼該如何估算徒步通勤的機率呢？因為知道被選中的人是男性，只要查詢表頭的男性欄位，即可得知機率為$\frac{8}{25}$。這是在被選中的人為男性的條件下，徒步通勤的機率，也就是**條件機率**。

這裡要注意的是，通過附加條件，使得計算機率時的分母變小了。條件機率可說是將部分事件視為全事件來計算的機率。

假設被選中的人是徒步通勤的事件為A，是男性的事件為B，則

$$P(A)=\frac{11}{40}\text{、}P(B)=\frac{25}{40}\text{、}P(A\cap B)=\frac{8}{40}$$

在被選中的人為男性的條件下，被選中的人為徒步通勤的條件機率，是B的條件下A的條件機率，以$P(A\mid B)$來表示。使用Point的公式進行計算，得到：

$$P(A\mid B)=\frac{P(A\cap B)}{P(B)}=\frac{8}{40}\Big/\frac{25}{40}=\frac{8}{25}$$

確實和用表格計算出來的條件機率一致。

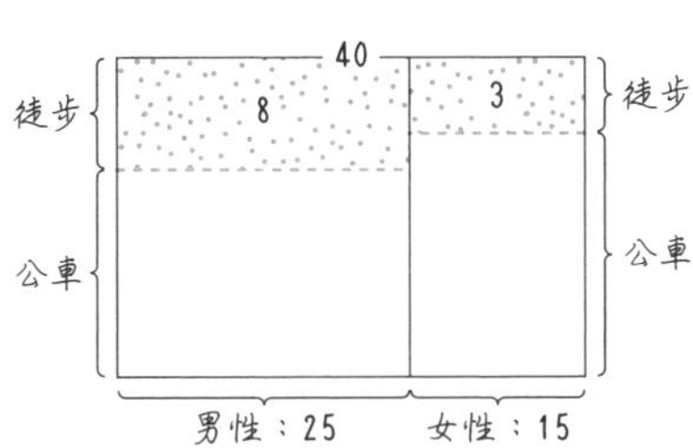

難易度 ★　實用 ★★★★★　考試 ★

02 單純貝氏分類器

可作為話題的素材，內容不難，有空的話不妨告訴不知道的人吧。

Point

假設為獨立以簡化作業

單純貝氏分類器（naïve Bayes classifier）

隨機變數$X=(X_1, X_2, \cdots, X_n)$，對於$Y$，

假設條件機率$P(X_1=x_1, X_2=x_2, \cdots, X_n=x_n \mid Y=y)$，

X_1、X_2、……、X_n為獨立，計算

$$P(X_1=x_1 \mid Y=y)P(X_2=x_2 \mid Y=y)\cdots P(X_n=x_n \mid Y=y)$$

來判斷Y的分類。

即使是條件機率，若為獨立，也可以用乘積表示

當隨機變數X_1、X_2獨立時，

$$P(X_1=x_1, X=x_2)=P(X_1=x_1)P(X=x_2)$$

成立。這在條件機率的情況下也是一樣。若隨機變數X_1、X_2在Y的條件下為獨立，則

$$P(X_1=x_1, X=x_2 \mid Y=y)=P(X_1=x_1 \mid Y=y)P(X=x_2 \mid Y=y)。$$

Business 什麼是簡單區分垃圾郵件的方法？

應該有不少人都有收到垃圾郵件的困擾。請試著用條件機率來說明攔截垃圾郵件的過濾器機制。

把垃圾郵件中可能出現的單詞集合設為：

{快感、有益、〇〇、……}

假設隨機變數X_i在郵件中出現第i個單詞時為1，沒有出現時為0；隨機變數Y在郵件為垃圾郵件時為0，不是垃圾郵件時為1。

垃圾郵件中含有1號單詞的機率，用下列式子表示：

$$P(X_i=1 \mid Y=1)$$

你收到的郵件中含有垃圾單詞集合的第i個單詞（中獎）、第j個單詞（萬元）、第k個單詞（確認），這時該如何做判斷？

計算垃圾郵件中含有「中獎」、「萬元」、「確認」的機率：

$P(X_i=1, X_j=1, X_k=1 \mid Y=1)P(Y=1)$

和不是垃圾郵件卻含有這些單詞的機率：

$P(X_i=1, X_j=1, X_k=1 \mid Y=0)P(Y=0)$

如果前者的機率較高就判斷是垃圾郵件，如果機率較低就判斷不是垃圾郵件。

$P(X_i=1, X_j=1, X_k=1 \mid Y=1)$**因為是條件機率，根據上一節的公式，必須用分數來計算**。即使根據資料進行計算，計算也會變得很複雜（一旦單詞的數量增加）。因此，假設X_1、X_2、……、X_n為獨立，以下列式子來計算：

$$P(X_i=1, X_j=1, X_k=1 \mid Y=1) = P(X_i=1 \mid Y=1)P(X_j=1 \mid Y=1)P(X_k=1 \mid Y=1)$$

即便認真計算$P(X_i=1, X_j=1, X_k=1 \mid Y=1)$的過程十分繁瑣，但如果用上面的式子來計算，$P(X_i=1 \mid Y=1)$也只需調查一下垃圾郵件中第$i$個單詞的出現率即可，計算相當簡單。就算單詞數量很多，也能輕鬆地計算出上面式子的乘積。

簡單（naïve）在這裡是「樸素」、「單純」的意思，也就是**將原本繁雜的條件機率簡化計算。**

不過，就是因為機制這麼簡單，所以偶爾會發生明明不是垃圾郵件卻被判定為垃圾郵件的情況……。

★

★★

★★★

貝氏定理

這個定理是貝氏統計學的基本原理。不要死記硬背，希望大家能學會推導公式。

Point

條件機率進一步的定義式

對於事件A、B，

$$P(A\mid B)=\frac{P(B\mid A)P(A)}{P(B\mid A)P(A)+P(B\mid \overline{A})P(\overline{A})}$$

此稱為貝氏定理（Bayes' theorem）。

用文氏圖理解貝氏定理成立的理由

如右圖所示，將$P(B)$分為色塊和粗線兩個部分來計算。

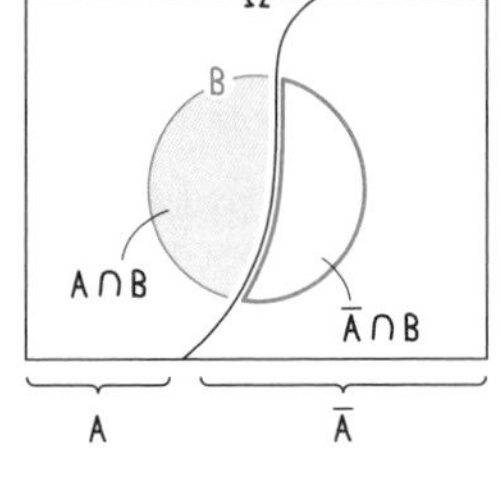

色塊部分使用與01節①的A和B相反的公式。

$$P(A\cap B)=P(B\mid A)P(A)$$

粗線部分也一樣，$P(\overline{A}\cap B)=P(B\mid \overline{A})P(\overline{A})$

$$\begin{aligned}P(B)&=P(A\cap B)+P(\overline{A}\cap B)\\&=P(B\mid A)P(A)+P(B\mid \overline{A})P(\overline{A})\end{aligned}$$

所以，$P(A\mid B)=\dfrac{P(B\mid A)P(A)}{P(B)}=\dfrac{P(B\mid A)P(A)}{P(B\mid A)P(A)+P(B\mid \overline{A})P(\overline{A})}$

全事件Ω分為A_1、A_2、A_3時，表示如下：

$$P(A_2\mid B)=\frac{P(B\mid A_2)P(A_2)}{\sum_{i=1}^{3}P(B\mid A_i)P(A_i)}$$

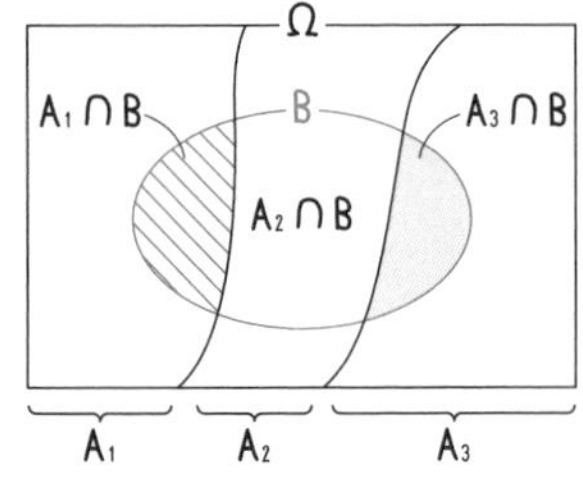

Business 做好疾病檢查呈陽性時的心理準備

如果檢查結果為陽性，可能有很多人會悲觀地認為自己已經罹患了那種疾病。不過請等一下，先試著解答下面的問題吧。

問題　有一種每1,000人中就有5人罹患的疾病。據說在這種疾病的檢查中，罹患疾病的人被判定為陽性的機率是90%，未罹患疾病的人被判定為陽性的機率是8%。試求這個檢查被判定為陽性的人罹患這種疾病的機率。

患病的人用「生病」、沒有患病的人用「健康」來表示。問題的條件用漢字整理一番，則

$P(\text{病})=0.005$、$P(\text{陽}\mid\text{病})=0.9$、$P(\text{陽}\mid\text{病})=0.08$

用（$A\to$病、$\overline{A}\to$健、$B\to$陽）來表示貝氏定理，

$$P(\text{病}|\text{陽})=\frac{P(\text{陽}\mid\text{病})P(\text{病})}{P(\text{陽}|\text{病})P(\text{病})+P(\text{陽}|\text{健})P(\text{健})}\quad\leftarrow\quad\frac{P(B\mid A)P(A)}{P(B\mid A)P(A)+P(B\mid\overline{A})P(\overline{A})}$$

$$=\frac{0.9\times0.005}{0.9\times0.005+0.08\times(1-0.005)}=\frac{90\times5}{90\times5+8\times995}=0.053$$

也就是說，在檢查這種疾病時，即使被判定為陽性，實際罹患疾病的機率也只有5%。由此可見，就算檢查結果呈陽性，也不必過於悲觀。

另外在流行病學中，$P(\text{陽}\mid\text{病})$被命名為靈敏度或檢出率，$P(\text{陰}\mid\text{健})$被命名為特異度，$P(\text{病}\mid\text{陽})$被命名為陽性命中率或適合率。

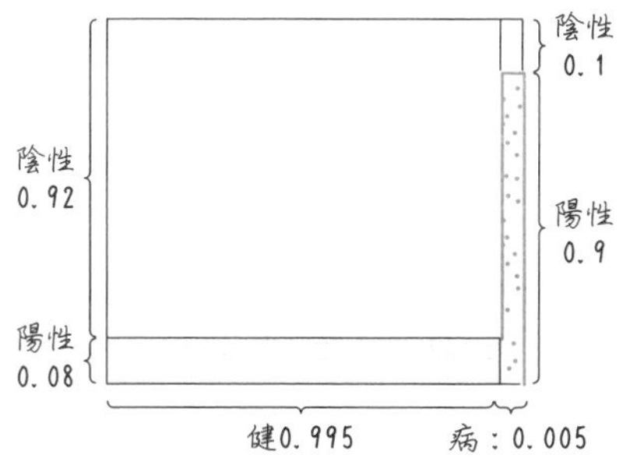

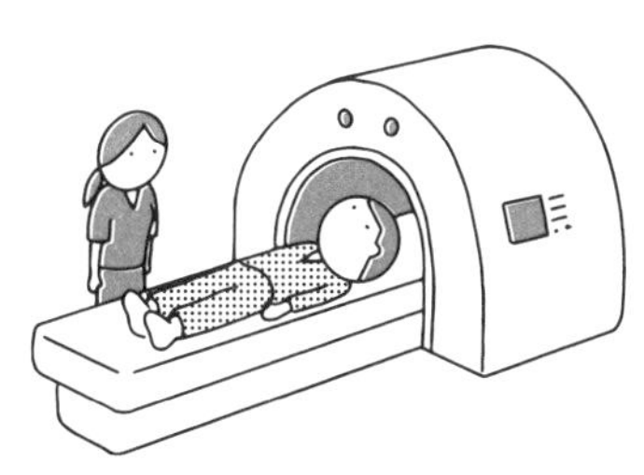

難易度 ★★★ 實用 ★★★★★ 考試 ★★★

04 貝氏更新（離散版）

乍看只是單純的條件機率公式，卻是貝氏統計學的基本公式，其中包含了貝氏統計學的思想。

Point

換個方式檢視條件機率的公式

條件機率的公式

$$P(H \mid D)=\frac{P(D \mid H)P(H)}{P(D)} \quad (H\text{：原因，}D\text{：資料})$$

隨意回答的機率也是主觀機率

Point的式子是條件機率的公式，其中A是H（原因）、B是D（資料），H是假設（hypothesis）的開頭字母。儘管大部分會將H當作原因來解釋，但我們可以把H視為「**賦予機率的機制**」。

這裡的$P(H)$代表主觀機率，**主觀機率**與03章中介紹的頻率主義機率（以下稱為頻率機率）不同。**頻率機率**是用（發生事件的次數）÷（全體次數）的式子來計算。舉例來說，在一組52張的撲克牌中抽出一張牌時，我們可以計算出紅心出現的機率為13÷52＝0.25，這就是頻率機率。

另一方面，主觀機率是主觀思考的機率，簡單地說就是確信不疑的機率、隨意猜測的機率，下面舉個撲克牌的例子來說明。

假設誤將三組撲克牌（52×3＝156張）混在一起，撲克牌在沒有整理的情況下，各將52張收進三個盒子裡。我們從其中一盒來看，從這一盒中抽出一張牌，出現紅心的機率是多少？因為我們不知道盒子內的撲克牌狀態，所以無法確定。但是，假設抽到紅心的機率是15/52，像這樣的隨意認定就是主觀機率。機率值不一定非得特定是15/52，也可以是18/52或1/2（出現或不出現）。只要是0到1之間的值，什麼都可以。

不去調查一盒中的所有撲克牌，就不可能知道出現紅心的機率，這是受到頻率機率束縛的想法。**主觀機率可以自由地決定機率值。**

因為主觀機率是主觀上的機率，即使是相同事件的機率，每個人也可以取不同的值。例如A先生在設定主觀機率時，是將紅心的出現機率設為12/52，B先生將紅心的出現機率設為0.8，不管怎麼設定都無所謂。

只不過在這種情況下，把紅心的出現機率設定為大於0.75的主觀機率，這是沒有常識的人才會這麼做。雖然可以任憑想像，但只要稍微思考一下就會明白，這種情況實際上是不可能發生的。

話說回來，可能有不少人會認為，這樣的主觀機率有什麼用？因為真要說起來，這只不過是隨便猜測的機率，並無法讓主觀機率直接發揮作用。唯有將主觀機率和資料的資訊混合在一起，才能發揮作用，要做到這一點，得靠名為**貝氏更新**（Bayesian updating）的計算方法。

Point的計算公式中，$P(H)$是最初分配給模型的主觀機率，稱為**事前機率**（prior probability）。相比之下，$P(H \mid D)$是反映D（資料）的資訊後的機率，所以稱為**事後機率**（posterior probability）。

Business 新進飯店員工能透過貝氏更新來追蹤錯誤嗎？

問題　新進的飯店員工K先生負責櫃台的工作。有一組四人的客人，在沒有在住宿表上登記男女人數的情況下，就進入客房住宿。於是K先生來到房門前敲門，從裡頭傳來男性應門的聲音。

假設已知這四人當中有男有女，也就是「男性1、女性3」或「男性2、女性2」或「男性3、女性1」其中一種組合。請利用貝氏更新計算出各種男女組合的機率。

房內的男女結構（賦予機率的機制）為下面的H_1、H_2、H_3三種。

H_1：男性1、女性3　　H_2：男性2、女性2　　H_3：男性3、女性1

在這裡設定H_1、H_2、H_3的機率分布。由於沒有特別的資訊，假設：

$$P(H_1)=\frac{1}{3}\qquad P(H_2)=\frac{1}{3}\qquad P(H_3)=\frac{1}{3}$$

此稱為**不充分理由原則**（principle of insufficient reason）。這就是關於男女組合的**事前機率分布（事前分布）**。

如果K先生認為「有3名男性的可能性大概不高」的話，那麼只要把H_3降到小於三分之一就可以了。貝氏統計的精髓就是像這樣事先主觀賦予機率，站在客觀的角度，遵循不充分理由原則，以等機率來設定H_1、H_2、H_3。下面讓我們開始解題。

此時的問題是，在「應門的聲音為男性」的條件（D＝資料）下，計算條件機率$P(H_1 \mid D)$、$P(H_2 \mid D)$、$P(H_3 \mid D)$，這就是關於男女組合的**事後機率分布（事後分布）**。

$$\begin{aligned}P(D)&=P(D \mid H_1)P(H_1)+P(D \mid H_2)P(H_2)+P(D \mid H_3)P(H_3)\\&=\frac{1}{4}\times\frac{1}{3}+\frac{2}{4}\times\frac{1}{3}+\frac{3}{4}\times\frac{1}{3}=\frac{1}{2}\end{aligned}$$

利用這個機率，得到：

$$P(H_1 \mid D)=\frac{P(D \mid H_1)P(H_1)}{P(D)}=\left(\frac{1}{4}\times\frac{1}{3}\right)\Big/\frac{1}{2}=\frac{1}{6}$$

$$P(H_2 \mid D) = \frac{P(D \mid H_2)P(H_2)}{P(D)} = \left(\frac{2}{4} \times \frac{1}{3}\right) \Big/ \frac{1}{2} = \frac{2}{6}$$

$$P(H_3 \mid D) = \frac{P(D \mid H_3)P(H_3)}{P(D)} = \left(\frac{3}{4} \times \frac{1}{3}\right) \Big/ \frac{1}{2} = \frac{3}{6}$$

換言之，分配給H_1、H_2、H_3的機率$\frac{1}{3}$、$\frac{1}{3}$、$\frac{1}{3}$（事前分布），根據D（應門的聲音為男性）的資訊，被更新為$\frac{1}{6}$、$\frac{2}{6}$、$\frac{3}{6}$（事後分布）。

過了一會兒，K先生再到房門前敲門，這次變成女性來應門。

接續問題，試著進行貝氏更新。利用問題的結果，我們假設事前分布為：

$$P(H_1) = \frac{1}{6} \qquad P(H_2) = \frac{2}{6} \qquad P(H_3) = \frac{3}{6}$$

這次D所代表的條件是應門的聲音為女性。

$$P(D) = P(D \mid H_1)P(H_1) + P(D \mid H_2)P(H_2) + P(D \mid H_3)P(H_3)$$

$$= \frac{3}{4} \times \frac{1}{6} + \frac{2}{4} \times \frac{2}{6} + \frac{1}{4} \times \frac{3}{6} = \frac{10}{24}$$

利用這個機率，得到：

$$P(H_1 \mid D) = \frac{P(D \mid H_1)\mathrm{P}(H_1)}{P(D)} = \left(\frac{3}{4} \times \frac{1}{6}\right) \Big/ \frac{10}{24} = \frac{3}{10}$$

$$P(H_2 \mid D) = \frac{P(D \mid H_2)P(H_2)}{P(D)} = \left(\frac{2}{4} \times \frac{2}{6}\right) \Big/ \frac{10}{24} = \frac{4}{10}$$

$$P(H_3 \mid D) = \frac{P(D \mid H_2)\mathrm{P}(H_2)}{P(D)} = \left(\frac{1}{4} \times \frac{3}{6}\right) \Big/ \frac{10}{24} = \frac{3}{10}$$

這次分配給H_1、H_2、H_3的機率依序為$\frac{1}{6}$、$\frac{2}{6}$、$\frac{3}{6}$（事前分布），因此被更新為$\frac{3}{10}$、$\frac{4}{10}$、$\frac{3}{10}$（事後分布）。

到目前為止，我們是以「第一次為男性，第二次為女性」的情況來進行貝氏更新，但即使是「第一次為女性，第二次為男性」，事後分布的結果也是一樣。由此可以證明，**事後分布通常不取決於應門的性別順序（僅看人數）**。

蒙提霍爾問題

作為條件機率的應用，是相當有名的故事素材。希望各位不要光看結論，也要深入理解。

Point

實際上是以主持人的開箱方式為標準

某電視節目中有個娛樂項目，內容如下。

X、Y、Z三個箱子中（看不見裡面），有一個箱子裝有獎品。登上舞台的人，從三個箱子中選擇一個，如果箱子內有獎品，就能贏得獎品。

你走上舞台，選擇X箱子。知道哪個箱子裡有獎品的主持人，會打開你所選擇的箱子以外的一個，假設打開的是Z，結果，箱子是空的。

這時，你獲得一次改變箱子的權利。可以維持一開始選擇的X，也可以換成還沒有打開的Y。

若想提高獲得獎品的機率，你應該怎麼做？

蒙提霍爾問題的常見解法

裝有獎品的箱子是X和Y其中之一，所以**認為中獎機率都是二分之一，這是所有人經常陷入的迷思**。

試著在「主持人一定會打開除了你選擇的箱子以外沒有獎品的箱子（這題是Y、Z）其中之一（如果只有一個箱子沒有獎品，就打開它）」的假設下解答。我們把裝有獎品的箱子當成正確答案，主持人打開Z的事件，為下面的互斥事件A、B的和事件。

A：在X正確的情況下，打開Z　　$P(A)=\frac{1}{3}\times\frac{1}{2}=\frac{1}{6}$

B：在Y正確的情況下，打開Z　　$P(B)=\frac{1}{3}\times 1=\frac{1}{3}$

因此，在Z被打開的條件下，Y、X為正確答案的條件機率為：

$$P(\text{Y}=\text{正解}\mid\text{Z}=\text{打開})=\frac{P(\text{Y}=\text{正解、Z}=\text{打開})}{P(\text{Z}=\text{打開})}=\frac{P(B)}{P(A\cup B)}=\frac{\frac{1}{3}}{\frac{1}{6}+\frac{1}{3}}=\frac{2}{3}$$

$$P(\text{X}=\text{正解}\mid\text{Z}=\text{打開})=1-P(\text{Y}=\text{正解}\mid\text{Z}=\text{打開})=\frac{1}{3}$$

因為$P(\text{Y}=\text{正解}\mid\text{Z}=\text{打開})>P(\text{X}=\text{正解}\mid\text{Z}=\text{打開})$，所以**換成Y有較高的中獎機率**。

實際上這個解法也未必正確

在「主持人會從你選擇的箱子（X）以外的任意一個箱子（Y或Z）中隨機選擇一個打開」的假設下試著解答。在這種情況下，主持人有時也會打開裝有獎品的箱子，從製造效果的角度來看，或許這是刻意為之……。

主持人打開Z排除的事件，為下面的互斥事件A、B的和事件。

A：在X正確的情況下，選擇Z　　$P(A)=\frac{1}{3}\times\frac{1}{2}=\frac{1}{6}$

B：在Y正確的情況下，選擇Z　　$P(B)=\frac{1}{3}\times\frac{1}{2}=\frac{1}{6}$

在Z被打開的條件下，Y是正確答案的條件機率為：

$$P(\text{Y}=\text{正解}\mid\text{Z}=\text{打開})=\frac{P(\text{Y}=\text{正解、Z}=\text{打開})}{P(\text{Z}=\text{打開})}=\frac{P(B)}{P(A\cup B)}=\frac{\frac{1}{6}}{\frac{1}{6}+\frac{1}{6}}=\frac{1}{2}=\frac{1}{2}$$

因此，無論維持不變或重新選擇，中獎機率都是一樣。

換句話說，**蒙提霍爾問題**（Monty Hall problem）是根據主持人選擇開箱的標準，產生不同的答案。如果不知道只有主持人才能打開的箱子選擇標準，就不能計算出Y的箱子內有獎品的機率。儘管這個問題非常有名，實際上卻相當敏感。

貝氏更新（連續版）

貝氏估計的基本公式。看過問題後要確實牢記在心。

更新分布以反映資料

$$\underbrace{\pi(\theta \mid D)}_{\text{事後分布}} \propto \underbrace{f(D \mid \theta)}_{\text{概似度}}\underbrace{\pi(\theta)}_{\text{事前分布}}$$

∝為「成比例」的符號

（posterior distribution）（prior distribution）

根據離散型的條件機率公式求連續型

在04節貝氏更新的式子中，將H（原因，賦予機率的機制）替換成機率模型的參數θ，將P中參數θ的機率分布替換為π，將事件D的發生機率替換為f，就得到下面中間的公式。取得資料後，由於$f(D)$是固定的，因此就變成右邊的比例式。

$$P(H \mid D)=\frac{P(D \mid H)P(H)}{P(D)} \rightarrow \pi(\theta \mid D)=\frac{f(D \mid \theta)\pi(\theta)}{f(D)} \rightarrow \pi(\theta \mid D) \propto f(D \mid \theta)\pi(\theta)$$

在本章04節中，根據事件D的發生，更新了賦予機率的機制H_1、H_2、…、H_n的機率分布（事前分布）$P(H_1)$、…、$P(H_n)$，作為事後分布$P(H_1 \mid D)$、……、$P(H_n \mid D)$。

另一方面，本節的貝氏更新（參數的機率分布）也是根據事件D的發生，更新了賦予機率的機制θ的機率分布（事前分布）$\pi(\theta)$，設為事後分布$\pi(\theta \mid D)$。

這個更新使用在θ確定的模型中D發生的機率$f(D \mid \theta)$，$f(D \mid \theta)$稱為概似度（likelihood）。

Business 通過貝氏更新重新認識自我而成長的新進業務員

問題 新進業務員A先生認為，關於簽約成功機率θ，其機率密度函數為$\pi(\theta) = 2\theta(0 \leqq \theta \leqq 1)$。簽約兩次，第一次成功，第二次失敗。試求$\theta$的事後分布。

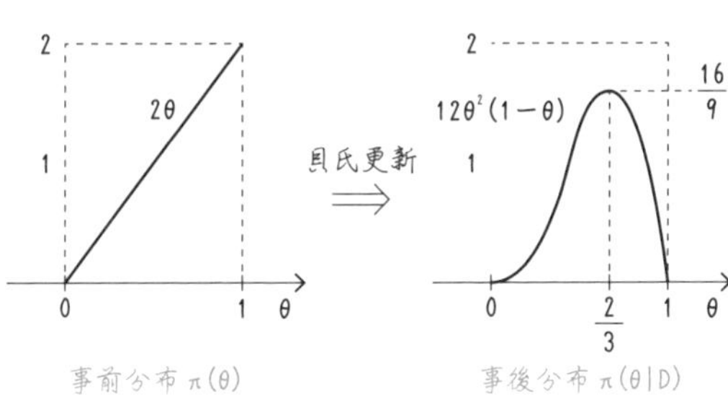

機率模型為伯努利$Be(\theta)$，參數θ的事前分布為：

$\pi(\theta) = 2\theta(0 \leqq \theta \leqq 1)$。

將D設為「第一次成功、第二次失敗的事件」，則概似度為$f(D \mid \theta) = \theta(1-\theta)$。

θ的事後分布$\pi(\theta \mid D)$，使用Point的公式，

$$\pi(\theta \mid D) \propto f(D \mid \theta)\pi(\theta) = \theta(1-\theta) \cdot 2\theta = 2\theta^2(1-\theta) \qquad (0 \leqq \theta \leqq 1)$$

和$\theta^2(1-\theta)$成正比，因此，設$\pi(\theta \mid D) = k\theta^2(1-\theta)$　（k為常數）。右邊是機率密度函數，因此，

$$\int_0^1 k\theta^2(1-\theta)d\theta = \left[k\left(\frac{1}{3}\theta^3 - \frac{1}{4}\theta^4\right)\right]_0^1 = k\left(\frac{1}{3} - \frac{1}{4}\right) = \frac{k}{12}$$

必須是1，$k = 12$。

通過反映D，事前分布$\pi(\theta) = 2\theta$　$(0 \leqq \theta \leqq 1)$被更新為

事後分布$\pi(\theta \mid D) = 12\theta^2(1-\theta)$　$(0 \leqq \theta \leqq 1)$。

試求使事後分布的機率密度最大的θ。用θ對事後分布進行微分，得到：

$\dfrac{d}{d\theta}\pi(\theta \mid D) = 12\theta(2-3\theta)$。

因此當$\theta = \dfrac{2}{3}$時，$\pi(\theta \mid D)$的值最大。

取$\theta = \dfrac{2}{3}$作為估計值，此稱為**最大事後機率（maximum a posteriori，MAP）估計**。若將事前分布取為常數，則MAP估計的值與最大概似法的估計值一致。MAP估計可以說是「投入事前分布的最大概似估計」。

難易度 ★★★　實用 ★★★★★　考試 ★

共軛事前分布

參加統計檢定考試的人，要記住機率模型的分布和共軛事前分布的對應。

Point

可以用公式計算的事後分布

共軛事前分布（conjugate prior distribution）

對於已知的概似度，事前分布和事後分布屬於相同分布族的事前分布，為自然共軛事前分布（natural conjugate prior distribution）的簡稱。

Business 透過共軛事前分布的貝氏更新來確定目標的資深業務員

對於已知的概似函數，只要選擇良好的事前分布，有時貝氏更新可以簡單地用公式來表示。這裡**介紹機率模型為伯努利分布時的共軛事前分布**。共軛事前分布是β分布。

〔**參考：分布$Beta(\alpha,\ \beta)$**〕

機率密度函數為$f(x)=\dfrac{x^{\alpha-1}(1-x)^{\beta-1}}{B(\alpha,\ \beta)}$（$\alpha$、$\beta$為正，$B$（$\alpha$、$\beta$）為$\beta$函數）

問題　資深業務員T先生認為簽約成功的機率θ服從β分布$Be(2,\ 5)$。在7次簽約中，連續3次成功，之後的4次連續失敗。我們要如何重新思考成功機率θ的分布？

假設3次成功後，4次失敗的事件為D，機率$P(D \mid \theta)$為$\theta^3(1-\theta)^4$。也就是說，概似度是$f(D \mid \theta)=\theta^3(1-\theta)^4$。

另一方面，θ的事前分布$\pi(\theta)$服從β分布$Beta(2,\ 5)$，因此，

$$\pi(\theta)=c\theta^{2-1}(1-\theta)^{5-1} \qquad c=\frac{1}{B(2,\ 5)}$$

把這些代入貝氏更新的式子，得到：

$$\pi(\theta \mid D) \propto f(D \mid \theta)\pi(\theta) = \theta^3(1-\theta)^4 \times c\theta^{2-1}(1-\theta)^{5-1}$$
$$= c\theta^{3+2-1}(1-\theta)^{4+5-1}$$

可以設為$\pi(\theta \mid D) = d\theta^{3+2-1}(1-\theta)^{4+5-1}$。

決定所有機率的條件d，使這個式子成為機率密度函數（用（0, 1）積分為1）。

從式子的形式可以得知β分布為$Beta(3+2, 4+5)$，所以$d = \dfrac{1}{B(5, 9)}$。

只要把θ的分布重新想成是$Beta(5, 9)$即可。

在這個問題上，之所以能簡單地計算出d，是因為針對機率模型的伯努利分布，**將事前分布設定為β分布**的緣故。因為式子的形式很相似，很容易計算出事後分布。只要取得共軛事前分布，即使重複進行貝氏更新，也只要改變分布的參數就可以了，所以相當方便。

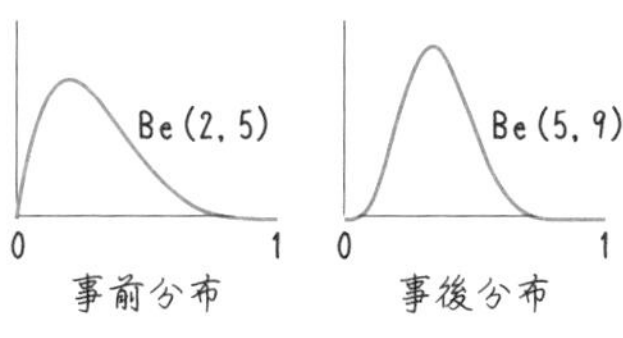

把機率模型的形式和共軛事前分布製成表格

只要決定機率模型的機率分布，就可以決定概似度的形式。選擇共軛事前分布時，該如何更新事後分布，表格整理如下。另外，任意的機率分布未必總是具有共軛事前分布。

機率模型	概似度	事前分布	事後分布
$Beta(\theta)$	$\theta^a(1-\theta)^{n-a}$	$Beta(\alpha, \beta)$	$Beta(\alpha+a, \beta+n-a)$
$Po(\theta)$	$\prod_{i=1}^{n} \frac{e^{-\theta}\theta^{x_i}}{x_i!}$	$Ga(\alpha, \lambda)$	$Ga(\alpha+\prod_{i=1}^{n} x_i, \lambda+n)$
$N(\mu, \sigma^2)$ σ^2已知	$\prod_{i=1}^{n} \frac{1}{\sqrt{2\pi}\sigma} e^{-\frac{(x_i-\mu)^2}{2\sigma^2}}$	對於μ $N(\mu_0, \sigma_0^2)$	$N\left(\frac{\frac{\mu_0}{\sigma_0^2}+\frac{n\bar{x}}{\sigma^2}}{\frac{1}{\sigma_0^2}+\frac{n}{\sigma^2}}, \frac{1}{\frac{1}{\sigma_0^2}+\frac{n}{\sigma^2}}\right)$

※Ga為伽瑪分布。

難易度 ★★★ 實用 ★★★★★ 考試 ★

08 KL散度

最好在閱讀下一節的AIC之前掌握這個概念。

Point

可以知道距離真正的模型多遠

離散版

假設將全事件 Ω 分割為排斥事件 A_i $(i=1,\ \cdots\cdots,\ n)$ 的機率為 $P(A_i)=p_i$。將這些預測為 $P(A_i)=q_i$ 時，

$$D(\boldsymbol{p},\ \boldsymbol{q})=\sum_{i=1}^{n}p_i\log\frac{p_i}{q_i}$$

稱為與 $\boldsymbol{q}=(q_1,\ \cdots\cdots,\ q_n)$ 對應的 $\boldsymbol{p}=(p_1,\ \cdots\cdots,\ p_n)$ 的**KL散度**（Kullback-Leibler divergence）。

對於任意的 $\boldsymbol{p}$、$\boldsymbol{q}$，$D(\boldsymbol{p},\ \boldsymbol{q})\geqq 0$ 成立。當 $D(\boldsymbol{p},\ \boldsymbol{q})=0$ 時，$\boldsymbol{p}=\boldsymbol{q}$。

連續版

假設隨機變數 X 的機率密度函數為 $f(x)$。

當預測 X 的機率密度函數為 $g(x)$ 時，

$$D(f,\ g)=\int f(x)\log\frac{f(x)}{g(x)}dx$$

稱為 $f(x)$ 對應 $g(x)$ 的KL散度。

對於任意的 $f(x)$、$g(x)$，$D(f,\ g)\geqq 0$ 成立。

當 $D(f,\ g)=0$ 時，$f(x)=g(x)$。

與熵的相關性

在Point的設定中，對於 $\boldsymbol{p}$，將 $H(\boldsymbol{p})$ 定為 $H(\boldsymbol{p})=-\sum_{i=1}^{n}p_i\log p_i$ 時，$H(\boldsymbol{p})$ 稱為 $\boldsymbol{p}$ 的**熵**或**散度**，代表不確定性的尺度。

$\boldsymbol{p}_1=\left(\frac{1}{2},\ \frac{1}{2}\right)$、$\boldsymbol{p}_2=\left(\frac{1}{4},\ \frac{1}{4},\ \frac{1}{4},\ \frac{1}{4}\right)$ 時，$H(\boldsymbol{p}_1)<H(\boldsymbol{p}_2)$。**把1切得愈小，不**

確定性就愈增加。熵原本是表示分子複雜度的統計力學用語，後來被引用到資訊理論當中。

$$D(\boldsymbol{p},\ \boldsymbol{q})=\sum_{i=1}^{n}p_i\log\frac{p_i}{q_i}=-\sum_{i=1}^{n}p_i\log q_i-\left(-\sum_{i=1}^{n}p_i\log p_i\right)$$

因此，$D(\boldsymbol{p},\ \boldsymbol{q})$稱為**相對熵**。

KL散度的課題

假設$\boldsymbol{p}$、$f(x)$為真實模型，$\boldsymbol{q}$、$g(x)$為預測模型，則KL散度$D(\boldsymbol{p},\ \boldsymbol{q})$、$D(f,\ g)$代表$\boldsymbol{q}$、$g(x)$距離真實模型多麼接近。然而，實際上不太容易得知真實的模型，所以總會留下尚待解決的課題。而下一節介紹的AIC，就是克服這個課題的方法。

Business 用KL散度選擇預測模型

對於真實機率分布$\boldsymbol{p}$，假設機率分布的預測模型有$\boldsymbol{q}_{\mathrm{A}}$、$\boldsymbol{q}_{\mathrm{B}}$這兩種。

若為$D(\boldsymbol{p},\ \boldsymbol{q}_{\mathrm{A}})>D(\boldsymbol{p},\ \boldsymbol{q}_{\mathrm{B}})$，可以說預測模型$\boldsymbol{q}_{\mathrm{B}}$更接近$\boldsymbol{p}$。由此可見，**KL散度**是可以用來判斷預測模型優劣的一種度量。

問題　假設專案X的真實成功機率為0.6。A先生預測的機率是0.7，B先生預測的機率是0.5。請計算KL散度，判斷誰的預測較接近真實機率的模型。

若將成功的事件設為L_1，失敗的事件設為L_2，則L_1、L_2的真實機率分布為$\boldsymbol{p}=(p_1,\ p_2)=(0.6,\ 0.4)$。A先生的預測是$\boldsymbol{q}_{\mathrm{A}}=(q_{\mathrm{A}1},\ q_{\mathrm{A}2})=(0.7,\ 0.3)$，B先生的預測是$\boldsymbol{q}_{\mathrm{B}}=(q_{\mathrm{B}1},\ q_{\mathrm{B}2})=(0.5,\ 0.5)$。

$$D(\boldsymbol{p},\ \boldsymbol{q}_{\mathrm{A}})=\sum_{i=1}^{2}p_i\log\frac{p_i}{q_{\mathrm{A}i}}=p_1\log\frac{p_1}{q_{\mathrm{A}1}}+p_2\log\frac{p_2}{q_{\mathrm{A}2}}=0.6\log\frac{0.6}{0.7}+0.4\log\frac{0.4}{0.3}=0.0226$$

$$D(\boldsymbol{p},\ \boldsymbol{q}_{\mathrm{B}})=\sum_{i=1}^{2}p_i\log\frac{p_i}{q_{\mathrm{B}i}}=p_1\log\frac{p_1}{q_{\mathrm{B}1}}+p_2\log\frac{p_2}{q_{\mathrm{B}2}}=0.6\log\frac{0.6}{0.5}+0.4\log\frac{0.4}{0.5}=0.0201$$

↑ 用自然對數計算

由此可見，B先生的預測比較接近真實的模型。

難易度 ★★★　實用 ★★★★★　考試 ★

AIC（赤池訊息量準則）

現場經常使用的方法，最好連意義都充分瞭解。

選擇最佳機率模型時的標準之一

AIC（Akaike information criterion）

有個由參數$\boldsymbol{\theta}=(\theta_1, \cdots\cdots, \theta_k)$決定的機率函數$f(x \mid \boldsymbol{\theta})$的隨機變數$X$。當$X$的實現值為$x_1$、$x_2$、……、$x_n$時，以

$$-2\sum_{i=1}^{n}\log f(x_i \mid \hat{\boldsymbol{\theta}})+2k$$

（對數的底是e）

$-2\times$（對數概似度的最大值）$+2\times$（自由參數的個數）

作為評價指標。這裡的$\hat{\boldsymbol{\theta}}$為$\boldsymbol{\theta}$的最大概似估計量。

AIC有助於找到好的模型

在xy平面上取任意$n+1$個點（x座標不同）時，必定存在通過這些點的n次多項式函數（只要解開決定係數的一次聯立方程式即可）。只要增加多項式的數目（**參數**），就能得到正確描述的多項式（**模型**）。

那麼，什麼才稱得上是好的機率模型？像多項式函數的例子一樣，只要增加參數的數量，不管得到多少資料，都能正確地呈現出來。可是，這樣得到的模型不能對應新的資料，以致無法用來預測（過度配適：overfitting）。找到合適的模型時，**AIC**就是一個有用的指標。

對數概似度愈大，AIC愈小；參數個數愈少，AIC愈小。**AIC愈小，模型愈佳**。

Business 參數多不一定是好的模型

假設擲60次正四面體的骰子（點數從1到4），結果如下。

點數	1	2	3	4
次數	10	18	13	19

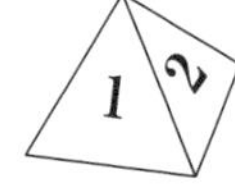

將點數j的出現機率設為參數θ_j，$\boldsymbol{\theta}=(\theta_1, \theta_2, \theta_3, \theta_4)$。

第i次擲出的點數設為隨機變數X_i，當機率質量函數$f(x_i \mid \boldsymbol{\theta})$的$x_i=j$時，$f(x_i \mid \boldsymbol{\theta})=\theta_j$。點數$j$出現次數的實現值設為$n_j$，$n=n_1+n_2+n_3+n_4$。

這時，

$$\sum_{i=1}^{n} \log f(x_i \mid \boldsymbol{\theta}) = n_1 \log\theta_1 + n_2 \log \theta_2 + n_3 \log \theta_3 + n_4 \log \theta_4$$

現在假設有兩個模型M1和M2。

M1　$\theta_1 = \theta_3 = \theta$、$\theta_2 = \theta_4 = \frac{1}{2} - \theta$　(1個參數)

M2　使θ_1、θ_2、θ_3自由移動。$\theta_4 = 1 - \theta_1 - \theta_2 - \theta_3$　(3個參數)

針對這兩種模型，計算上述實現值時的AIC。

從M1來看，$L(\boldsymbol{\theta}) = \prod_{i=1}^{n} f(x_i \mid \boldsymbol{\theta}) = {\theta_1}^{n_1} {\theta_2}^{n_2} {\theta_3}^{n_3} {\theta_4}^{n_4} = \theta^{n_1+n_3}\left(\frac{1}{2}-\theta\right)^{n_2+n_4}$，

$\frac{dL}{d\theta} = \theta^{n_1+n_3-1}\left(\frac{1}{2}-\theta\right)^{n_2+n_4-1}\left\{-n\theta + \frac{1}{2}(n_1+n_3)\right\}$，因此，

θ_1、θ_3的最大概似估計量為$\hat{\theta}_1 = \hat{\theta}_3 = \frac{1}{2} \times \frac{n_1+n_3}{n} = \frac{1}{2} \times \frac{10+13}{60} = \frac{23}{120}$

θ_2、θ_4的最大概似估計量為$\hat{\theta}_2 = \hat{\theta}_4 = \frac{1}{2} - \frac{23}{120} = \frac{37}{120}$

$$\begin{aligned}\mathrm{AIC(M1)} &= -2\sum_{i=1}^{n} \log f(x_i \mid \hat{\boldsymbol{\theta}}) + 2 \times (\text{參數個數}) \\ &= -2\left(10\log\frac{23}{120} + 18\log\frac{37}{120} + 13\log\frac{23}{120} + 19\log\frac{37}{120}\right) + 2\times 1 = 165.1\end{aligned}$$

從M2來看，$L(\boldsymbol{\theta}) = \prod_{i=1}^{n} f(x_i \mid \boldsymbol{\theta}) = {\theta_1}^{n_1} {\theta_2}^{n_2} {\theta_3}^{n_3} {\theta_4}^{n_4} = {\theta_1}^{n_1} {\theta_2}^{n_2} {\theta_3}^{n_3} (1-\theta_1-\theta_2-\theta_3)^{n_4}$，

由於$\frac{\partial L}{\partial \theta_1} = 0$、$\frac{\partial L}{\partial \theta_2} = 0$、$\frac{\partial L}{\partial \theta_3} = 0$，因此$\theta_1$、$\theta_2$、$\theta_3$的最大概似估計量為：

$\hat{\theta}_1 = \frac{10}{60}$、$\hat{\theta}_2 = \frac{18}{60}$、$\hat{\theta}_3 = \frac{13}{60}$、$\left(\hat{\theta}_4 = 1 - \hat{\theta}_1 - \hat{\theta}_2 - \hat{\theta}_3 = \frac{19}{60}\right)$

$$\begin{aligned}\mathrm{AIC(M2)} &= -2\sum_{i=1}^{n} \log f(x_i \mid \hat{\boldsymbol{\theta}}) + 2 \times (\text{參數個數}) \\ &= -2\left(10\log\frac{10}{60} + 18\log\frac{18}{60} + 13\log\frac{13}{60} + 19\log\frac{19}{60}\right) + 2\times 3 = 168.6\end{aligned}$$

AIC值愈小的模型愈好，所以M1的模型較佳，M2次之。**增加參數的個數未必就能成為更好的模型。**

難易度 ★★★　實用 ★★★★★　考試 ★

10 蒙地卡羅積分

為MCMC（Markov chain Monte Carlo）法後半部有關MC的技巧。

Point

透過$g(\theta_i)$的簡單平均也能夠計算$g(\theta)$的期望值

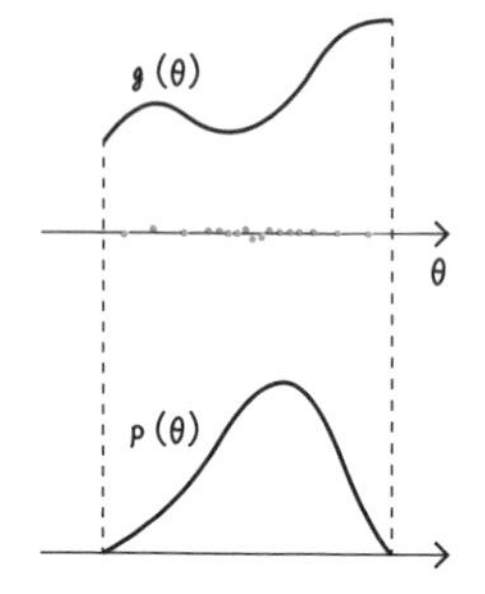

假設θ的機率密度函數為$p(\theta)$，θ的樣本$\{\theta_1, \theta_2, \cdots\cdots, \theta_N\}$，和$\theta$的函數 $g(\theta)$為：

$$r=\frac{1}{N}\sum_{i=1}^{n}g(\theta_i)$$

此稱為**蒙地卡羅積分**（Monte Carlo integration）。

N愈大，r愈接近

$$E[g(\theta)]=\int_{-\infty}^{\infty}g(\theta)p(\theta)d\theta$$

用蒙地卡羅法計算面積

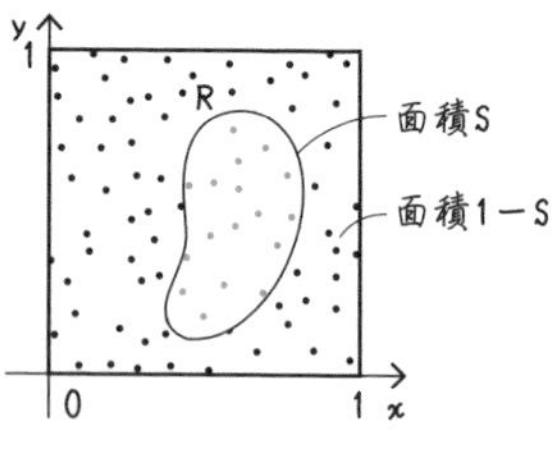

在座標平面上設定如右圖所示的區域R（色塊部分）。請用**蒙地卡羅法**計算R的面積S。

0到1的亂數產生兩次（設為x和y），

$0 \leqq x \leqq 1$、$0 \leqq y \leqq 1$（右圖粗線的正方形）的範圍內取點，重複N次。我們也可以說成「當X、Y服從均勻分布$U(0, 1)$時，對(X, Y)取大小為N的樣本」。

假設N個點當中，R所包含的點（藍點）的個數為I，R不包含的點（黑點）的個數則為E。憑感覺就能看出，N愈大，$I:E$的比值愈接近$S:1-S$，$I:N$愈接近$S:1$；換言之，N愈大，$\frac{I}{N}$就愈接近S。這樣一來就可以用蒙地卡羅法計算出S的近似值。

蒙地卡羅法由於使用隨機亂數，因此便以賭場所在的城市名來命名。

蒙地卡羅積分成立的理由

最好學會用高中數學的定積分來計算。公式如下：

$$\int_a^b f(x)dx = \lim_{n \to \infty} \frac{1}{n} \sum_{i=1}^{n} f(x_i) \quad \cdots\cdots①$$

這裡的x_1、x_2、……、x_n是將$[a,\ b]$進行n等分的點。

由於r的形狀也很相似，可能有人會認為r是不是接近$\int_{-\infty}^{\infty} g(\theta)d\theta$。可是，$\theta_1$、$\theta_2$、……、$\theta_N$是從服從$p(\theta)$的母體中抽出的樣本，機率愈高的地方密度愈大，機率愈低的地方密度愈小。θ_1、θ_2、……、θ_N並非均等分布，使用θ_i的地方與①的式子不同。

假設N個當中進入區間$[s,\ t]$的個數為I個，根據大數法則，N愈大，$\frac{I}{N}$則愈近似$P(s \leqq \theta \leqq t)$。因此，當$N$愈大，$r$愈近似$g(\theta)$乘以$p(\theta)$得到的$g(\theta)p(\theta)$的積分。

在這個例子中，θ是一維的，但如果θ是高維的話，就很難實現$p(\theta)$分布的抽樣方法，也就是產生亂數。下一節的MCMC（Gibbs抽樣法、Metropolis-Hastings演算法等），就是為了解決這個問題而設計的方法。

Business MCMC負責貝氏統計的計算

想要利用貝氏更新根據事前分布計算事後分布，必須進行積分計算。然而，由於難以按照定義對統計模型進行計算，因此會用到蒙地卡羅積分（MC）。在產生亂數的過程中，可以使用**馬可夫鏈**（Markov chain，MC）這種隨機選擇下個數字的方法來有效計算。整合兩者的手法稱為**MCMC**。MCMC開發出Gibbs抽樣法、Metropolis演算法等多數計算方法。貝氏統計的所有計算都是使用MCMC。

難易度 ★★★　實用 ★★★★★　考試 ★

11 Gibbs 抽樣法

MCMC（Markov chain Monte Carlo）法之一。

Point

使用邊際機率隨機漫步

關於參數x、y，假設已知聯合機率密度函數$h(x, y)$、x的邊際機率密度函數$h(x \mid y)$、y的邊際機率密度函數$h(y \mid x)$。另外也假設$h(x \mid y)$、$h(y \mid x)$能輕鬆地製作樣本。

- **Gibbs 抽樣法**（Gibbs sampling）：在上述條件之下，通過以下演算法製作$h(x, y)$的樣本的方法。
  （1）取適當的（x_1，y_1），設$i=1$。
  （2）使用$h(x \mid y_i)$，隨機取x_{i+1}。
  （3）使用$h(y \mid x_{i+1})$，隨機取y_{i+1}。
  （4）i加1。
  （5）回到（2）。

Gibbs 抽樣法的形象

Point的演算法本身即使不是貝氏統計也可以使用。

假設在貝氏統計中，$h(x, y)$為事後分布。利用上述的演算法製作(x, y)的樣本後，以這個樣本為基礎，利用蒙地卡羅積分，對x、y的平均值、變異數、分布等進行貝氏估計。

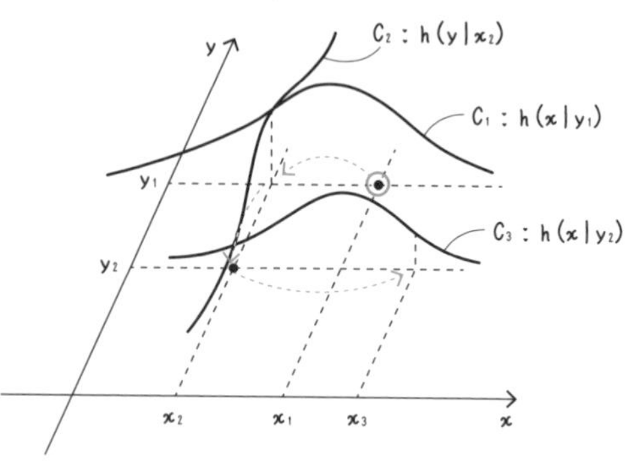

將**Gibbs 抽樣法的演算法**形象化，如上圖所示。

圖中的曲線C_1，是邊際機率密度函數$h(x \mid y_1)$的曲線，我們用它隨機取得x_2。接著使用曲線C_2代表的邊際機率密度函數$h(y \mid x_2)$取得y_2。按照這個方式，依序取出(x, y)的樣本。

因為是「使用$h(x \mid y_i)$隨機取得x_{i+1}」，所以x_{i+1}對於y_i並非唯一確定。這表示有可能$x_{i+1}=1$，也可能$x_{i+1}=2$。就像是使用邊際機率隨機漫步的形象。

只不過，若以$h(x \mid y_i)$多次取x的話，在$h(x \mid y_i)$較大的地方以高密度、較小的地方以低密度取得x，這樣就能沿著$h(x, y)$的分布製作樣本。

根據$h(x, y)$函數的型態，這種做法有時容易，有時很困難。正如「$h(x \mid y)$、$h(y \mid x)$的樣本可以容易製作」一樣，**只有在容易製作的情況下，Gibbs 抽樣法才有效**。

Business 資料為高維時，Gibbs 抽樣法很有用

為了描繪圖形，我們在 Point 中是以二維為例來說明，當然它也可以擴展到k維。想產生k個亂數來製作樣本時，若維度愈大（假設為k維），計算量就愈大，因此我們使用 Gibbs 抽樣法以有效率地製作樣本。

對於（$\theta_1, \theta_2, \cdots\cdots, \theta_k$），使用容易取得樣本的邊際機率密度函數：

$$\left.\begin{array}{l} h(\theta_1 \mid \theta_2, \theta_3, \cdots\cdots, \theta_k) \\ h(\theta_2 \mid \theta_1, \theta_3, \cdots\cdots, \theta_k) \\ \quad \cdots\cdots \\ h(\theta_k \mid \theta_1, \theta_2, \cdots\cdots, \theta_{k-1}) \end{array}\right\} \quad \cdots\cdots☆$$

依序取出θ_1、θ_2、……、θ_k的樣本就可以了。

對（$\theta_1, \theta_2, \cdots\cdots, \theta_k$）賦予☆的式子時，稱為**賦予完全條件分布**。當賦予完全條件分布時，可以使用 Gibbs 抽樣法。

難易度 ★★★ 實用 ★★★★★ 考試 ★

12 Metropolis-Hastings演算法

MCMC的例子之一，最好掌握由此發展出來的方法。

Point

使用$f(x)$隨機漫步

- **Metropolis-Hastings演算法**（Metropolis-Hastings methods※）：對於機率密度函數$f(x)$，利用下列的MH演算法製作$f(x)$樣本的方法。

（1）取適當的x_0，設$i=0$。

（2）隨機取a。

（3）比較$U(0,\ 1)$的樣本u和$\min\left(1,\ \frac{f(a)}{f(x_i)}\right)$，

$$若u<\min\left(1,\ \frac{f(a)}{f(x_i)}\right)，則x_{i+1}=a$$

$$若u\geqq\min\left(1,\ \frac{f(a)}{f(x_i)}\right)，則x_{i+1}=x_i$$

（4）i加1。

（5）回到（2）。

為何可以簡單地製作$f(x)$的樣本？

（3）採用對x_i取x_{i+1}的方式，

（i）若$f(a)>f(x_i)$，$x_{i+1}=a$，

（ii）若$f(a)\leqq f(x_i)$，機率$\frac{f(a)}{f(x_i)}$，則$x_{i+1}=a$，

機率$1-\frac{f(a)}{f(x_i)}$，則$x_{i+1}=x_i$，

隨機進行選擇時，使用的是$U(0,\ 1)$的亂數。

這樣一來，在$f(x)$較大的地方，樣本密度較高；$f(x)$較小的地方，樣本密度較低。

※有時後面會接sampling或algorithm等字。

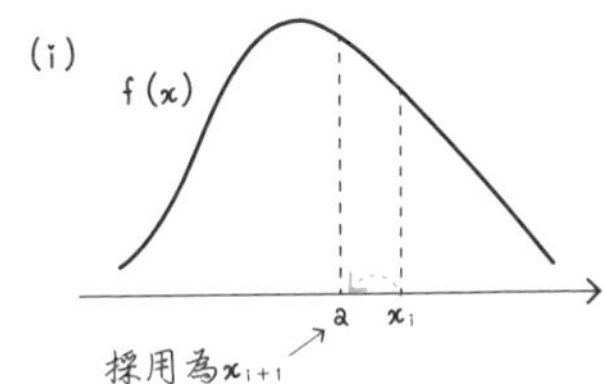

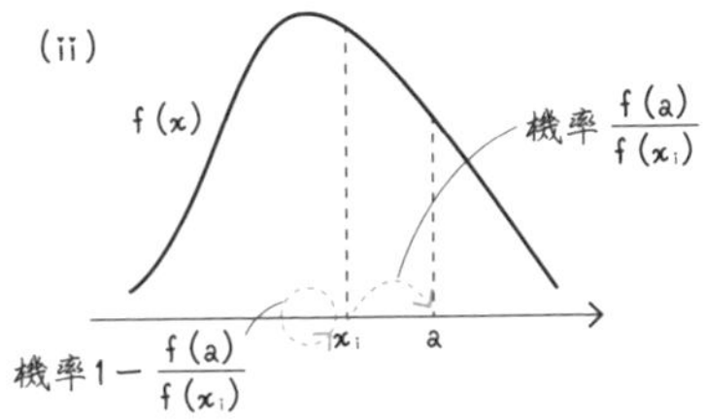

設$K(x,\ y)=\min\left(1,\ \dfrac{f(y)}{f(x)}\right)$，$K(x,\ y)$是表示從$x$到$y$的轉移機率的密度函數。那麼下列式子成立：

$$K(x,\ y)f(x)=K(y,\ x)f(y)$$ 確認$f(x)>f(y)$。

$K(x,\ y)$相當於馬可夫鏈的機率轉移矩陣，這個式子成立意味著利用上述的演算法就能得到穩定狀態。實際上，利用這個MH演算法可以得到實現$f(x)$分布的樣本。**此外，這裡是針對x為一維的情況下進行說明，多維也可以用相同的思考方式。**

a的取法也有需要想辦法的時候

a的取法有幾種方法。

（1）隨機漫步演算法

取a作為$N(x_i,\ \sigma^2)$的樣本。σ^2愈小，a的採用機率就愈高，但x需要不少時間才會遍布全體。若σ^2較大，雖然可以從全體取得x，但會使採用機率變小。實際上，找出正好適合σ^2的值非常重要。

（2）獨立連鎖演算法

取與x_i值無關的某機率分布的樣本。

（3）利用Gibbs抽樣法

當$f(x)$是多維機率密度函數時，則在可用的地方混用Gibbs抽樣法，例如僅對第i個成分使用Gibbs抽樣法。

在MH法中，當$f(a)\leqq f(x_i)$時，有時不會採用好不容易製作的a，所以計算效率不佳，這就是為什麼混用Gibbs抽樣法的原因。

難易度 ★★★ 實用 ★★★★★ 考試 ★

13 貝氏網路

條件機率的應用問題，網路的估計是實踐中的課題。

條件機率的積

對於具有0和1的值的隨機變數$\boldsymbol{X}=(X_1, X_2, \cdots\cdots, X_n)$，根據圖$G$賦予條件機率$C$時，($\boldsymbol{X}$, G, C)稱為**貝氏網路**（Bayesian network）。$\boldsymbol{X}$的聯合機率質量函數表示如下：

$$P(\boldsymbol{X})=\prod_{i=1}^{n} P(X_i \mid pa(X_i))$$

其中$pa(X_i)$為X_i的父節點的集合。

昏睡狀態下出現頭痛症狀，為轉移性癌症的機率是多少？

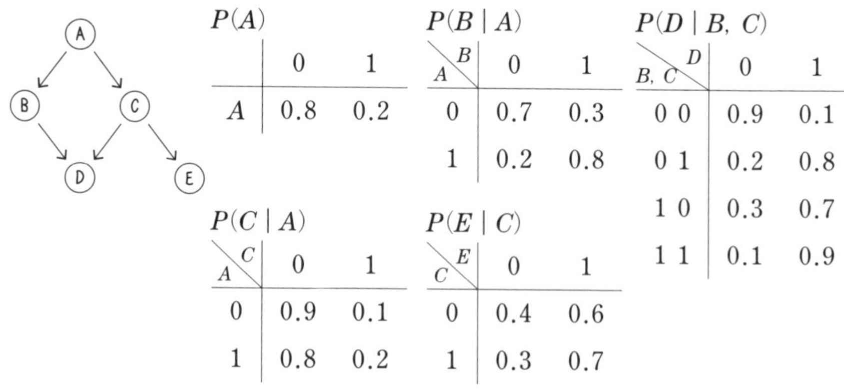

$P(A)$

	0	1
A	0.8	0.2

$P(B \mid A)$

A \ B	0	1
0	0.7	0.3
1	0.2	0.8

$P(D \mid B, C)$

B, C \ D	0	1
0 0	0.9	0.1
0 1	0.2	0.8
1 0	0.3	0.7
1 1	0.1	0.9

$P(C \mid A)$

A \ C	0	1
0	0.9	0.1
1	0.8	0.2

$P(E \mid C)$

C \ E	0	1
0	0.4	0.6
1	0.3	0.7

上圖這種用事件和箭頭組合起來的圖，在離散數學的領域中稱為**有向圖**。帶○的文字代表事件，○、○、……稱為**節點**。在上圖中，向D伸出箭頭的B、C為D的**父節點**；C接受來自A的箭頭，所以稱為A的**子節點**。每個節點都設有父節點的條件機率。為了方便理解，我們將事件A的隨機變數也用A表示。

A：轉移性癌症　有$(A=1)$、無$(A=0)$

B：血鈣增加　增加$(B=1)$、減少$(B=0)$

C：腦瘤　有$(C=1)$、無$(C=0)$

D：昏睡狀態　有$(D=1)$、無$(D=0)$

E：頭痛　有$(E=1)$、無$(E=0)$

A、B、C、D、E的聯合機率，可以利用Point的式子，計算如下：

$$P(A, B, C, D, E)=P(E \mid C)P(D \mid B, C)P(B \mid A)P(C \mid A)P(A)$$

具體的機率可以從條件機率表中提取值，則

$$\begin{aligned}&P(A=1, B=0, C=0, D=1, E=1)\\&=P(E=1 \mid C=0)P(D=1 \mid B=0, C=0)P(B=0 \mid A=1)\\&\qquad P(C=0 \mid A=1)P(A=1)\\&=0.6\times0.1\times0.2\times0.8\times0.2=0.00192\end{aligned}$$

要計算$P(A=1, D=1, E=1)$，將B、C的0、1的四種模式相加後邊際化，得到

$$\begin{aligned}&P(A=1, D=1, E=1)\\&=P(A=1, B=0, C=0, D=1, E=1)+P(A=1, B=0, C=1, D=1, E=1)\\&\quad+P(A=1, B=1, C=0, D=1, E=1)+P(A=1, B=1, C=1, D=1, E=1)\\&=0.08032\end{aligned}$$

$$P(A=0, D=1, E=1)=0.16744$$

接著，在昏睡狀態$(D=1)$出現頭痛症狀$(E=1)$的條件下，為轉移性癌症$(A=1)$的機率如下所示。

$$P(A=1 \mid D=1, E=1)=\frac{0.08032}{0.08032+0.16744}=0.324$$

Business 成為機器學習和人工智慧的模型

我們可以根據資料推測事件背後的貝氏網路，從而尋找因果關係。此外，貝氏網路也成為機器學習和人工智慧的模型。

Column

機器翻譯的機制

初期的機器翻譯是將文章進行品詞分解，套用文法規則，以做出對譯。就和我們在學習語言時所採用的方法一樣。不過，現在的機器翻譯中，我們熟悉的文法規則卻不重要。不懂文法的機器要如何進行翻譯，這讓人感到非常不可思議。

現在的機器翻譯，所重視的是文章中單字和單字之間的聯繫。在自然的文章中，例如思考「sweet」這個單字之後較常連接哪個單字。大家應該馬上就能聯想到，出現「do」的機率較低，「cake」的機率較高。在實際的機器翻譯中，是以非常大量的例句為基礎，計算出每個單字前後連接什麼單字的出現機率，再用矩陣來呈現。另外，不再對文章進行品詞分解，而是從單字和單字的連結來看，對單字的兼容性進行多元評價，用向量來呈現每個單字，以此為基礎進行機器翻譯。

翻譯（這裡以日譯英為例）是指讓日語文章的集合 $\{x_1, x_2, \cdots\cdots\}$ 和英語文章的集合 $\{y_1, y_2, \cdots\cdots\}$ 相對應，因此將表示日語文章的隨機變數設為X，英語文章的隨機變數設為Y。想翻譯日語文章x_i，就要選擇條件機率$P(Y=y_j \mid X=x_i)$的值最大的y_j。這個條件機率是以代表出現機率的矩陣和代表單字特徵的向量為基礎，利用乘法公式計算出來的；換言之，機器翻譯是使用貝氏統計進行處理。

語言學家諾姆・喬姆斯基（Noam Chomsky）認為，幼兒之所以能在短時間之內就掌握語言，是因為人類天生就具有「普遍語法」（universal grammar）的緣故。比起以品詞和句子的結構規則為基礎的喬姆斯基式機器翻譯，注重單字連結的貝氏式機器翻譯更能產出高品質的翻譯內容；現在回頭來看，或許可以說「普遍語法」就是大腦的類神經網路。

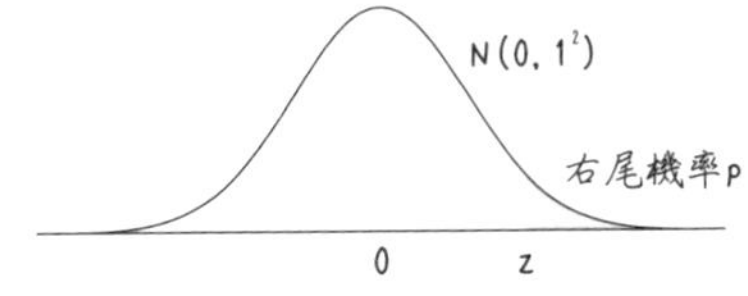

1 標準常態分布表（右尾機率）

z	0.00	0.01	0.02	0.03	0.04	0.05	0.06	0.07	0.08	0.09
0.0	0.5000	0.4960	0.4920	0.4880	0.4840	0.4801	0.4761	0.4721	0.4681	0.4641
0.1	0.4602	0.4562	0.4522	0.4483	0.4443	0.4404	0.4364	0.4325	0.4286	0.4247
0.2	0.4207	0.4168	0.4129	0.4090	0.4052	0.4013	0.3974	0.3936	0.3897	0.3859
0.3	0.3821	0.3783	0.3745	0.3707	0.3669	0.3632	0.3594	0.3557	0.3520	0.3483
0.4	0.3446	0.3409	0.3372	0.3336	0.3300	0.3264	0.3228	0.3192	0.3156	0.3121
0.5	0.3085	0.3050	0.3015	0.2981	0.2946	0.2912	0.2877	0.2843	0.2810	0.2776
0.6	0.2743	0.2709	0.2676	0.2643	0.2611	0.2578	0.2546	0.2514	0.2483	0.2451
0.7	0.2420	0.2389	0.2358	0.2327	0.2296	0.2266	0.2236	0.2206	0.2177	0.2148
0.8	0.2119	0.2090	0.2061	0.2033	0.2005	0.1977	0.1949	0.1922	0.1894	0.1867
0.9	0.1841	0.1814	0.1788	0.1762	0.1736	0.1711	0.1685	0.1660	0.1635	0.1611
1.0	0.1587	0.1562	0.1539	0.1515	0.1492	0.1469	0.1446	0.1423	0.1401	0.1379
1.1	0.1357	0.1335	0.1314	0.1292	0.1271	0.1251	0.1230	0.1210	0.1190	0.1170
1.2	0.1151	0.1131	0.1112	0.1093	0.1075	0.1056	0.1038	0.1020	0.1003	0.0985
1.3	0.0968	0.0951	0.0934	0.0918	0.0901	0.0885	0.0869	0.0853	0.0838	0.0823
1.4	0.0808	0.0793	0.0778	0.0764	0.0749	0.0735	0.0721	0.0708	0.0694	0.0681
1.5	0.0668	0.0655	0.0643	0.0630	0.0618	0.0606	0.0594	0.0582	0.0571	0.0559
1.6	0.0548	0.0537	0.0526	0.0516	0.0505	0.0495	0.0485	0.0475	0.0465	0.0455
1.7	0.0446	0.0436	0.0427	0.0418	0.0409	0.0401	0.0392	0.0384	0.0375	0.0367
1.8	0.0359	0.0351	0.0344	0.0336	0.0329	0.0322	0.0314	0.0307	0.0301	0.0294
1.9	0.0287	0.0281	0.0274	0.0268	0.0262	0.0256	0.0250	0.0244	0.0239	0.0233
2.0	0.0228	0.0222	0.0217	0.0212	0.0207	0.0202	0.0197	0.0192	0.0188	0.0183
2.1	0.0179	0.0174	0.0170	0.0166	0.0162	0.0158	0.0154	0.0150	0.0146	0.0143
2.2	0.0139	0.0136	0.0132	0.0129	0.0125	0.0122	0.0119	0.0116	0.0113	0.0110
2.3	0.0107	0.0104	0.0102	0.0099	0.0096	0.0094	0.0091	0.0089	0.0087	0.0084
2.4	0.0082	0.0080	0.0078	0.0075	0.0073	0.0071	0.0069	0.0068	0.0066	0.0064
2.5	0.0062	0.0060	0.0059	0.0057	0.0055	0.0054	0.0052	0.0051	0.0049	0.0048
2.6	0.0047	0.0045	0.0044	0.0043	0.0041	0.0040	0.0039	0.0038	0.0037	0.0036
2.7	0.0035	0.0034	0.0033	0.0032	0.0031	0.0030	0.0029	0.0028	0.0027	0.0026
2.8	0.0026	0.0025	0.0024	0.0023	0.0023	0.0022	0.0021	0.0021	0.0020	0.0019
2.9	0.0019	0.0018	0.0018	0.0017	0.0016	0.0016	0.0015	0.0015	0.0014	0.0014
3.0	0.0013	0.0013	0.0013	0.0012	0.0012	0.0011	0.0011	0.0011	0.0010	0.0010

2　t分布表（右尾2.5%、5%點）

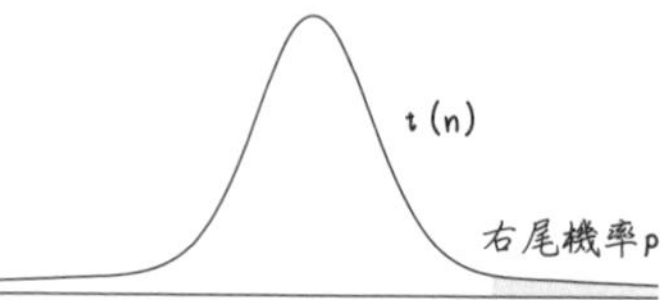

n \ p	0.050	0.025
1	6.314	12.706
2	2.920	4.303
3	2.353	3.182
4	2.132	2.776
5	2.015	2.571
6	1.943	2.447
7	1.895	2.365
8	1.860	2.306
9	1.833	2.262
10	1.812	2.228
11	1.796	2.201
12	1.782	2.179
13	1.771	2.160
14	1.761	2.145
15	1.753	2.131
16	1.746	2.120
17	1.740	2.110
18	1.734	2.101
19	1.729	2.093
20	1.725	2.086
21	1.721	2.080
22	1.717	2.074
23	1.714	2.069
24	1.711	2.064
25	1.708	2.060
26	1.706	2.056
27	1.703	2.052
28	1.701	2.048
29	1.699	2.045
30	1.697	2.042
31	1.696	2.040
32	1.694	2.037
33	1.692	2.035
34	1.691	2.032
35	1.690	2.030
36	1.688	2.028
37	1.687	2.026
38	1.686	2.024
39	1.685	2.023
40	1.684	2.021

3　χ^2分布表（右尾97.5%點、5%點、2.5%點）

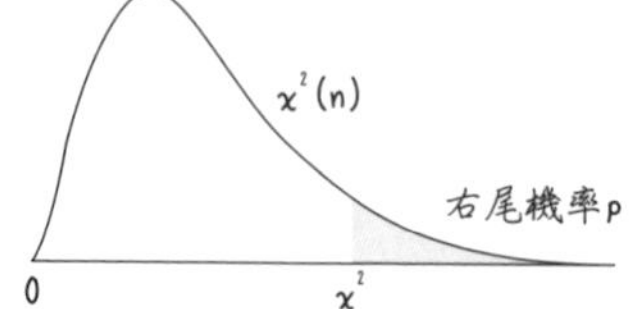

n \ p	0.975	0.050	0.025
1	0.001	3.841	5.024
2	0.051	5.991	7.378
3	0.216	7.815	9.348
4	0.484	9.488	11.143
5	0.831	11.070	12.833
6	1.237	12.592	14.449
7	1.690	14.067	16.013
8	2.180	15.507	17.535
9	2.700	16.919	19.023
10	3.247	18.307	20.483
11	3.816	19.675	21.920
12	4.404	21.026	23.337
13	5.009	22.362	24.736
14	5.629	23.685	26.119
15	6.262	24.996	27.488
16	6.908	26.296	28.845
17	7.564	27.587	30.191
18	8.231	28.869	31.526
19	8.907	30.144	32.852
20	9.591	31.410	34.170
22	10.982	33.924	36.781
24	12.401	36.415	39.364
26	13.844	38.885	41.923
28	15.308	41.337	44.461
30	16.791	43.773	46.979
40	24.433	55.758	59.342
50	32.357	67.505	71.420
60	40.482	79.082	83.298
70	48.758	90.531	95.023
80	57.153	101.879	106.629
90	65.647	113.145	118.136
100	74.222	124.342	129.561
110	82.867	135.480	140.917
120	91.573	146.567	152.211

4 F分布表（右尾5%點）

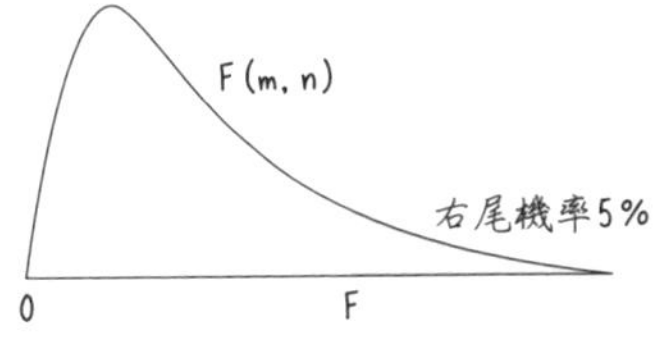

n \ m	1	2	3	4	5	6	7	8	9	10	15	20
2	18.51	19.00	19.16	19.25	19.30	19.33	19.35	19.37	19.38	19.40	19.43	19.45
3	10.13	9.55	9.28	9.12	9.01	8.94	8.89	8.85	8.81	8.79	8.70	8.66
4	7.71	6.94	6.59	6.39	6.26	6.16	6.09	6.04	6.00	5.96	5.86	5.80
5	6.61	5.79	5.41	5.19	5.05	4.95	4.88	4.82	4.77	4.74	4.62	4.56
6	5.99	5.14	4.76	4.53	4.39	4.28	4.21	4.15	4.10	4.06	3.94	3.87
7	5.59	4.74	4.35	4.12	3.97	3.87	3.79	3.73	3.68	3.64	3.51	3.44
8	5.32	4.46	4.07	3.84	3.69	3.58	3.50	3.44	3.39	3.35	3.22	3.15
9	5.12	4.26	3.86	3.63	3.48	3.37	3.29	3.23	3.18	3.14	3.01	2.94
10	4.96	4.10	3.71	3.48	3.33	3.22	3.14	3.07	3.02	2.98	2.85	2.77
11	4.84	3.98	3.59	3.36	3.20	3.09	3.01	2.95	2.90	2.85	2.72	2.65
12	4.75	3.89	3.49	3.26	3.11	3.00	2.91	2.85	2.80	2.75	2.62	2.54
13	4.67	3.81	3.41	3.18	3.03	2.92	2.83	2.77	2.71	2.67	2.53	2.46
14	4.60	3.74	3.34	3.11	2.96	2.85	2.76	2.70	2.65	2.60	2.46	2.39
15	4.54	3.68	3.29	3.06	2.90	2.79	2.71	2.64	2.59	2.54	2.40	2.33
16	4.49	3.63	3.24	3.01	2.85	2.74	2.66	2.59	2.54	2.49	2.35	2.28
17	4.45	3.59	3.20	2.96	2.81	2.70	2.61	2.55	2.49	2.45	2.31	2.23
18	4.41	3.55	3.16	2.93	2.77	2.66	2.58	2.51	2.46	2.41	2.27	2.19
19	4.38	3.52	3.13	2.90	2.74	2.63	2.54	2.48	2.42	2.38	2.23	2.16
20	4.35	3.49	3.10	2.87	2.71	2.60	2.51	2.45	2.39	2.35	2.20	2.12
22	4.30	3.44	3.05	2.82	2.66	2.55	2.46	2.40	2.34	2.30	2.15	2.07
24	4.26	3.40	3.01	2.78	2.62	2.51	2.42	2.36	2.30	2.25	2.11	2.03
26	4.23	3.37	2.98	2.74	2.59	2.47	2.39	2.32	2.27	2.22	2.07	1.99
28	4.20	3.34	2.95	2.71	2.56	2.45	2.36	2.29	2.24	2.19	2.04	1.96
30	4.17	3.32	2.92	2.69	2.53	2.42	2.33	2.27	2.21	2.16	2.01	1.93
32	4.15	3.29	2.90	2.67	2.51	2.40	2.31	2.24	2.19	2.14	1.99	1.91
34	4.13	3.28	2.88	2.65	2.49	2.38	2.29	2.23	2.17	2.12	1.97	1.89
36	4.11	3.26	2.87	2.63	2.48	2.36	2.28	2.21	2.15	2.11	1.95	1.87
38	4.10	3.24	2.85	2.62	2.46	2.35	2.26	2.19	2.14	2.09	1.94	1.85
40	4.08	3.23	2.84	2.61	2.45	2.34	2.25	2.18	2.12	2.08	1.92	1.84
42	4.07	3.22	2.83	2.59	2.44	2.32	2.24	2.17	2.11	2.06	1.91	1.83
44	4.06	3.21	2.82	2.58	2.43	2.31	2.23	2.16	2.10	2.05	1.90	1.81
46	4.05	3.20	2.81	2.57	2.42	2.30	2.22	2.15	2.09	2.04	1.89	1.80
48	4.04	3.19	2.80	2.57	2.41	2.29	2.21	2.14	2.08	2.03	1.88	1.79
50	4.03	3.18	2.79	2.56	2.40	2.29	2.20	2.13	2.07	2.03	1.87	1.78
60	4.00	3.15	2.76	2.53	2.37	2.25	2.17	2.10	2.04	1.99	1.84	1.75
70	3.98	3.13	2.74	2.50	2.35	2.23	2.14	2.07	2.02	1.97	1.81	1.72
80	3.96	3.11	2.72	2.49	2.33	2.21	2.13	2.06	2.00	1.95	1.79	1.70
90	3.95	3.10	2.71	2.47	2.32	2.20	2.11	2.04	1.99	1.94	1.78	1.69
100	3.94	3.09	2.70	2.46	2.31	2.19	2.10	2.03	1.97	1.93	1.77	1.68

（作者製表）

5　*F*分布表（右尾2.5%點）

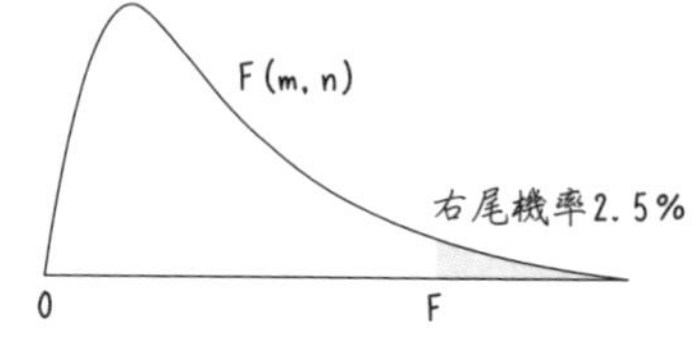

n \ m	1	2	3	4	5	6	7	8	9	10	15	20
2	38.51	39.00	39.17	39.25	39.30	39.33	39.36	39.37	39.39	39.40	39.43	39.45
3	17.44	16.04	15.44	15.10	14.88	14.73	14.62	14.54	14.47	14.42	14.25	14.17
4	12.22	10.65	9.98	9.60	9.36	9.20	9.07	8.98	8.90	8.84	8.66	8.56
5	10.01	8.43	7.76	7.39	7.15	6.98	6.85	6.76	6.68	6.62	6.43	6.33
6	8.81	7.26	6.60	6.23	5.99	5.82	5.70	5.60	5.52	5.46	5.27	5.17
7	8.07	6.54	5.89	5.52	5.29	5.12	4.99	4.90	4.82	4.76	4.57	4.47
8	7.57	6.06	5.42	5.05	4.82	4.65	4.53	4.43	4.36	4.30	4.10	4.00
9	7.21	5.71	5.08	4.72	4.48	4.32	4.20	4.10	4.03	3.96	3.77	3.67
10	6.94	5.46	4.83	4.47	4.24	4.07	3.95	3.85	3.78	3.72	3.52	3.42
11	6.72	5.26	4.63	4.28	4.04	3.88	3.76	3.66	3.59	3.53	3.33	3.23
12	6.55	5.10	4.47	4.12	3.89	3.73	3.61	3.51	3.44	3.37	3.18	3.07
13	6.41	4.97	4.35	4.00	3.77	3.60	3.48	3.39	3.31	3.25	3.05	2.95
14	6.30	4.86	4.24	3.89	3.66	3.50	3.38	3.29	3.21	3.15	2.95	2.84
15	6.20	4.77	4.15	3.80	3.58	3.41	3.29	3.20	3.12	3.06	2.86	2.76
16	6.12	4.69	4.08	3.73	3.50	3.34	3.22	3.12	3.05	2.99	2.79	2.68
17	6.04	4.62	4.01	3.66	3.44	3.28	3.16	3.06	2.98	2.92	2.72	2.62
18	5.98	4.56	3.95	3.61	3.38	3.22	3.10	3.01	2.93	2.87	2.67	2.56
19	5.92	4.51	3.90	3.56	33.3	3.17	3.05	2.96	2.88	2.82	2.62	2.51
20	5.87	4.46	3.86	3.51	3.29	3.13	3.01	2.91	2.84	2.77	2.57	2.46
22	5.77	4.38	3.78	3.44	3.22	3.05	2.93	2.84	2.76	2.70	2.50	2.39
24	5.72	4.32	3.72	3.38	3.15	2.99	2.87	2.78	2.70	2.64	2.44	2.33
26	5.66	4.27	3.67	33.3	3.10	2.94	2.82	2.73	2.65	2.59	2.39	2.28
28	5.61	4.22	3.63	3.29	3.06	2.90	2.78	2.69	2.61	2.55	2.34	2.23
30	5.57	4.18	3.59	3.25	3.03	2.87	2.75	2.65	2.57	2.51	2.31	2.20
32	5.53	4.15	3.56	3.22	3.00	2.84	2.71	2.62	2.54	2.48	2.28	2.16
34	5.50	4.12	3.53	3.19	2.97	2.81	2.69	2.59	2.52	2.45	2.25	2.13
36	5.47	4.09	3.50	3.17	2.94	2.78	2.66	2.57	2.49	2.43	2.22	2.11
38	5.45	4.07	3.48	3.15	2.92	2.76	2.64	2.55	2.47	2.41	2.20	2.09
40	5.42	4.05	3.46	3.13	2.90	2.74	2.62	2.53	2.45	2.39	2.18	2.07
42	5.40	4.03	3.45	3.11	2.89	2.73	2.61	2.51	2.43	2.37	2.16	2.05
44	5.39	4.02	3.43	3.09	2.87	2.71	2.59	2.50	2.42	2.36	2.15	2.03
46	5.37	4.00	3.42	3.08	2.86	2.70	2.58	2.48	2.41	2.34	2.13	2.02
48	5.35	3.99	3.40	3.07	2.84	2.69	2.56	2.47	2.39	2.33	2.12	2.01
50	5.34	3.97	3.39	3.05	2.83	2.67	2.55	2.46	2.38	2.32	2.11	1.99
60	5.29	3.93	3.34	3.01	2.79	2.63	2.51	2.41	2.33	2.27	2.06	1.94
70	5.25	3.89	3.31	2.97	2.75	2.59	2.47	2.38	2.30	2.24	2.03	1.91
80	5.22	3.86	3.28	2.95	2.73	2.57	2.45	2.35	2.28	2.21	2.00	1.88
90	5.20	3.84	3.26	2.93	2.71	2.55	2.43	2.34	2.26	2.19	1.98	1.86
100	5.18	3.83	3.25	2.92	2.70	2.54	2.42	2.32	2.24	2.18	1.97	1.85

6 Mann-Whitney的U檢定表（單尾機率2.5%點）

k \ l	4	5	6	7	8	9	10	11	12	13	14	15	16	17	18	19	20
2	–	–	–	–	0	0	0	0	1	1	1	1	1	2	2	2	2
3	–	0	1	1	2	2	3	3	4	4	5	5	6	6	7	7	8
4	0	1	2	3	4	4	5	6	7	8	9	10	11	11	12	13	14
5		2	3	5	6	7	8	9	11	12	13	14	15	17	18	19	20
6			5	6	8	10	11	13	14	16	17	19	21	22	24	25	27
7				8	10	12	14	16	18	20	22	24	26	28	30	32	34
8					13	15	17	19	22	24	26	29	31	34	36	38	41
9						17	20	23	26	28	31	34	37	39	42	45	48
10							23	26	29	33	36	39	42	45	48	52	55
11								30	33	37	40	44	47	51	55	58	62
12									37	41	45	49	53	57	61	65	69
13										45	50	54	59	63	67	72	76
14											55	59	64	69	74	78	83
15												64	70	75	80	85	90
16													75	81	86	92	98
17														87	93	99	105
18															99	106	112
19																113	119
20																	127

7 Wilcoxon符號等級檢定表（單尾2.5%點、5%點）

n \ p	0.050	0.025
5	0	–
6	2	0
7	3	2
8	5	3
9	8	5
10	10	8
11	13	10
12	17	13
13	21	17
14	25	21
15	30	25
16	35	29
17	41	34
18	47	40
19	53	46
20	60	52
21	67	58
22	75	65
23	83	73
24	91	81
25	100	89

8 Friedman檢定表（單尾5%點）

3組

n	
3	6.00
4	6.50
5	6.40
6	7.00
7	7.14
8	6.25
9	6.22
∞	5.99

4組

n	
2	6.00
3	7.40
4	8.70
5	7.80
∞	7.81

9 Kruskal-Wallis檢定表（單尾5%點）

3組

n	n_1	n_2	n_3	
7	2	2	3	4.714
8	2	2	4	5.333
	2	3	3	5.361
9	2	2	5	5.160
	2	3	4	5.444
	3	3	3	5.600
10	2	2	6	5.346
	2	3	5	5.251
	2	4	4	5.455
	3	3	4	5.791
11	2	2	7	5.143
	2	3	6	5.349
	2	4	5	5.273
	3	3	5	5.649
	3	4	4	5.599
12	2	2	8	5.356
	2	3	7	5.357
	2	4	6	5.340
	2	5	5	5.339
	3	3	6	5.615
	3	4	5	5.656
	4	4	4	5.692
13	2	2	9	5.260
	2	3	8	5.316
	2	4	7	5.376
	2	5	6	5.339
	3	3	7	5.620
	3	4	6	5.610
	3	5	5	5.706
	4	4	5	5.657
14	2	2	10	5.120
	2	3	9	5.340
	2	4	8	5.393
	2	5	7	5.393
	2	6	6	5.410
	3	3	8	5.617
	3	4	7	5.623
	3	5	6	5.602
	4	4	6	5.681
	4	5	5	5.657

接續3組

n	n_1	n_2	n_3	
15	2	2	11	5.164
	2	3	10	5.362
	2	4	9	5.400
	2	5	8	5.415
	2	6	7	5.357
	3	3	9	5.589
	3	4	8	5.623
	3	5	7	5.607
	3	6	6	5.625
	4	4	7	5.650
	4	5	6	5.661
	5	5	5	5.780

4組

n	n_1	n_2	n_3	n_4	
8	2	2	2	2	6.167
9	2	2	2	3	6.333
10	2	2	2	4	6.546
	2	2	3	3	6.527
11	2	2	2	5	6.564
	2	2	3	4	6.621
	2	3	3	3	6.727
12	2	2	2	6	6.539
	2	2	3	5	6.664
	2	2	4	4	6.731
	2	3	3	4	6.795
	3	3	3	3	7.000
13	2	2	2	7	6.565
	2	2	3	6	6.703
	2	2	4	5	6.725
	2	3	3	5	6.822
	2	3	4	4	6.874
	3	3	3	4	6.984
14	2	2	2	8	6.571
	2	2	3	7	6.718
	2	2	4	6	6.743
	2	2	5	5	6.777
	2	3	3	6	6.876
	2	3	4	5	6.926
	2	4	4	4	6.957
	3	3	3	5	7.019
	3	3	4	4	7.038

10 司徒頓化的範圍分布表（右尾5%點）

$q(k,\ \phi_e,\ 0.05)$的值

ϕe \ k	2	3	4	5	6	7	8	9
2	6.085	8.331	9.798	10.881	11.734	12.434	13.027	13.538
3	4.501	5.910	6.825	7.502	8.037	8.478	8.852	9.177
4	3.927	5.040	5.757	6.287	6.706	7.053	7.347	7.602
5	3.635	4.602	5.218	5.673	6.033	6.330	6.582	6.801
6	3.460	4.339	4.896	5.305	5.629	5.895	6.122	6.319
7	3.344	4.165	4.681	5.060	5.359	5.605	5.814	5.995
8	3.261	4.041	4.529	4.886	5.167	5.399	5.596	5.766
9	3.199	3.948	4.415	4.755	5.023	5.244	5.432	5.594
10	3.151	3.877	4.327	4.654	4.912	5.124	5.304	5.460
11	3.113	3.820	4.256	4.574	4.823	5.028	5.202	5.353
12	3.081	3.773	4.199	4.508	4.750	4.949	5.118	5.265
13	3.055	3.734	4.151	4.453	4.690	4.884	5.049	5.192
14	3.033	3.701	4.111	4.407	4.639	4.829	4.990	5.130
15	3.014	3.673	4.076	4.367	4.595	4.782	4.940	5.077
16	2.998	3.649	4.046	4.333	4.557	4.741	4.896	5.031
17	2.984	3.628	4.020	4.303	4.524	4.705	4.858	4.991
18	2.971	3.609	3.997	4.276	4.494	4.673	4.824	4.955
19	2.960	3.593	3.977	4.253	4.468	4.645	4.794	4.924
20	2.950	3.578	3.958	4.232	4.445	4.620	4.768	4.895
21	2.941	3.565	3.942	4.213	4.424	4.597	4.743	4.870
22	2.933	3.553	3.927	4.196	4.405	4.577	4.722	4.847
23	2.926	3.542	3.914	4.180	4.388	4.558	4.702	4.826
24	2.919	3.532	3.901	4.166	4.373	4.541	4.684	4.807
25	2.913	3.523	3.890	4.153	4.358	4.526	4.667	4.789
26	2.907	3.514	3.880	4.141	4.345	4.511	4.652	4.773
27	2.902	3.506	3.870	4.130	4.333	4.498	4.638	4.758
28	2.897	3.499	3.861	4.120	4.322	4.486	4.625	4.745
29	2.892	3.493	3.853	4.111	4.311	4.475	4.613	4.732
30	2.888	3.487	3.845	4.102	4.301	4.464	4.601	4.720
31	2.884	3.481	3.838	4.094	4.292	4.454	4.591	4.709
32	2.881	3.475	3.832	4.086	4284	4.445	4.581	4.698
33	2.877	3.470	3.825	4.079	4.276	4.436	4.572	4.689
34	2.874	3.465	3.820	4.072	4.268	4.428	4.563	4.680
35	2.871	3.461	3.814	4.066	4.261	4.421	4.555	4.671
36	2.868	3.457	3.809	4.060	4.255	4.414	4.547	4.663
37	2.865	3.453	3.804	4.054	4.249	4.407	4.540	4.655
38	2.863	3.449	3.799	4.049	4.243	4.400	4.533	4.648
39	2.861	3.445	3.795	4.044	4.237	4.394	4.527	4.641
40	2.858	3.442	3.791	4.039	4.232	4.388	4.521	4.634
41	2.856	3.439	3.787	4.035	4.227	4.383	4.515	4.628
42	2.854	3.436	3.783	4.030	4.222	4.378	4.509	4.622
43	2.852	3.433	3.779	4.026	4.217	4.373	4.504	4.617
44	2.850	3.430	3.776	4.022	4.213	4.368	4.499	4.611
45	2.848	3.428	3.773	4.018	4.209	4.364	4.494	4.606
46	2.847	3.425	3.770	4.015	4.205	4.359	4.489	4.601
47	2.845	3.423	3.767	4.011	4.201	4.355	4.485	4.597
48	2.844	3.420	3.764	4.008	4.197	4.351	4.481	4.592
49	2.842	3.418	3.761	4.005	4.194	4.347	4.477	4.588
50	2.841	3.416	3.758	4.002	4.190	4.344	4.473	4.584
60	2.829	3.399	3.737	3.977	4.163	4.314	4.441	4.550
80	2.814	3.377	3.711	3.947	4.129	4.278	4.402	4.509
100	2.806	3.365	3.695	3.929	4.109	4.256	4.379	4.484
120	2.800	3.356	3.685	3.917	4.096	4.241	4.363	4.468
240	2.786	3.335	3.659	3.887	4.063	4.205	4.324	4.427
360	2.781	3.328	3.650	3.877	4.052	4.193	4.312	4.413
∞	2.772	3.314	3.633	3.858	4.030	4.170	4.286	4.387

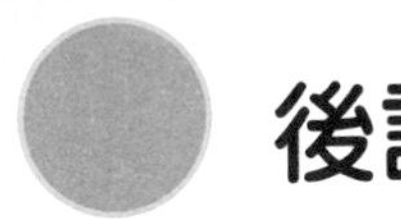

後記

本書的編輯方針，是以「下學上達」為目標，因此加入大量與生活息息相關的統計學應用實例。這樣一來，即使是難度較高的項目，也能讓讀者對統計學有切身的感受。

可是，這和《法華經》中「化城喻品」的比喻一樣，只是為了讓追求遙遠目標的人不至於在中途受挫，而呈現出甜蜜幻影的權宜之計罷了。希望讀者不要只閱讀沒有公式的Business欄的應用範例，就感到滿足而止步於此了。

為了提升統計學的實力，必須平均加強理論的理解和計算能力。理論的理解和計算能力可以說是使車得以行走的兩個輪子，單靠其中一個並無法將統計學研究透徹。同時，數學能力對於理論的理解也至關重要。如果對數學不太熟悉的話，最好先消除對數學公式的抵抗感之後，再仔細地閱讀這本書。

除此之外，由於本書只有介紹理論，想要加強計算能力的人，建議自行參考其他書籍，通過實際接觸統計軟體來加強。

我希望各位都能夠把統計學應用於現實社會當中，過著充實幸福的生活。

在本書的製作過程中，翔泳社的大久保遙先生、櫻井昌夫先生、明昌堂的關谷健太先生，都給予我極大的幫助。此外，矢實貴志先生、濱野賢一朗先生、佐佐木和美先生、松村貴裕先生、小山拓輝先生，也對本書的內容提出了寶貴的意見，我要對此表達衷心的感謝。我還要感謝翔泳社的長谷川和俊先生、成人數學教室的堀口智之先生，以及東京出版社社長黑木美左雄先生，給予我撰寫本書的機會。

2020年7月　石井俊全

索引

6畫

7畫

8畫

9畫

10畫

11畫

12畫

13畫

14畫

15畫

16畫

18畫

19畫

23畫

25畫

作者簡介

石井俊全

1965年生於東京。東京大學建築系畢業，取得東京工業大學數學系碩士學位。現為「大人的數學教室　和」講師。

主要著作有《算数だけで統計学！》、《まずはこの一冊から 意味がわかる統計学》、《まずはこの一冊から 意味がわかる多変量解析》、《1冊でマスター 大学の統計学》、《1冊でマスター 大学の微分積分》、《1冊でマスター 大学の線形代数》、《線性代數不過如此！》等多部書籍。

內文設計　吉村 朋子
封面・內文插圖　大野 文彰

統計學關鍵字典

出　　版／楓葉社文化事業有限公司
地　　址／新北市板橋區信義路163巷3號10樓
郵政劃撥／19907596 楓書坊文化出版社
網　　址／www.maplebook.com.tw
電　　話／02-2957-6096
傳　　真／02-2957-6435
作　　者／石井俊全
翻　　譯／趙鴻龍
責任編輯／江婉瑄
內文排版／洪浩剛
港澳經銷／泛華發行代理有限公司
定　　價／480元
初版日期／2021年12月

國家圖書館出版品預行編目資料

統計學關鍵字典 / 石井俊全作；趙鴻龍翻譯. -- 初版. -- 新北市：楓葉社文化事業有限公司, 2021.12　面；　公分

ISBN 978-986-370-348-8（平裝）

1. 統計學 2. 字典

510.4　　110016871